MICROSOFT®

VISIO 2007

Visio 2007

ISBN : 978-2-7460-3900-1
Imprimé en France

Editions ENI
ZAC du Moulin Neuf
Rue Benjamin Franklin
44800 St HERBLAIN

Tél : 02.51.80.15.15
Fax : 02.51.80.15.16

e-mail : editions@ediENI.com
http://www.editions-eni.com

Auteur : Olivier LE FRAPPER
La collection **Référence Bureautique** est dirigée par Corinne HERVO

Avant-propos

Cet ouvrage est destiné à tout utilisateur du logiciel de création de diagrammes et schémas **Microsoft Office Visio 2007**. Les dessins d'écrans proposés tout au long de ces pages permettent d'expliciter la manœuvre en cours en affichant la boîte de dialogue correspondant à la commande ou en proposant un exemple précis.
Cet ouvrage est composé de 23 chapitres.

Impression **pages 215 à 224**

Description des commandes permettant de configurer l'impression et de créer des en-têtes et pieds de page avant d'imprimer le dessin.

Création de modèles **pages 225 à 228**

Commandes permettant de créer et d'utiliser des modèles et des styles personnalisés.

Formes personnalisées **pages 229 à 242**

Cette partie détaille les opérations de combinaison réalisables avec les formes (union, soustraction, fragmentation...) et décrit comment modifier les formes ou comment empêcher de les modifier.

Création de gabarits **pages 243 à 256**

Comment créer des gabarits personnalisés, échanger des formes entre gabarits et modifier des formes de base dans un gabarit.

Vous trouverez en ***annexe*** *la liste des modèles et des gabarits, la liste des combinaisons de touches disponibles ainsi qu'une description détaillée des barres d'outils.*

De plus, les dernières pages de cet ouvrage présentent un ***index thématique*** *qui sera fort utile pour retrouver rapidement les manipulations correspondant à tel ou tel thème.*

Conventions typographiques

Pour que l'utilisateur puisse plus facilement retrouver et interpréter les informations qui l'intéressent, nous avons adopté les conventions typographiques suivantes.

Ces styles de caractères sont utilisés pour :

gras indiquer une option du menu ou d'une boîte de dialogue à activer.

italique un commentaire introduisant la manipulation ou explicitant les modifications visibles sur votre écran.

Ctrl symboliser les touches du clavier sur lesquelles vous devez appuyer ; lorsque deux touches sont placées l'une à côté de l'autre, vous devez appuyer simultanément sur les deux touches.

Les symboles suivants introduisent :

la manipulation à exécuter (activer une option, cliquer avec la souris...).

une remarque d'ordre général sur la commande en cours.

une astuce à connaître et à retenir !

des manipulations à effectuer exclusivement avec la souris.

des manipulations à effectuer exclusivement avec le menu.

Table des matières

Table des matières

Table des matières

Table des matières

Lancer Visio 2007

- Cliquez sur le bouton **Démarrer**.
- Pointez l'option **Programmes** puis **Microsoft Office**.
- Cliquez alors sur **Microsoft Office Visio 2007**.
- Il est possible qu'un raccourci ait été créé sur le bureau de Windows : dans ce cas, un double clic sur l'icône permet de lancer l'application.

*Au démarrage de l'application, la fenêtre **Mise en route** s'affiche.*

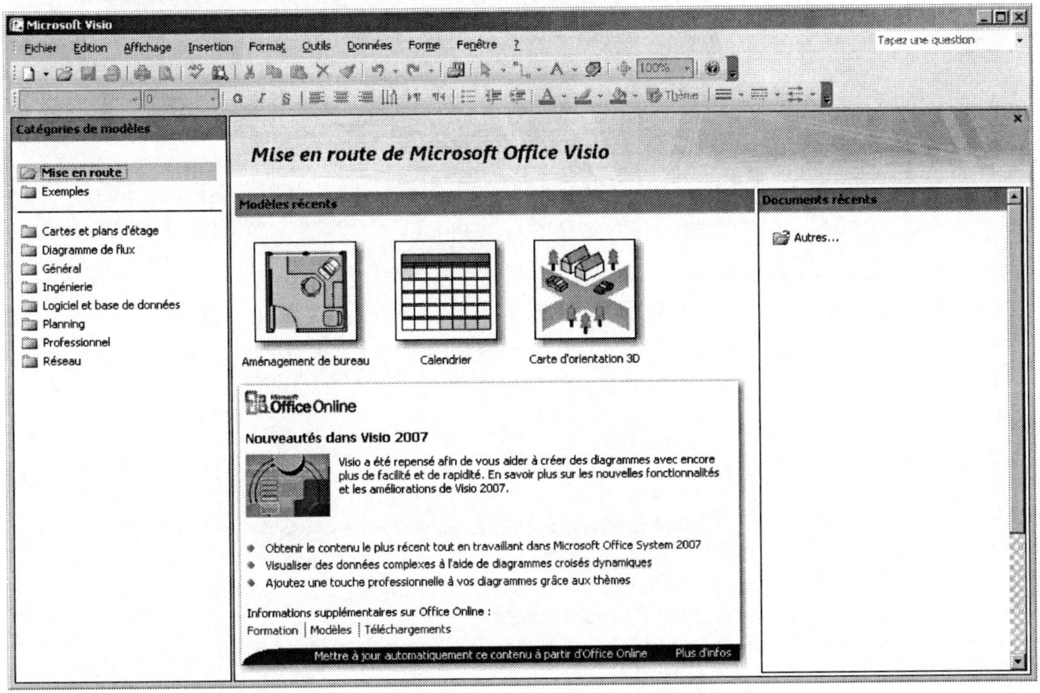

- Dans la zone **Catégorie**, sélectionnez une des solutions dans la liste. Chaque solution (ou catégorie) affiche des modèles de diagrammes dans la zone **Tous les modèles** comme ci-dessous :

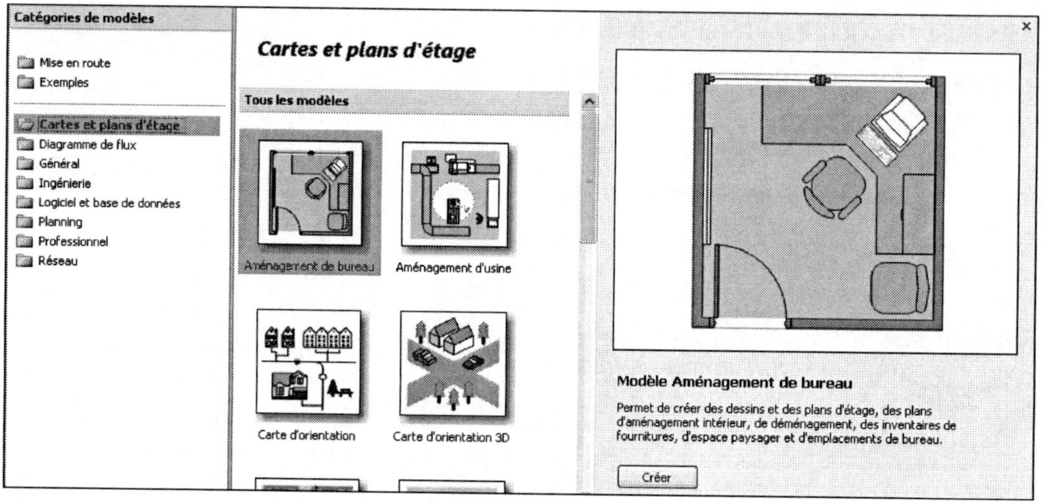

- Sélectionnez l'un des modèles en cliquant sur l'aperçu de celui-ci.

Et les conseils suivants sont alors disponibles en cas de recherches infructueuses, ou en cas de besoin complémentaires :

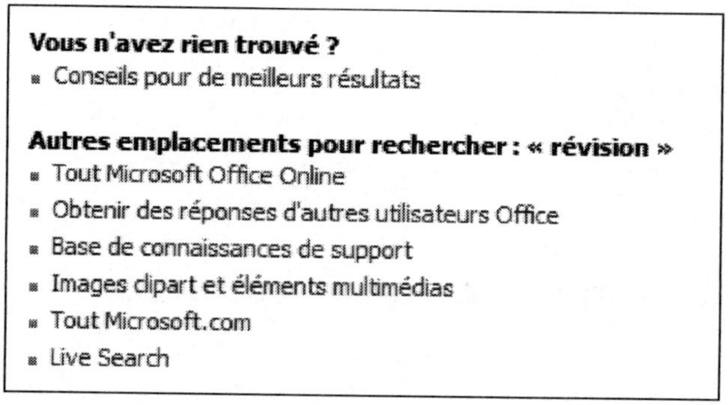

Un modèle contient des gabarits de formes, des styles de trait, des styles de texte, une mise en page... Commencer un dessin en utilisant un gabarit permet de disposer directement de tous ces éléments (cf. Documents - Solutions, modèles et gabarits).

- Pour accéder à un document déjà réalisé, utilisez le bouton **Ouvrir** de la barre d'outils **Standard** (cf. Documents - Créer un nouveau diagramme et Ouvrir un diagramme existant).

Découvrir l'écran Visio 2007

- Choisissez par exemple dans la catégorie **Général** le modèle Diagramme de blocs. Cliquez sur le bouton **Créer**. Sur la partie gauche, les quatre gabarits suivants proposent des formes et symboles : **Arrière-plans, Bordures et titres, Blocs en relief** et **Blocs** :

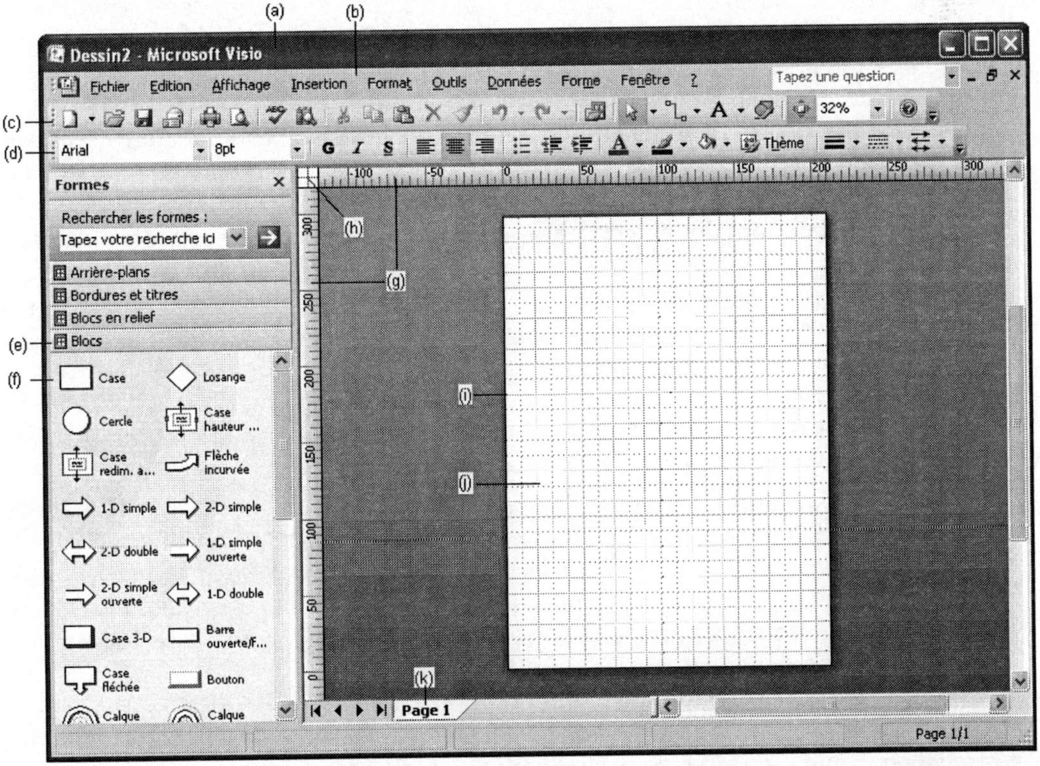

La **barre de titre** (a) contient les boutons **Système** ( ), **Réduire** ( ), **Restaurer** ( ) (ou **Agrandir** ( )), **Fermer** ( ), le nom de l'application, les noms et pages du document courant.

La **barre de menus déroulants** (b) contient tous les menus et sous-menus de Visio, y compris le menu d'aide (?). Chaque menu renferme une liste des commandes ou options disponibles.

Les **barres d'outils Standard** (c) et **Mise en Forme** (d) permettent l'accès rapide à certaines manipulations. Un double clic sur le bord de la barre d'outils la rend flottante. Effectuez un cliqué-glissé pour l'arrimer à nouveau sur un bord de l'écran.

Le **gabarit** (e) regroupe un ensemble de formes ou symboles nécessaires à la réalisation d'un diagramme. Il est possible d'ouvrir plusieurs gabarits, ce qui permet de glisser de nombreux symboles dans un même dessin. Un modèle contient un ou plusieurs gabarits ; selon le choix du modèle effectué au démarrage de Visio, le ou les gabarits correspondants sont affichés.

La **forme simple** (f) est un objet de dessin ou symbole illustrant un phénomène, un processus, un schéma, une situation... La forme peut être étirée, redimensionnée et réagit selon son orientation et ses liens avec les autres formes. Les formes liées entre elles ou disposées les unes à côté des autres sont utilisées pour créer les diagrammes.

Les **règles** (g) horizontale et verticale, elles définissent les unités de mesure du dessin.

Le **repère** (h) : associé au point de repère, le ou les repères contrôlent le positionnement des formes les unes par rapport aux autres dans le même dessin. Les formes associées aux points ou repères se déplacent avec ceux-ci. Les repères et le point de repère ne sont pas imprimés.

La **page de dessin** (i) : zone d'affichage du dessin ou des diagrammes créés. Cette zone tient compte du format et de l'orientation propres à la mise en page.

Les **lignes de la grille** (j) sont affichées à intervalles réguliers sur la page du dessin. Il est possible de régler l'origine et le nombre de lignes de la grille.

L'onglet **Page** (k) indique le nom de la page en cours de travail. Plusieurs pages peuvent constituer le document ; plusieurs onglets sont alors présents. À chaque onglet Page, seront attribuées une mise en page, une orientation, une présentation, une échelle...

La **barre d'état** (l) vous informe sur les dimensions d'une forme, son angle, sa hauteur, sa largeur, sa longueur, son emplacement ; elle indique aussi le nom de la page en cours, le nombre total de pages ainsi que l'état de la manipulation courante selon la sélection par exemple.

Pour régler les couleurs de page, les arrière-plans de page, d'écran, d'aperçu, choisissez le menu **Outils - Options**. L'onglet **Options avancées** propose un bouton **Paramètres des couleurs** où vous effectuez ces réglages.

Quitter Visio 2007

- **Fichier**
  Quitter

  Clic sur X de la fenêtre d'application

  Alt F4

Visio vous invite à enregistrer les modifications apportées au(x) document(s) ouvert(s).

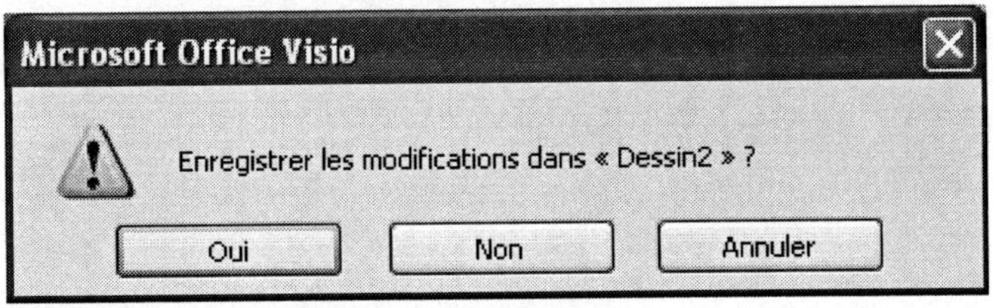

- Choisissez **Oui** pour enregistrer le document.
  Choisissez **Non** pour quitter Visio sans enregistrer.

Rechercher de l'aide sur les fonctionnalités Visio

Dans le menu déroulant ?, choisissez **Aide sur Microsoft Visio**.

La fenêtre **Visio - Aide** est affichée. Elle peut être présentée de deux façons selon si une connexion Internet est établie ou non.

Connexion Internet active

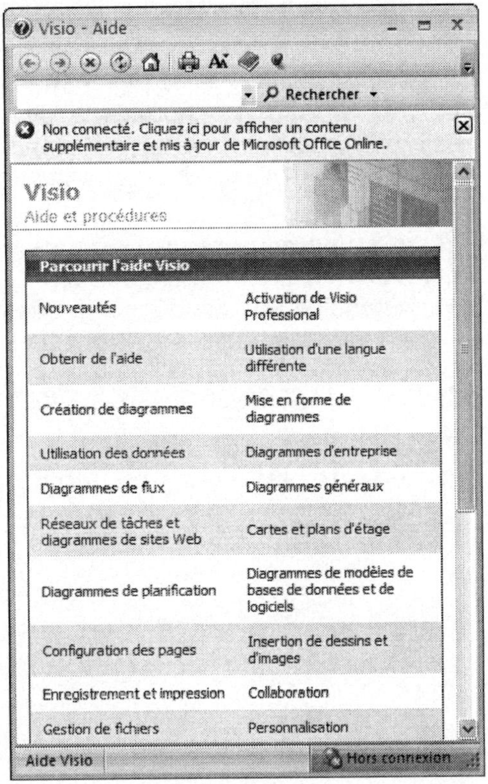

Hors connexion Internet

La fenêtre **Visio - Aide** présente les parties suivantes :

Une **zone de recherche** : qui vous permet de rechercher des informations spécifiques aux modèles Visio, à la formation Visio, à une aide dédiée aux développeurs ainsi que divers contenus sur votre ordinateur.

Une zone **Aide et procédures** : qui donne accès à une partie **Parcourir l'aide Visio** proposant une aide structurée par rubriques thématiques. Si la connexion est établie, une autre partie **À propos de ce modèle** est disponible et permet l'accès à des informations et des commentaires propres au modèle utilisé, ainsi qu'à un espace de partage de modèles Visio via **Office Online** (de nombreuses ressources spécifiques aux modèles sont proposées, telles que des forums dédiés aux modèles, des modèles mis à disposition par la communauté, etc.).

Les deux zones ci-dessous sont disponibles hors connexion Internet.

Une zone **Obtenir le contenu le plus récent tout en travaillant avec la version 2007** : qui vous informe sur les possibilités d'Office Online pour recevoir des mises à jour, des articles, des conseils, etc. dans la fenêtre **Visio - Aide** (appelée visionneuse d'aide).

Une zone **Contenu proposé** : qui permet l'accès à l'ensemble des **Nouveautés de Visio 2007**, à une aide guidée pour **Créer un diagramme dynamique croisé**, et pour **Améliorer vos données avec des graphiques**. Ces aides sont accessibles dans la fenêtre **Visio - Aide** (ou visionneuse d'aide).

Effectuer une recherche à partir de mots clés

- Pour rechercher une rubrique d'aide Visio à partir de mots clés, saisissez-les dans la zone **Entrez les mots à rechercher** puis cliquez sur le bouton **Rechercher dans Aide Visio** 

.

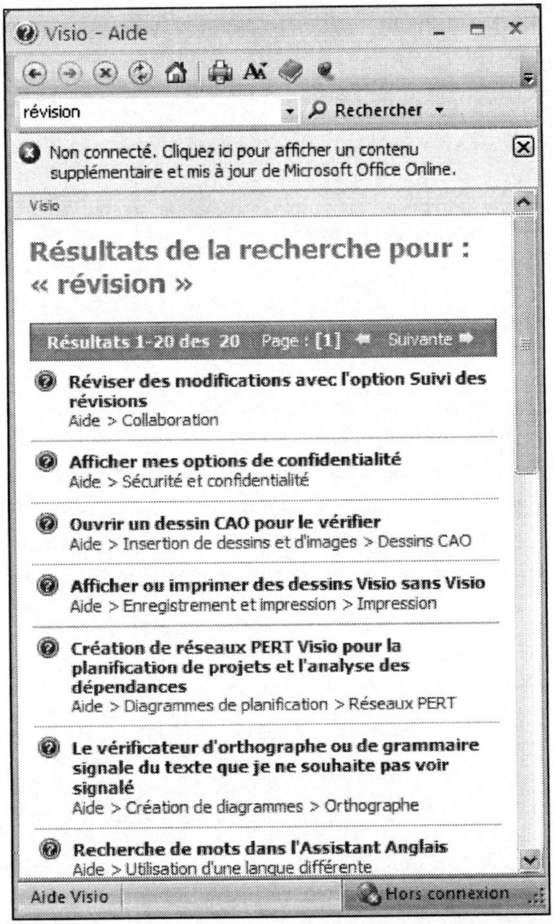

Le titre des rubriques correspondant au thème recherché s'affiche dans la fenêtre ***Visio - Aide****.*

La première page de résultats est affichée.

Cliquez sur le bouton **Atteindre la page suivante**  pour parcourir les pages suivantes et le bouton **Atteindre la page précédente**  permettra d'accéder aux pages précédentes.

Si votre connexion Internet est active, la recherche se fait à partir du site Microsoft Office Online, vous permettant ainsi de bénéficier des mises à jour ; et les conseils suivants sont alors disponibles en cas de recherches infructueuses, ou en cas de besoins complémentaires :

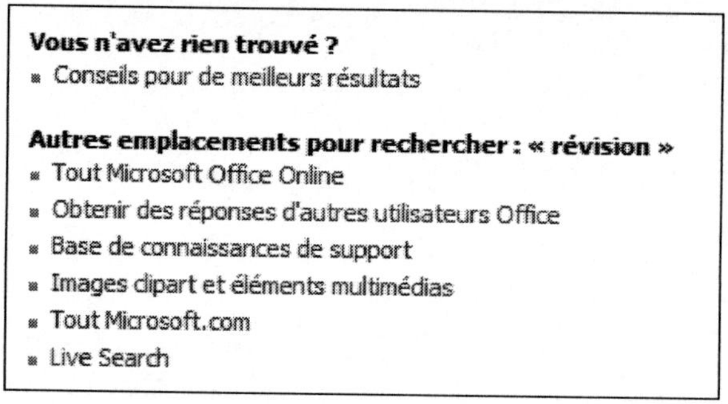

- Cliquez sur le lien correspondant à la rubrique d'aide désirée pour afficher l'aide correspondante.

La fenêtre ***Visio - Aide*** *présente l'aide composée d'informations textuelles, de procédures et remarques, ainsi que de liens proposant des compléments d'informations.*

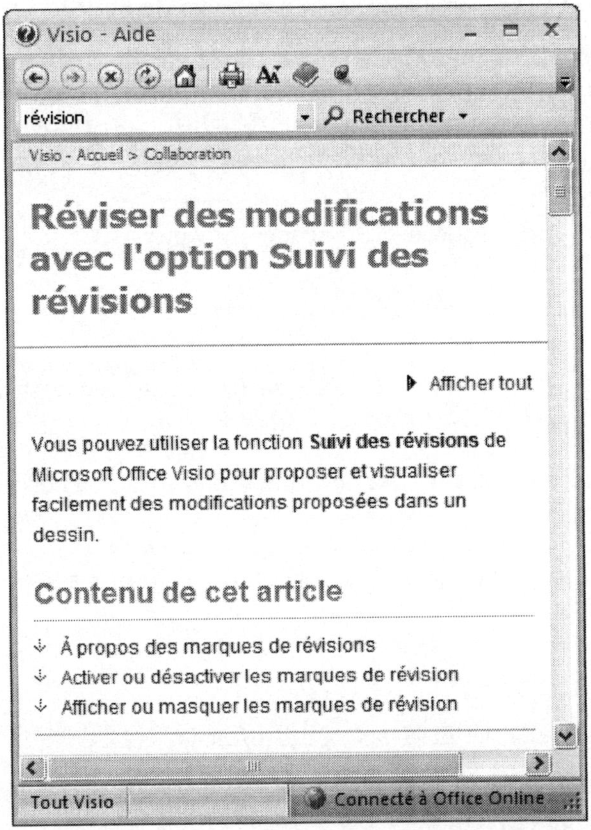

- Pour afficher la rubrique d'aide précédente, cliquez sur le bouton **Précédent** ; cliquez sur le bouton **Avant** pour afficher la rubrique suivante.
- Pour imprimer la rubrique d'aide affichée, cliquez sur le bouton **Imprimer**, définissez les options d'impression dans la boîte de dialogue **Imprimer** puis cliquez sur le bouton **Imprimer**.
- Après avoir pris connaissance de l'aide proposée, cliquez sur le bouton de fermeture pour fermer la fenêtre d'aide.

- Pour lancer une nouvelle recherche, ouvrez si nécessaire la liste du cadre **Rechercher** en cliquant sur le bouton pour choisir un autre lieu de recherche (**Aide en mode hors connexion, Microsoft Office Online...**). Modifiez, si besoin est, le ou les mots clés recherchés dans la zone de saisie correspondante puis cliquez sur le bouton **Rechercher dans Aide Visio** pour lancer la nouvelle recherche.

  La fenêtre **Visio - Aide** dispose des boutons suivants :

- Cliquez sur le bouton **Accueil** pour revenir à la page d'accueil de la fenêtre **Visio - Aide**.
- Cliquez sur le bouton **Modifier la taille de la police** pour modifier l'affichage du texte de la fenêtre **Visio - Aide**.
- Cliquez sur le bouton **Arrêter** pour interrompre la recherche en cours.
- Cliquez sur le bouton **Actualiser** pour mettre à jour le contenu de la fenêtre **Visio - Aide**, notamment lorsque la connexion Internet est activée.
- Cliquez sur le bouton **Maintenir sur le dessus** pour un affichage au premier plan de la fenêtre **Visio - Aide**.

Effectuer une recherche à partir de la Table des matières de l'aide

- Dans la barre d'outils de la fenêtre **Visio - Aide**, cliquez sur le bouton **Afficher la table des matières**.

*La fenêtre **Visio - Aide** affiche la table des matières sur la partie gauche comme ci-dessous.*

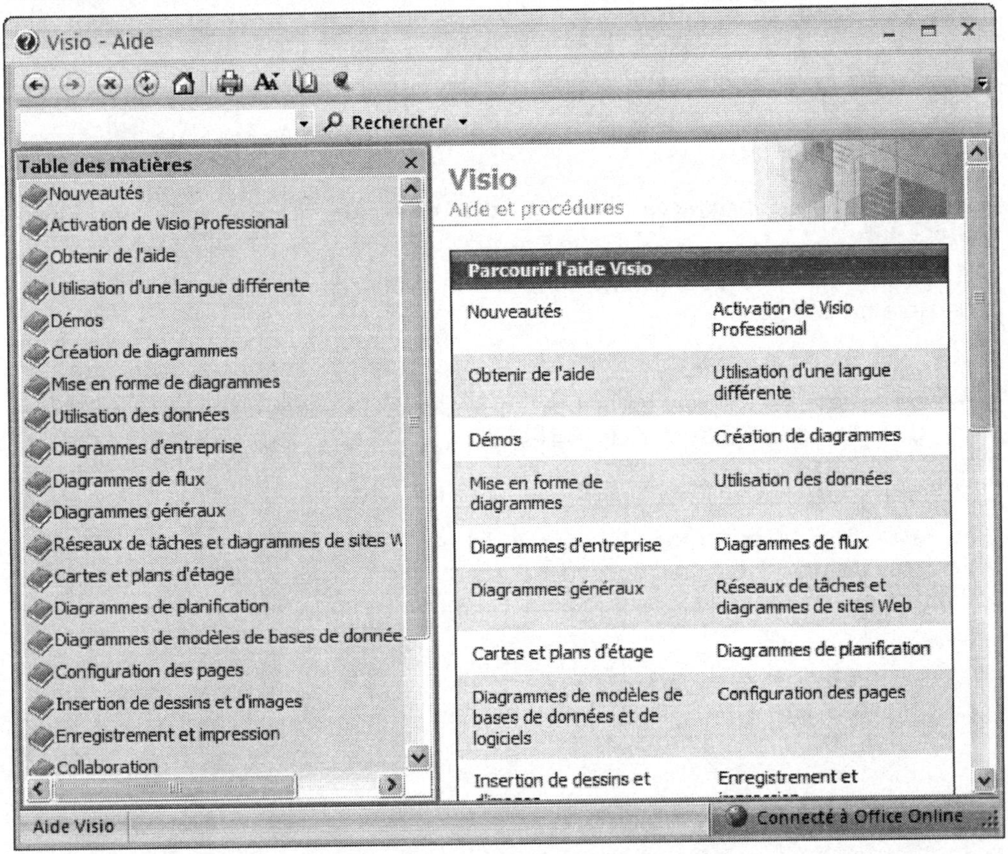

*Si votre connexion Internet est active, la fenêtre **Visio - Aide** télécharge les informations à partir du site Microsoft Office Online.*

Notez que les catégories d'aide sont représentées par un livre "ouvert" si l'arborescence est développée ou un livre "fermé" dans le cas contraire. Les rubriques d'aide contenues dans une catégorie sont, quant à elles, représentées par .

- Pour développer l'arborescence d'une catégorie d'informations, cliquez sur le livre "fermé" correspondant.
- Pour refermer l'arborescence d'une catégorie, cliquez sur le livre "ouvert" correspondant.
- Pour afficher la rubrique d'aide recherchée, cliquez sur le symbole correspondant.

  *Le détail de la rubrique d'aide s'affiche dans la partie droite de la fenêtre **Visio - Aide**.*
- Utilisez la fenêtre d'aide comme lors d'une recherche à partir de mots clés (cf. sous-titre précédent).
- Après avoir pris connaissance du texte d'aide proposé, si vous souhaitez fermer la table des matières, choisissez le bouton **Masquer la table des matières** de la barre d'outils de la fenêtre **Visio - Aide**.

Parcourir l'aide Visio via des rubriques thématiques

- Dans la fenêtre **Visio - Aide**, la zone **Aide et procédures** donne accès à la partie **Parcourir l'aide Visio**. Cette partie liste de nombreuses rubriques thématiques, vous permettant d'accéder rapidement au thème recherché.

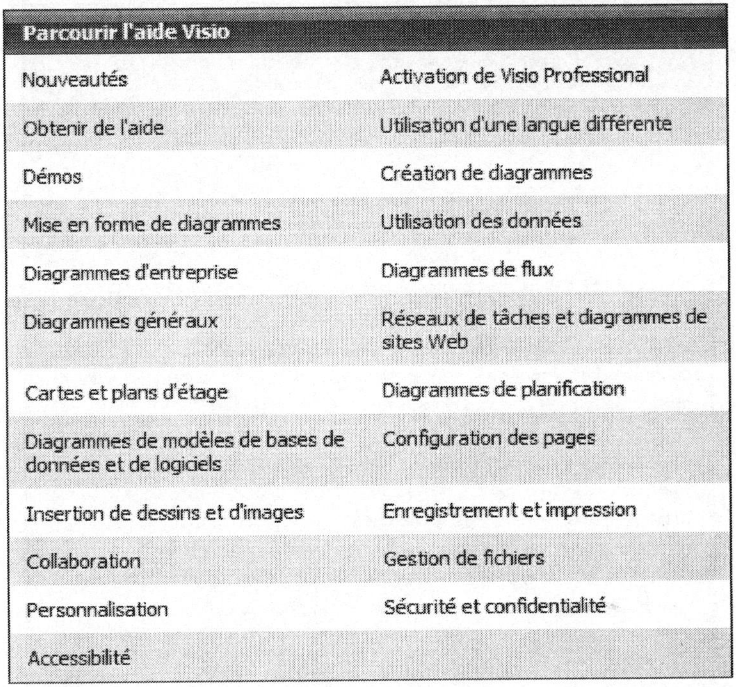

Une fois la rubrique de votre choix sélectionnée, l'affichage est similaire à la fenêtre ci-dessous :

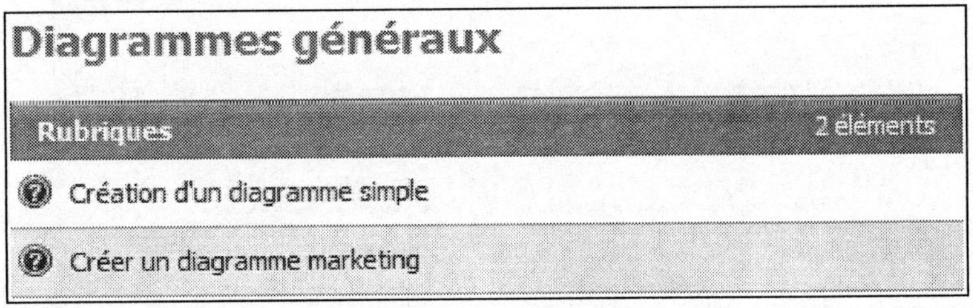

Chaque rubrique peut donner accès à plusieurs liens d'aide (deux dans le cas ci-dessus).

- Sélectionnez le lien pour accéder à l'aide proprement dite.

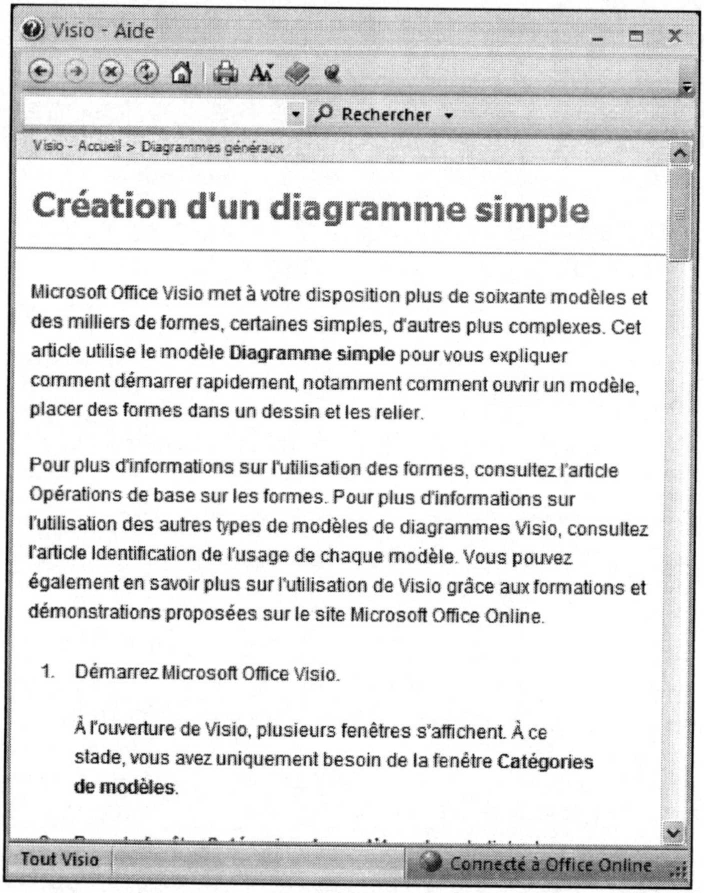
Visio - Aide
Rechercher
Visio - Accueil > Diagrammes généraux
Création d'un diagramme simple
Microsoft Office Visio met à votre disposition plus de soixante modèles et des milliers de formes, certaines simples, d'autres plus complexes. Cet article utilise le modèle Diagramme simple pour vous expliquer comment démarrer rapidement, notamment comment ouvrir un modèle, placer des formes dans un dessin et les relier.
Pour plus d'informations sur l'utilisation des formes, consultez l'article Opérations de base sur les formes. Pour plus d'informations sur l'utilisation des autres types de modèles de diagrammes Visio, consultez l'article Identification de l'usage de chaque modèle. Vous pouvez également en savoir plus sur l'utilisation de Visio grâce aux formations et démonstrations proposées sur le site Microsoft Office Online.
1. Démarrez Microsoft Office Visio.
À l'ouverture de Visio, plusieurs fenêtres s'affichent. À ce stade, vous avez uniquement besoin de la fenêtre Catégories de modèles.
Tout Visio
Connecté à Office Online

Solutions, modèles et gabarits

Les **solutions** Visio constituent les différents types de diagrammes réalisables par Viso.

Une solution contient les **modèles Visio** et chaque modèle dispose de gabarits de formes, de styles de trait et de texte, d'une mise en page... dont vous avez besoin pour la réalisation des dessins. Les modèles portent l'extension .VST et sont positionnés dans le sous-dossier **Solutions** de Visio.

Chaque modèle contient un ou plusieurs **gabarits.** Le gabarit contient les formes elles-mêmes, et c'est à partir du gabarit que l'utilisateur fait glisser les formes ou symboles dans le dessin. Les gabarits portent l'extension .VSS.

Choisir une solution passe par l'ouverture d'un modèle et donne accès aux formes et symboles contenus dans le ou les gabarits du modèle choisi.

Ainsi, pour créer un **Diagramme de Gantt**, vous choisirez la solution **Planning.** Cette solution propose différents modèles de création de planning, calendrier et de diagrammes... Choisissez par exemple le modèle **Diagramme de Gantt** qui contient les formes nécessaires à la mise en place de votre graphique. Pour ceci, sélectionnez le modèle **Diagramme de Gantt** et choisissez le bouton **Créer.**

Bien qu'il soit préférable d'utiliser un **modèle**, il est toutefois possible de créer un nouveau dessin sans utiliser de **modèle** particulier. Dans ce cas, choisissez **Nouveau** puis **Nouveau dessin** dans le menu déroulant **Fichier.**

Créer un nouveau diagramme

Fichier
Nouveau
Nouveau dessin

Ctrl **N**

Cette méthode crée un nouveau dessin vide. Si un modèle est déjà ouvert, le nouveau diagramme est basé sur ce modèle.

Utiliser un modèle via l'assistant

Fichier
Nouveau
Mise en route

Sélectionnez la solution de votre choix parmi la liste **Catégories de modèles.**

Le ou les modèles correspondants s'affichent.

- Déplacez le pointeur de souris sur l'aperçu du modèle. Un commentaire qui présente les possibilités offertes par le modèle choisi et un aperçu sont affichés sur la partie droite.

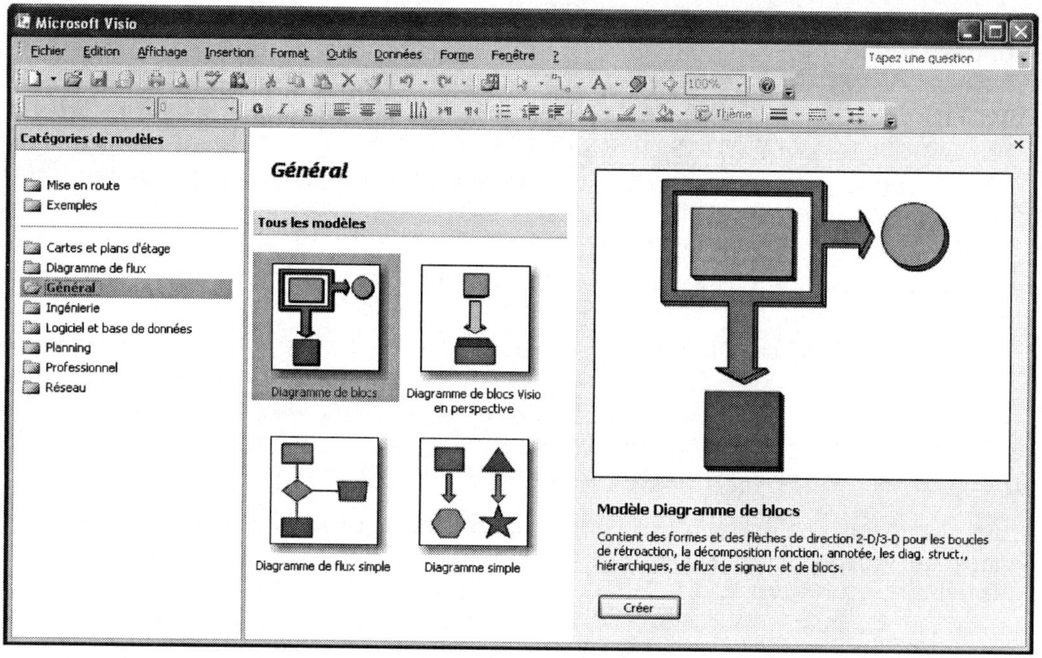

- Sélectionnez le modèle qui convient.
- Confirmez votre choix en cliquant sur **Créer**.

  Les gabarits correspondants sont disponibles, dans le nouveau document, et vous pouvez faire glisser formes et symboles pour constituer le nouveau diagramme.

Parcourir les modèles

- **Fichier**
  Nouveau
  Nouveau dessin à partir d'un modèle

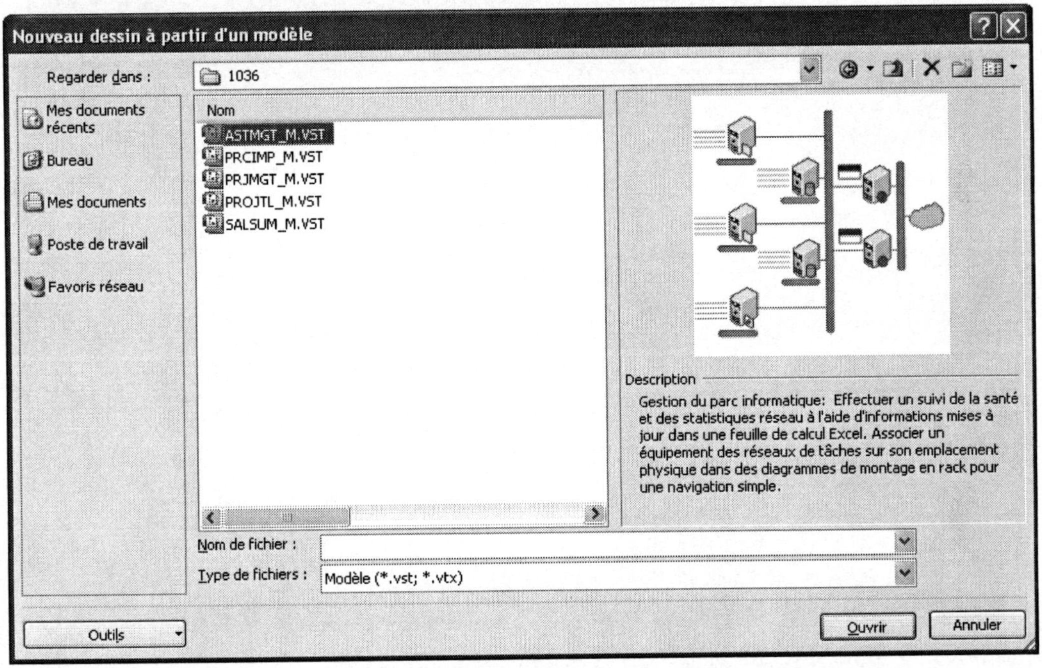

- Sélectionnez l'un des modèles Visio (ils portent l'extension .VST).

  *Une description et un aperçu sont disponibles si l'option **Aperçu** associée à l'outil*  *est sélectionnée.*

- Cliquez sur le bouton **Ouvrir**.

Enregistrer un diagramme

- **Fichier**
  Enregistrer  Ctrl S

- Choisissez l'unité dans laquelle doit être enregistré le document depuis la liste déroulante **Enregistrer dans**.

- Accédez au dossier dans lequel sera enregistré le document et effectuez un double clic sur l'icône du dossier.
- Effectuez un double clic dans la zone **Nom de fichier** puis tapez le nom à attribuer au document.

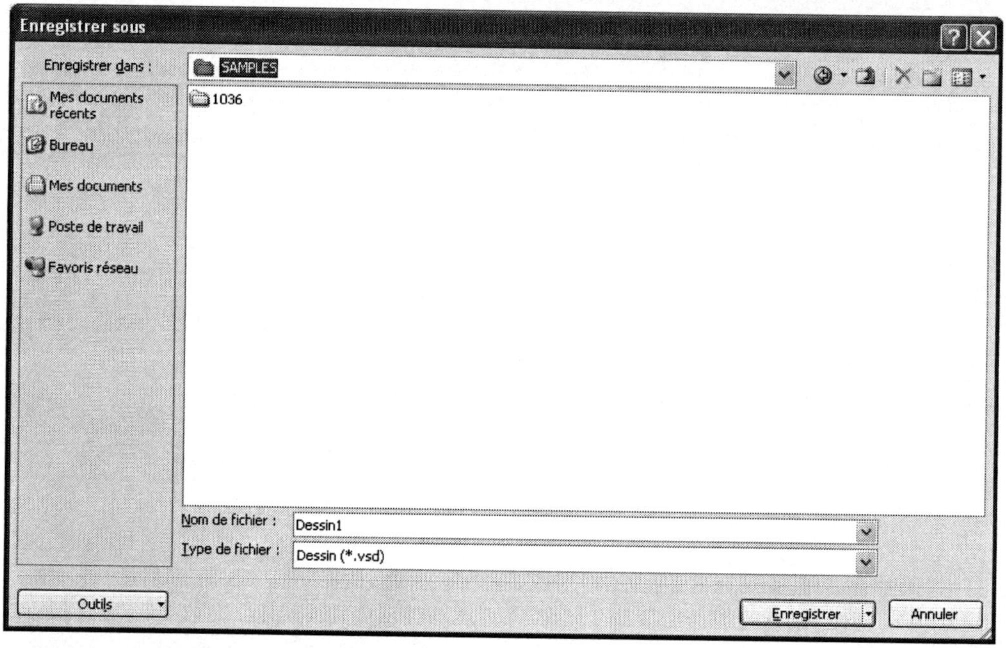

- Validez en cliquant sur le bouton **Enregistrer**.

Les diagrammes portent l'extension .VSD.

Vous pouvez enregistrer les documents Visio sous différents formats : dessins (.VSD), modèles (.VST), gabarits (.VSS). L'enregistrement au format Visio 2002 est permis pour les dessins, modèles et gabarits. De nombreux autres formats de fichiers sont autorisés, comme les formats d'image standard BMP, TIF, JPG, les formats de dessin vectoriel DWG, DXF, ou encore le format Web HTML, etc.

Diverses informations peuvent renseigner le document enregistré : les noms, taille et emplacement du fichier, le modèle utilisé initialement, des informations sur l'auteur, une description propre au document, le type d'aperçu, le contenu du diagramme ou encore le format de sortie du fichier.
Vous pouvez renseigner le document courant via **Propriétés** dans le menu déroulant **Fichier**.

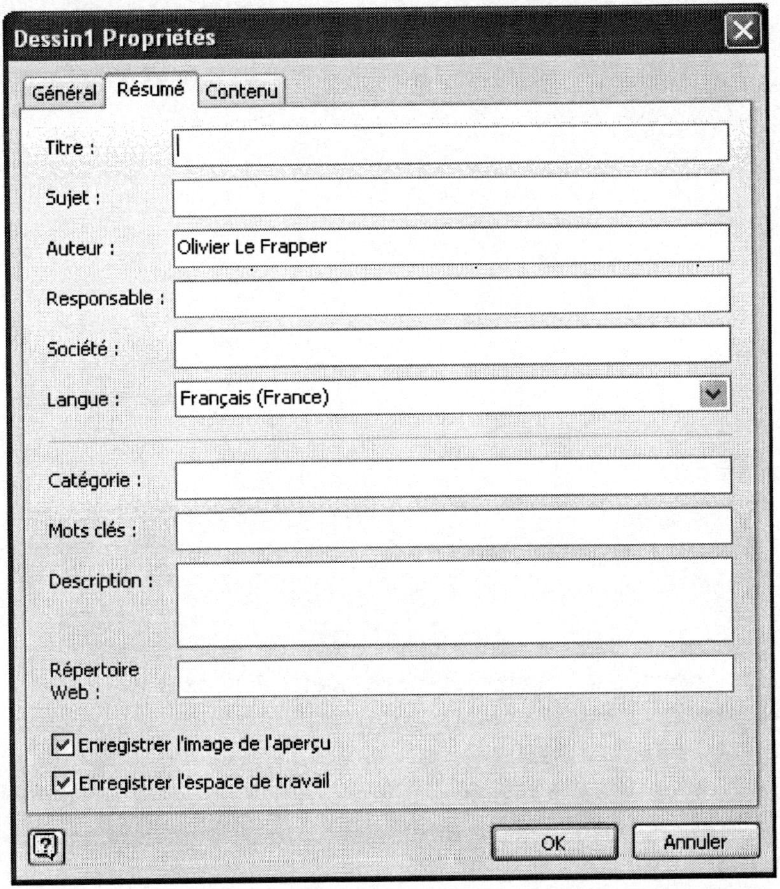

Ouvrir un diagramme existant

Fichier
Ouvrir

Ctrl **O**

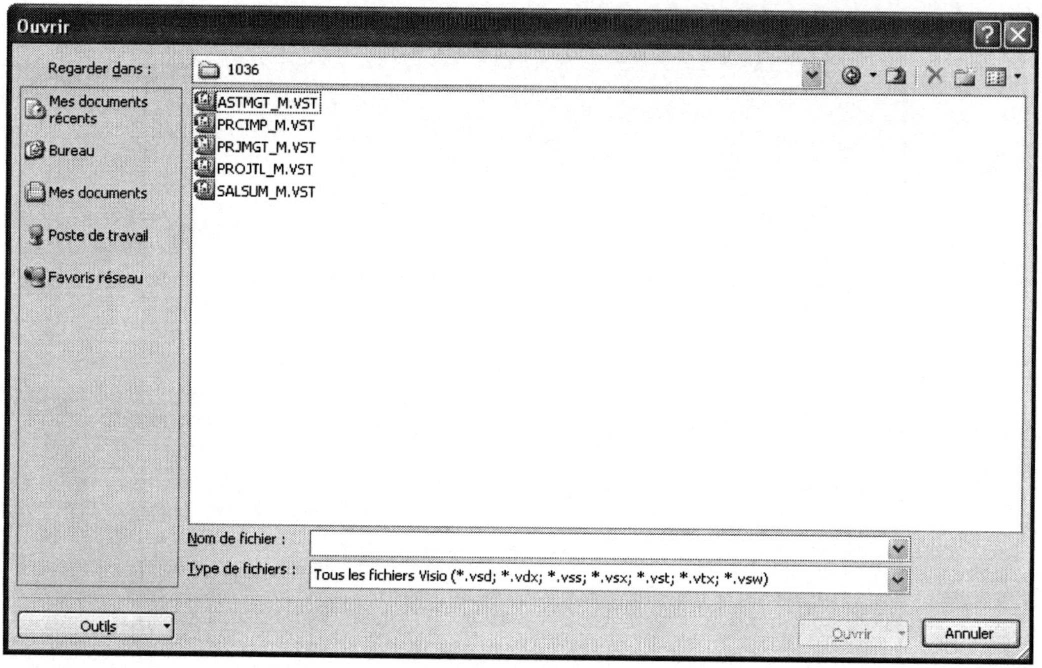

- Dans la liste déroulante **Regarder dans**, sélectionnez l'unité dans laquelle se trouve le document à ouvrir.

  Cette liste contient l'ensemble des unités du poste de travail et du réseau éventuel.

- Accédez au dossier contenant le diagramme à ouvrir grâce à un double clic sur l'icône du dossier.

- Pour accéder au dossier parent, cliquez sur le bouton **Dossier parent** .

- Pour accéder directement au bureau, cliquez sur l'outil **Bureau**  dans la liste gauche des raccourcis.

- Pour ajouter un dossier sélectionné aux dossiers favoris, effectuez un clic droit dans la liste gauche des raccourcis, et choisissez **Ajoutez *nom du dossier***.

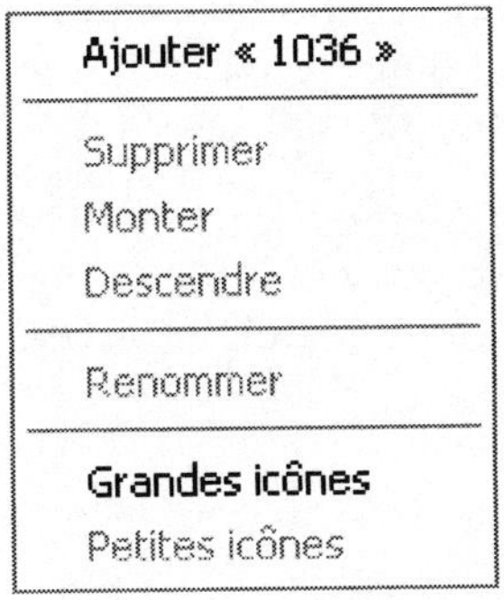

Le dossier Favori sera directement disponible dans la liste gauche des raccourcis.

- Pour accéder directement aux dossiers favoris sur le réseau, cliquez sur l'outil **Favoris réseau** dans la liste gauche des raccourcis .
- Pour accéder directement aux derniers diagrammes ouverts, cliquez sur l'outil **Mes documents récents** dans la liste gauche des raccourcis .
- Pour accéder directement au dossier Mes Documents de votre poste de travail, cliquez sur l'outil **Mes Documents** dans la liste gauche des raccourcis .
- Sélectionnez le ou les diagramme(s) (en combinaison avec la touche [Ctrl]).

  *Un aperçu et une description sont disponibles (voir bouton **Affichages** ci-après).*
- La liste **Ouvrir** permet de demander l'ouverture :
  - du fichier original,
  - d'une copie du fichier original,
  - du fichier original en lecture seule.
- Cliquez sur le bouton **Ouvrir**.
- Utilisez la liste associée au bouton **Affichages** pour visualiser les fichiers sous forme de grandes ou petites icônes, de liste avec ou sans détails (taille, type, date et heure de dernière modification), ou pour accéder aux propriétés du fichier sélectionné ou pour visualiser les aperçus individuellement ou globalement sous forme de vignettes.

- Utilisez la liste **Outils** pour une recherche minutieuse de fichiers, pour supprimer le(s) fichier(s) sélectionné(s), pour renommer ou imprimer le fichier sélectionné, ou encore ajouter aux favoris le dossier courant.

Vous pouvez ouvrir les diagrammes Visio (.VSD), les modèles Visio (.VST), les gabarits (.VSS), les espaces de travail (.VSW). Vous accédez aussi à de nombreux formats de fichiers issus d'autres logiciels (divers formats de dessin vectoriel ou bitmap).

Fermer le diagramme

- **Fichier**
Fermer — Clic sur le bouton de la fenêtre du document — Ctrl F4
- Enregistrez si nécessaire les dernières modifications apportées au diagramme.

Établir un lien hypertexte avec un autre document

- Sélectionnez la ou les formes du diagramme auxquelles vous souhaitez affecter un lien hypertexte.
- **Insertion**
Liens hypertexte — Ctrl **K**

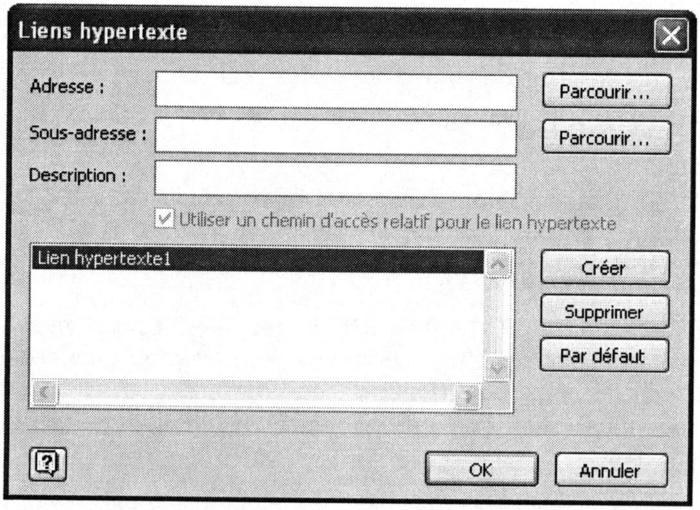

La liste des liens hypertextes est propre à la sélection en cours.

*Le bouton **Créer** permet d'ajouter un lien hypertexte à la sélection courante.*

- Dans la zone **Adresse**, saisissez le nom du fichier avec lequel vous souhaitez établir le lien, ou cliquez sur le bouton **Parcourir** pour accéder au document ou lien voulu.
- Si vous choisissez le bouton **Parcourir**, deux solutions sont proposées : **Adresse Internet** et **Fichier local**.

  - **Adresse Internet** permet l'accès via un navigateur Internet au site voulu. Copiez l'URL pour ensuite coller celle-ci dans la zone **Adresse** de la fenêtre **Liens Hypertexte** de Visio.
  - **Fichier local** permet l'accès à tout type de dessin sur le poste de travail ou le réseau.

- Dans la zone **Sous-adresse**, précisez si besoin le lien avec un des composants du document (une page d'un diagramme Visio par exemple).
- Dans la zone **Description** saisissez si besoin un commentaire qui sera associé au lien hypertexte.
- Cliquez sur **OK** pour créer le lien.
- Pour ouvrir le document associé à la forme, effectuez un clic droit sur la forme. Le pointeur s'accompagne du symbole spécifique à l'hyperlien.
- Dans le menu contextuel, sélectionnez le nom du document associé.

  Ce document est automatiquement affiché.

Pour supprimer un lien hypertexte, sélectionnez la forme concernée par le lien puis choisissez **Insertion - Lien hypertexte**. Cliquez sur le bouton **Supprimer** et confirmez par **OK**.

Définir les unités de mesure

- **Outils**
  Options
- Activez l'onglet **Unités**.

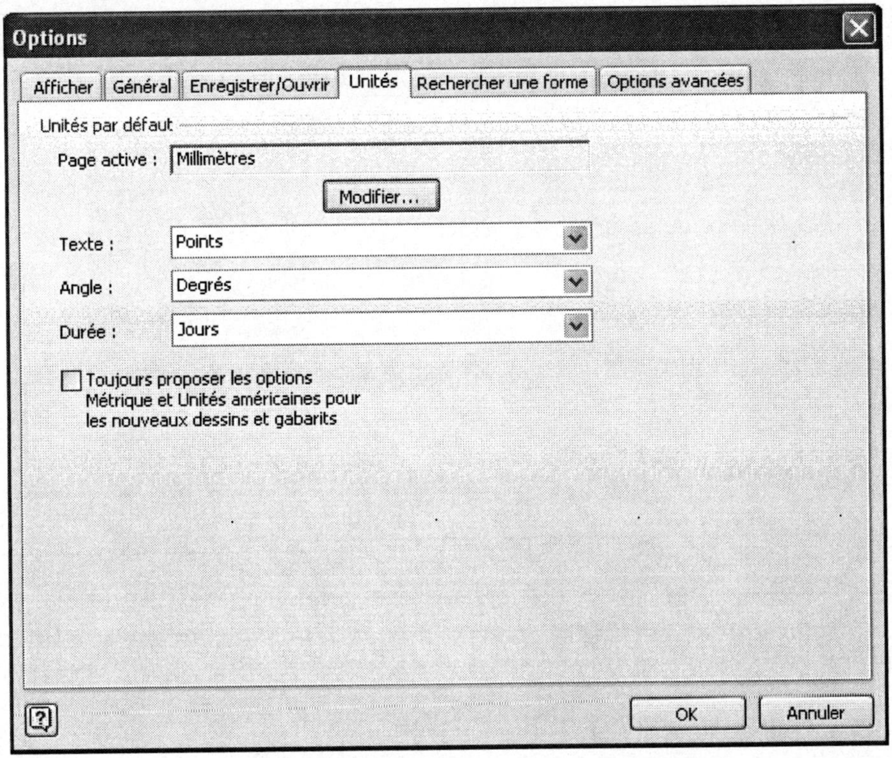

- Réglez les unités par défaut pour la page, le texte, les angles et les jours.

Page active	indique les unités par défaut des dimensions de la page, des marges, la taille du dessin, l'échelle...
Texte	indique les unités par défaut utilisées pour la hauteur de texte, les retraits, les espacements...
Angle	indique l'unité utilisée pour les rotations.
Durée	indique l'unité temps (ou délai) utilisée.

- Cliquez sur **OK**.

Modifier la mise en page

Accéder aux options de mise en page

- **Fichier**
  Mise en page

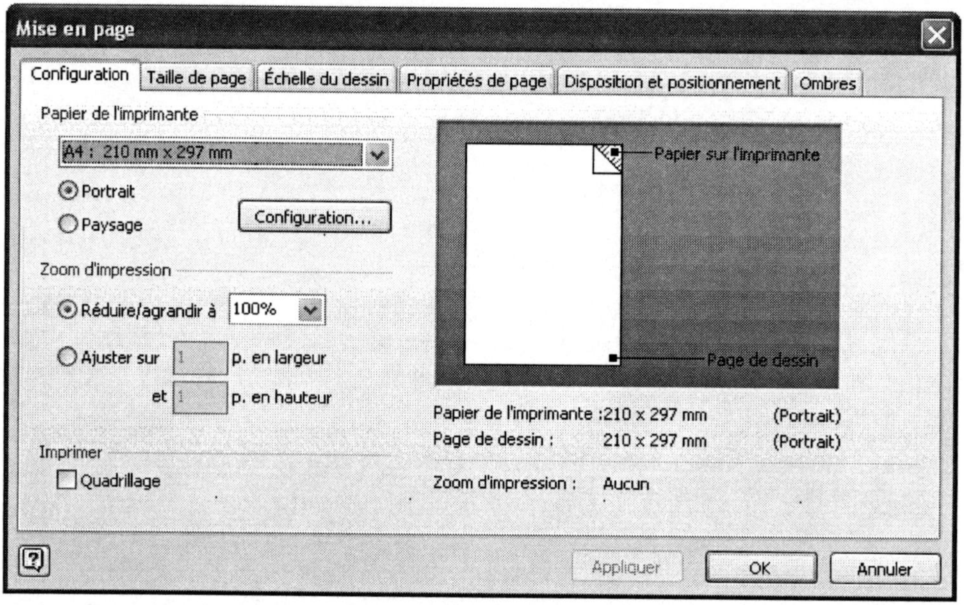

*Dans l'onglet **Configuration**, un aperçu indique les tailles du papier et de la page de dessin, ainsi que l'imprimante choisie et la zone d'impression.*

Modifier la taille et l'orientation de la page

- **Fichier**
  Mise en page
- Activez l'onglet **Taille de la page.**
- Dans la rubrique **Taille de la page**, choisissez la taille de page souhaitée.

  Celle-ci peut être fidèle au format prédéfini de l'imprimante, choisie dans une liste de formats prédéfinis (aux normes ISO, ANSI...), personnalisée, ou encore adaptée au dessin réalisé.
- Dans la rubrique **Orientation de la page**, choisissez l'orientation adéquate : **Portrait** ou **Paysage**.

- Confirmez votre choix en cliquant sur le bouton **Appliquer** puis sur **OK.**

Ces paramètres sont seulement valables pour la page courante, et pas pour le fichier.

Le format personnalisé peut également être défini à l'aide d'un Ctrl clic sur le bord de la page de dessin ; cette technique permet de réduire ou d'augmenter rapidement les dimensions de la page sans modifier l'échelle du dessin.

Modifier la taille du papier et ajuster la zone d'impression

- **Fichier**
  Mise en page
- Activez l'onglet **Configuration.**
- Dans la rubrique **Papier de l'imprimante**, définissez la taille et l'orientation du papier (pour l'impression).
- Dans la rubrique **Zoom d'impression**, définissez l'échelle d'impression. Celle-ci peut être inférieure ou supérieure à 100%, ou encore ajustée au nombre de pages voulu en longueur et largeur (de 1 à 50).
- Cliquez sur **OK.**

Modifier l'échelle du dessin

- **Fichier**
  Mise en page
- Activez l'onglet **Echelle du dessin.**
- Dans la rubrique **Echelle du dessin**, définissez l'échelle ou la taille du dessin. Elle peut être égale à 1 (pas de mise à l'échelle), prédéfinie selon les standards métriques, architecturaux... ou encore personnalisée (ex 1/4).
- Cliquez sur **OK.**

L'échelle personnalisée tient compte des unités précisées.

Modifier les propriétés de la page

- Dans le document, sélectionnez l'onglet **Page** concerné par la modification.
- **Fichier**
  Mise en page
- Activez l'onglet **Propriétés de page**.
- Dans la rubrique **Propriétés de page**, définissez le **Type** de la page courante en activant le bouton radio **Premier plan** ou **Arrière-plan**.
- Dans la zone de texte **Nom**, saisissez le nouveau nom à affecter au premier plan ou arrière-plan correspondant.
- Dans la liste **Arrière-plan**, choisissez l'arrière-plan de référence.

  *La valeur **Aucun** est choisie par défaut. Tous les arrière-plans du document apparaissent dans cette liste. L'arrière-plan sélectionné est affecté à la page courante (premier ou arrière-plan).*
- Dans l'onglet **Ombres,** sélectionnez un style dans la liste de styles personnalisés et agissez sur les valeurs **Décalage X** et **Décalage Y** pour modifier l'affichage de l'ombre portée de toutes les formes de la page courante.

  Des valeurs négatives reporteront l'ombre des formes à gauche et en haut.
- Cliquez sur **OK**.

Toutes les modifications de propriétés de page sont prises en compte pour la page courante.

Accéder aux options de repositionnement des traits et de liens

- **Fichier**
  Mise en page
- Activez l'onglet **Disposition et positionnement.**
- Vous pouvez agir sur les différents aspects, styles, chevauchement et déviations de traits de liens.
- Dans la rubrique **Positionnement**, fixez le **Style** de repositionnement par défaut des liens de la page, définissez la **Direction** ou le flux (certains diagrammes), indiquez la façon dont les traits de liens séparés sont superposés dans la liste **Fusionner** et la façon dont les traits de lien superposés sont séparés dans la liste **Séparer**.

- Dans la rubrique **Déviations de trait**, indiquez la façon dont sont appliquées les déviations de trait aux liens de la page (**Ajouter des déviations de trait à**). La déviation de trait indique que les lignes sont croisées et non reliées. Les **Styles de déviation de trait** sont le demi-cercle, le carré, l'intervalle ou une forme de 2 à 7 côtés. Vous pouvez agir sur la largeur des déviations de trait sur les traits horizontaux et sur la hauteur des déviations de trait sur les traits verticaux.
- Le bouton **Espacement** ouvre la boîte de dialogue **Espacement : disposition et positionnement** dans laquelle vous indiquez l'espace entre formes, leurs tailles moyennes, l'espace entre les liens, et l'espace entre les liens et les formes.
- Cliquez sur **OK**.

Le bouton **Espacement** définit les paramètres que Visio respectera pour disposer et lier les formes avec l'option **Disposer les formes** du menu **Forme**.

Gérer les pages multiples

Insertion de page

- **Insertion**
  Nouvelle page

  *La fenêtre **Mise en page** s'affiche.*
- Définissez les propriétés de la nouvelle page (cf. Modifier les propriétés de la page dans le titre précédent).
- Cliquez sur **OK**.

  *En bas de page, les onglets de page **Premier plan** précèdent les onglets de page **Arrière-plan**.*

Vous pouvez intervenir à tout moment sur la mise en page de chacune des pages.

Renommer une page

- Effectuez un clic droit sur l'onglet **Page** concerné.
- Sélectionnez **Renommer la page**.
- Saisissez le nouveau nom.
- Confirmez par [Entrée].

Supprimer une page

- Effectuez un clic droit sur l'onglet **Page** concerné.
- Sélectionnez **Supprimer la page**.

Réorganiser les pages

- Effectuez un clic droit sur un onglet **Page**.

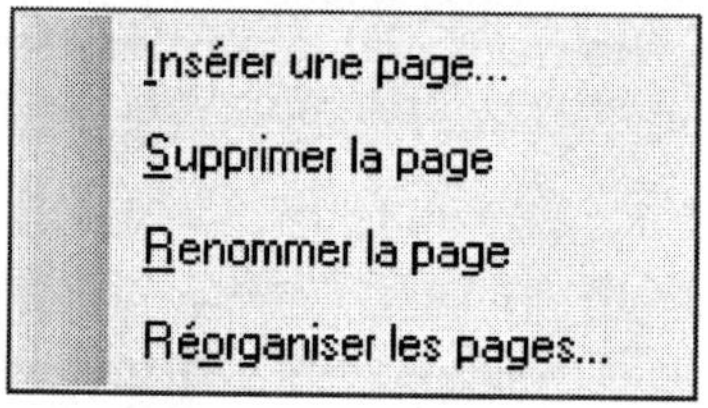

- Sélectionnez **Réorganiser les pages**.
- Dans la fenêtre **Réorganiser les pages**, sélectionnez la page à redisposer.
- Agissez sur le bouton **Monter** ou **Descendre** pour repositionner les pages les unes par rapport aux autres.
- Cliquez sur **OK**.

Gérer les règles et la grille

Les règles indiquent et permettent des positionnements et références grâce à une graduation horizontale et verticale. Le zéro de l'axe horizontal est situé sur le bord gauche de la page ; alors que le zéro de l'axe vertical est placé sur le bord inférieur de la page.

Afficher/masquer les règles

- **Affichage**
  Régles

Modifier l'affichage des règles

- **Outils**
  Règle et grille

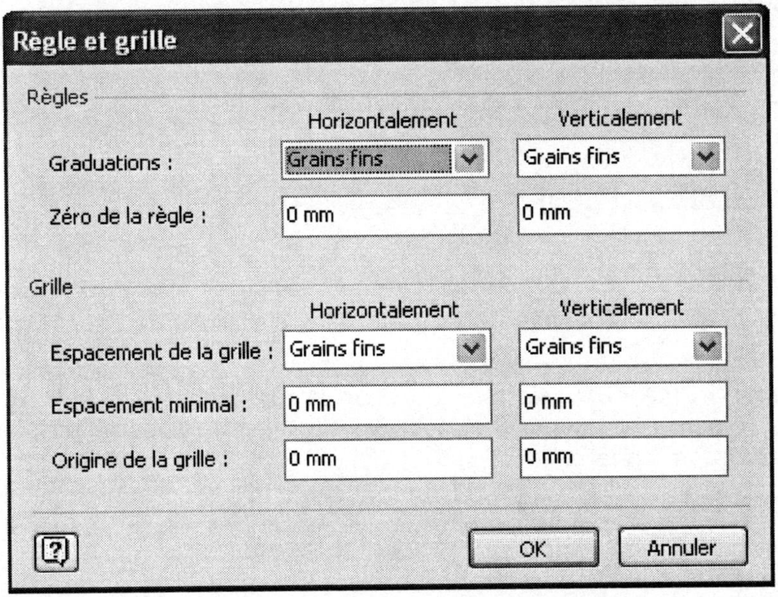

- Choisissez le nombre (ou type) de graduations horizontales et verticales dans les listes **Horizontalement** et **Verticalement** correspondantes.

  Grains Fins affiche une graduation toutes les 2 unités (5 graduations pour 10 mm). Il s'agit de l'affichage par défaut.

  Normal affiche une graduation toutes les 5 unités (2 graduations pour 10 mm).

  Gros grains affiche une graduation toutes les 10 unités (1 graduation pour 10 mm).

- Cliquez sur **OK** pour constater la graduation modifiée.

<u>Modifier les origines de la règle</u>

- **Outils**
  Règle et grille

- Précisez les positions horizontales et verticales au regard de l'option **Zéro de la règle**.

  Les valeurs positives évoluent vers la droite pour la règle horizontale et vers le haut pour la règle verticale. Les valeurs négatives progressent vers la gauche pour la règle horizontale, et vers le bas pour la règle verticale.

- Cliquez sur **OK**.

Afficher/masquer la grille

- **Affichage**
  Grille

Modifier l'affichage de la grille

- **Outils**
  Règle et grille
- Choisissez le type d'affichage de la grille dans les zones de listes **Espacement de la grille**.

  *Les valeurs **Grains Fins**, **Normal** et **Gros grains** agissent sur la densité de la grille. Cette densité s'adapte à l'affichage du dessin si vous sélectionnez un zoom avant ou un zoom arrière.*

  *Les valeurs **Espacement minimal** imposent un espacement non variable de la grille.*
- Cliquez sur **OK**.

Modifier l'origine de la grille

- **Outils**
  Règle et grille
- Précisez les positions horizontales et verticales dans les zones **Origine de la grille** correspondantes.

  Les valeurs indiquées permettent un décalage par rapport aux bords de la page. Ainsi, une graduation fixe de 10 mm sur les deux axes peut débuter à 5 mm du bord de la page.
- Cliquez sur **OK**.

Gérer les repères et les points de repère

Les repères sont des lignes de références horizontale(s) et verticale(s). Les points de repère constituent une localisation précise en un point. Les repères et points de repère sont glissés sur la page de dessin et facilitent grandement le positionnement précis des formes. Le déplacement des repères et points de repère peut entraîner le repositionnement des formes. Les repères et points de repère ne sont pas imprimables.

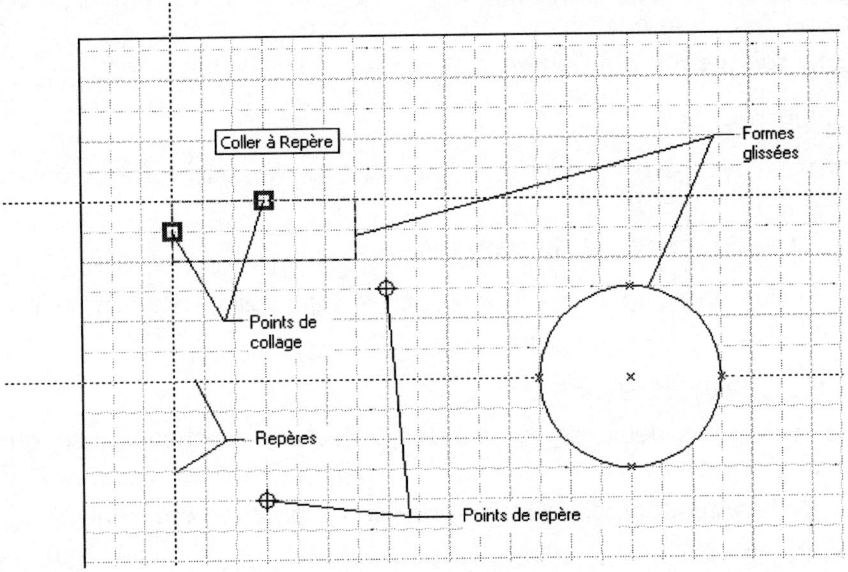

Afficher/masquer les repères et points de repère

- **Affichage**
  Repères

Positionner un repère

- Depuis la règle, effectuez un cliqué-glissé vers la page de dessin.
- À l'aide de la graduation de la règle, positionnez précisément le repère.
- Répétez l'opération, si nécessaire, pour placer les repères horizontaux et/ou verticaux.

Vous pouvez disposer plusieurs repères sur la page de dessin.

Déplacer un repère

- Déplacez le pointeur sur la règle et effectuez un cliqué-glissé dans le sens du déplacement souhaité.
- À l'aide de la graduation de la règle, positionnez précisément le repère.

Le déplacement du repère entraîne le repositionnement des formes précédemment placées sur le repère et peut modifier la liaison de celles-ci.

La touche [Ctrl] permet d'effectuer une copie.

Supprimer un repère

- Sélectionnez le repère à supprimer (appuyez sur la touche [Shift] pour effectuer une sélection multiple).
- Appuyez sur la touche [Suppr] du clavier.

La suppression d'un repère n'entraîne pas la suppression des formes positionnées sur celui-ci.

Positionner un point de repère

- À l'intersection des deux règles graduées, effectuez un cliqué-glissé vers la page de dessin.
- À l'aide de la graduation de la règle, positionnez précisément le point de repère.
- Répétez l'opération si nécessaire pour positionner plusieurs points de repère.

Déplacer un point de repère

- Déplacez le pointeur sur le point et effectuez un cliqué-glissé pour le repositionner.
- À l'aide de la graduation de la règle, positionnez précisément le point de repère.

Le déplacement du point de repère entraîne le repositionnement des formes précédemment placées sur celui-ci et peut modifier la liaison de celles-ci.

La touche [Ctrl] permet d'effectuer une copie.

Supprimer un point de repère

- Sélectionnez le point de repère à supprimer (appuyez sur la touche [Shift] pour effectuer une sélection multiple).
- Appuyez sur la touche [Suppr] du clavier.

La suppression d'un point de repère n'entraîne pas la suppression des formes positionnées sur celui-ci.

Renseignements sur les repères et points de repère

- Sélectionnez le repère ou point de repère.
- Lisez les informations affichées dans la barre d'état (ex. valeurs X et Y).

Zoomer une zone du dessin

Pour un meilleur confort visuel, vous pouvez modifier à tout moment l'affichage du dessin à l'écran. Vous utilisez le zoom pour agrandir ou diminuer une zone du dessin.

Zoom personnalisé

- **Affichage**
  Zoom

  La taille standard (variant selon le type et la résolution de l'écran) est proche de 50%.

- Choisissez le facteur d'agrandissement conforme à votre attente ou choisissez **Zoom** pour accéder à un affichage personnalisé.
- Choisissez un facteur d'agrandissement dans la liste, ou **Largeur de la page**, **Page entière** ou fixez le facteur personnalisé dans la zone **Pourcentage**.

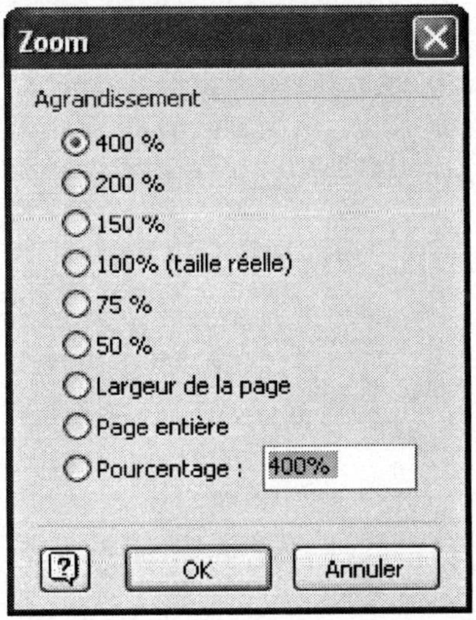

- Cliquez sur **OK**.

Une autre méthode consiste à choisir ou saisir son facteur d'agrandissement dans la liste **Zoom** de la barre d'outils **Standard** [50%].

Zoom Page entière

Affichage
Zoom
Page entière

Cette option fixe l'affichage à environ 50% (selon type et résolution de l'écran) pour afficher la totalité du diagramme.

Zoom Arrière

Cette option réduit l'affichage courant.

La combinaison des touches [Ctrl] et [⇧ Shift] associées à un clic droit active le **Zoom Arrière.**

Si vous êtes équipé d'une souris à molette, tournez la molette vers l'arrière en maintenant la touche [Ctrl] enfoncée.

Zoom Avant

Cette option agrandit l'affichage courant.

La combinaison des touches [Ctrl] et [⇧ Shift] associées à un clic gauche active le **Zoom Avant.**

Si vous êtes équipé d'une souris à molette, tournez la molette vers l'avant en maintenant la touche [Ctrl] enfoncée.

Zoom Précédent

Affichage
Zoom
Dernier zoom

Panoramique et zoom

*La fenêtre **Panoramique et zoom** permet d'intervenir sur l'affichage du dessin de deux façons :*

*- le **panoramique** permet un glissement de l'image sans changement de zoom.*

*- le **zoom**, grâce à la définition d'une zone rectangulaire correspondant à la zone souhaitée.*

Affichage
Fenêtre Panoramique et zoom

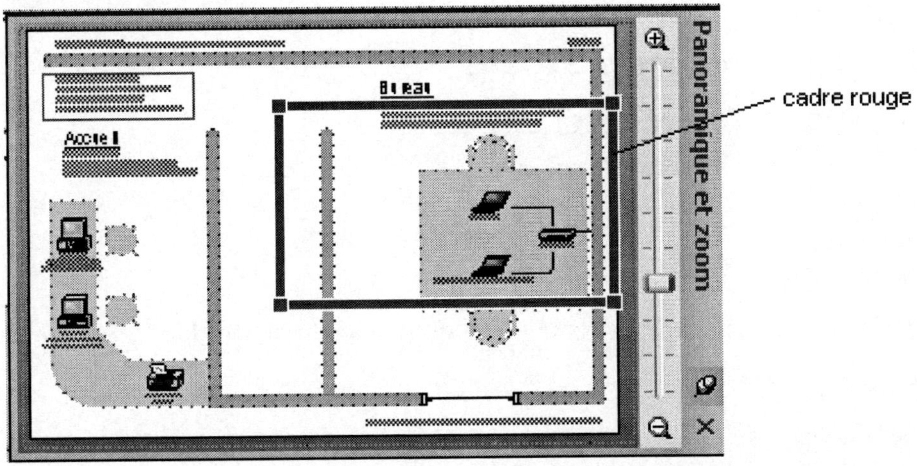

Le cadre rouge correspond à l'affichage courant de la page de dessin.

Dans la fenêtre **Panoramique et zoom**, déplacez le pointeur à l'intérieur du cadre rouge pour obtenir un pointeur à 4 flèches. Effectuez ensuite un cliqué-glissé pour déplacer l'affichage dans la direction voulue.

L'affichage dans la page de dessin est immédiatement modifié.

Dans la fenêtre **Panoramique et zoom**, déplacez le pointeur à l'extérieur du cadre rouge (pointeur blanc). Effectuez un cliqué-glissé pour définir la zone concernée par le zoom.

Cette zone est immédiatement affichée dans la zone de dessin.

Souris Intellimouse

Visio 2007 prend en charge la souris Intellimouse de Microsoft (à molette).

- Faites tourner la molette pour effectuer un panoramique vers le haut ou vers le bas de l'écran.
- Effectuez un cliqué-glissé sur la molette pour un panoramique multidirectionnel.
- À l'aide de la touche Ctrl, faites tourner la molette pour effectuer un zoom rapide et précis.

  Attention, la position du pointeur détermine le centre du zoom.

Personnaliser une barre d'outils

Ouvrir la boîte de dialogue **Personnalisation**

- Affichez la barre à personnaliser.
- **Affichage**
  Barres d'outils
  Personnaliser

Vous pouvez aussi accéder à cette boîte de dialogue par **Outils - Personnaliser**.

Supprimer un outil

- Ouvrez la boîte de dialogue **Personnalisation**.
- Activez, si besoin est, l'onglet **Barres d'outils**.
- Cliquez sur l'outil à supprimer et faites-le glisser en dehors de toute barre.

  Dès que vous relâchez la souris, l'outil disparaît.

Ajouter un outil

- Ouvrez la boîte de dialogue **Personnaliser**.
- Activez l'onglet **Commandes**.
- Dans la liste **Catégories**, sélectionnez la catégorie de l'outil.
- Dans la zone **Commandes**, cliquez sur la ligne correspondante à la commande à ajouter.

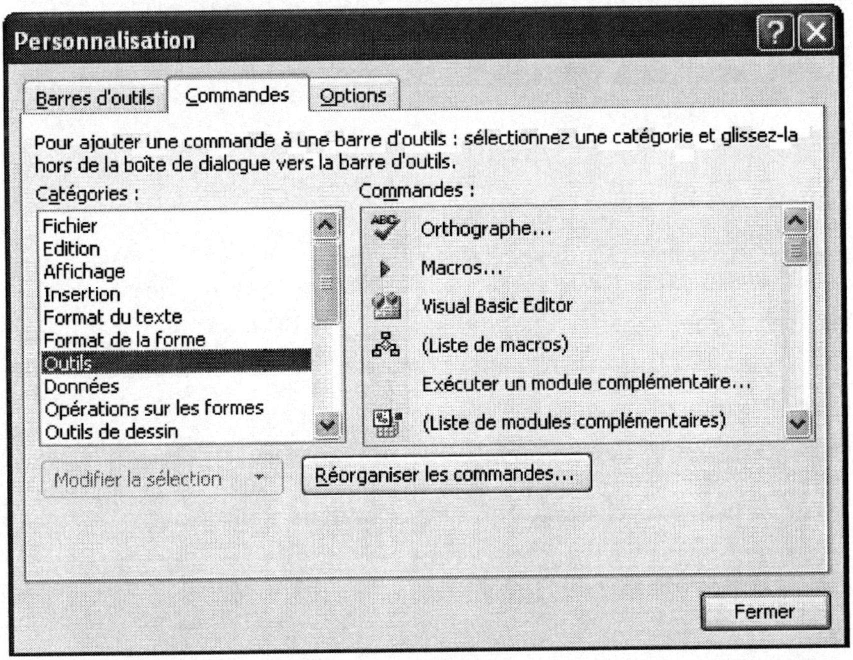

- Faites glisser le bouton de la boîte de dialogue vers la barre située dans la fenêtre Microsoft Visio.
- Choisissez ce qui doit être affiché grâce au bouton **Modifier la sélection.**
- Cliquez sur le bouton **Fermer**.

Créer une barre d'outils personnalisée

- **Affichage**
  Barres d'outils
  Personnaliser
- Cliquez sur le bouton **Nouvelle** de l'onglet **Barres d'outils**.
- Saisissez le **Nom de la barre d'outils** à créer.

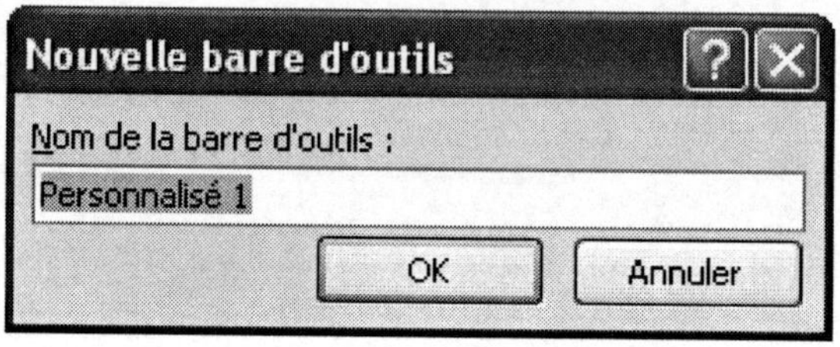

- Cliquez sur **OK**.

  Le nom de la nouvelle barre apparaît à la fin de la liste des barres d'outils. La nouvelle barre apparaît actuellement sous forme de fenêtre.

- Ajoutez tous les outils de votre choix grâce à l'onglet **Commandes**.
- Cliquez sur **Fermer**.
- Fixez alors cette barre par un double clic sur son titre.

Les gabarits

C'est le gabarit qui met à disposition de l'utilisateur les formes à faire glisser dans la page de dessin.

Au démarrage, l'utilisateur choisit un modèle. Chaque modèle contient un ou plusieurs gabarits.

Mais il est possible à tout moment d'accéder au gabarit de son choix. Visio 2007 propose de très nombreux gabarits composés de formes classées par catégories, et l'utilisateur peut lui-même constituer ses propres gabarits (cf. Création de gabarits).

Visio 2007 propose les gabarits de formes suivants :

Carte

Formes 2D et 3D de cartographie, symboles routiers, loisirs, transport, véhicules, parkings...

Général

Formes de base, formes de base avec point de fuite (perspective 3D), flèches, boucles, diagrammes structurels, blocs de signaux, de flux...

Diagramme Web

Schémas de conception de sites Web, représentation de réseaux informatiques Internet, intranet, de diagrammes conceptuels...

Ingénierie

Schémas de canalisations industrielles, de procédés d'aspiration, de circulation de gaz, fluides, d'air... Systèmes de distribution de matériaux et liquides (vannes, récipients, pompes...). Dessins techniques et mécaniques, schémas de conception de machines dans les métiers de l'industrie, l'hydraulique, le pneumatique. Annotations, symboles et cotations normalisées...

Logiciel et base de données

Schémas d'architecture informatique d'entreprises, de réseaux informatiques, d'ordinateurs. Diagrammes d'interfaces et programmation orientée objet. Diegrammes de flux. Éléments d'interface Windows (boutons, cliparts, écrans...). Diagrammes de structure de données, diagrammes de mémoire, Jackson, Room... Schémas de conception objet, de contraintes et relations (conception orientée objet) ; conception de bases de données (liaison via Visual Studio). Dessins et schémas de circuits imprimés, circuits intégrés, de logique analogique et numérique. Schémas de câblage électrique, de maintenance, d'infrastructures. Systèmes de contrôle industriel...

Plan de bâtiment

Plans d'aménagement d'usine, production, réception, stockage, expédition. Plans d'aménagement intérieur, plans d'étages, espaces paysagers, emplacements de bureau. Plans de maison, plan de plafond, plan de plomberie et de tuyauterie, plan de site. Dessins techniques pour le chauffage, la ventilation, la climatisation, l'air, l'environnement, les systèmes d'énergie... Plans de système de sécurité, d'accès et de contrôle. Dessins d'aménagement paysagers, d'espaces et de bureaux, de locaux commerciaux, d'éclairage, d'évacuation des eaux, d'irrigation... Schémas électriques et de télécommunication, Plan HVAC. Plans d'espaces verts, espaces de jeux...

Planning

Calendriers (mois et année), diagrammes de Gantt, plannings linéaires, réseaux PERT ; gestion de projets, plannings divers, emplois du temps, méthodes des chemins critiques, cycles de vie de projet...

Professionnel

Diagrammes d'analyse, de cause à effet, de représentation des flux, de processus, de processus de données, de relation entre processus et unités organisationnelles en fonctionnelles, gestion de processus, chaîne de processus événementielle (EPC), ménagement, audit (comptabilité, gestion, info fiscale...), documentation des processus 6 sigma et ISO 9000. Formes de diagramme de flux élémentaires, cause à effets, qualité, audit, organisation, flux de données, flux croisé, flux fonctionnel croisé, processus de données, diagrammes d'idées, diagrammes orientés objet... Organigramme pour la gestion de ressources, l'administration, la gestion du personnel, la structure de l'encadrement... Symboles de transport, logos de cartes de crédit, signalétique internationale ; Graphiques pour analyse financière, ventes, pertes, profit, budgets, statistiques. Tableaux de comptabilité, rapports annuels, inventaires, factures, bons de commande, relevés, notes de frais, plannings... Graphiques des processus de réflexion, planification, résolution de problèmes, prise de décision et Brainstorming.

Réseau

Représentation objets, sites et services Active Directory. Diagrammes détaillés d'architecture réseau, matériel informatique, structuration des réseaux. Échantillons de formes spécialisées de fabricants, formes VNE (*Visio Network Equipment*), formes LDAP (*Lightweight Directory Access Protocol*), Objets et partitions NDS (*Novell Directory Services*). Matériel informatique 2D et 3D, réseaux simples, architecture et structure réseaux.

Les fichiers gabarits portent l'extension .VSS.

Ouvrir un gabarit

Première méthode

Fichier
Formes
Ouvrir un gabarit

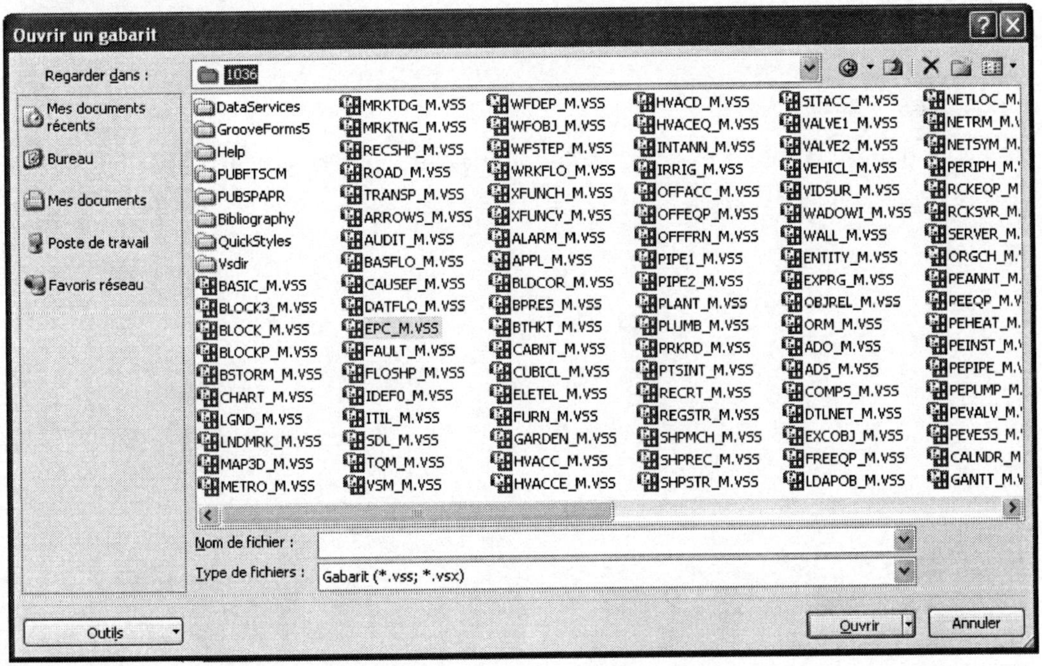

- Utilisez la liste **Affichages**  pour visualiser les fichiers sous forme de grandes ou petites icônes, de liste avec ou sans détails (taille, type, date et heure de dernière modification), ou accéder aux propriétés du fichier sélectionné ou pour visualiser les aperçus individuellement ou globalement sous forme de vignettes.
- Utilisez la liste **Outils** pour une recherche minutieuse de fichiers, pour supprimer le(s) fichier(s) sélectionné(s), pour renommer ou imprimer le fichier sélectionné, ou encore ajouter aux favoris le dossier courant.
- Sélectionnez le gabarit (.VSS).

  *La zone **Description** renseigne le contenu du gabarit. Un aperçu est disponible.*
- La liste **Ouvrir** permet de demander l'ouverture :

  - du fichier original,

  - d'une copie du fichier original,

  - du fichier original en lecture seule.
- Cliquez sur le bouton **Ouvrir**.

<u>Seconde méthode</u>

- **Fichier**
  Formes
- Dans le menu déroulant ci-après, sélectionnez le modèle, puis le gabarit voulu.

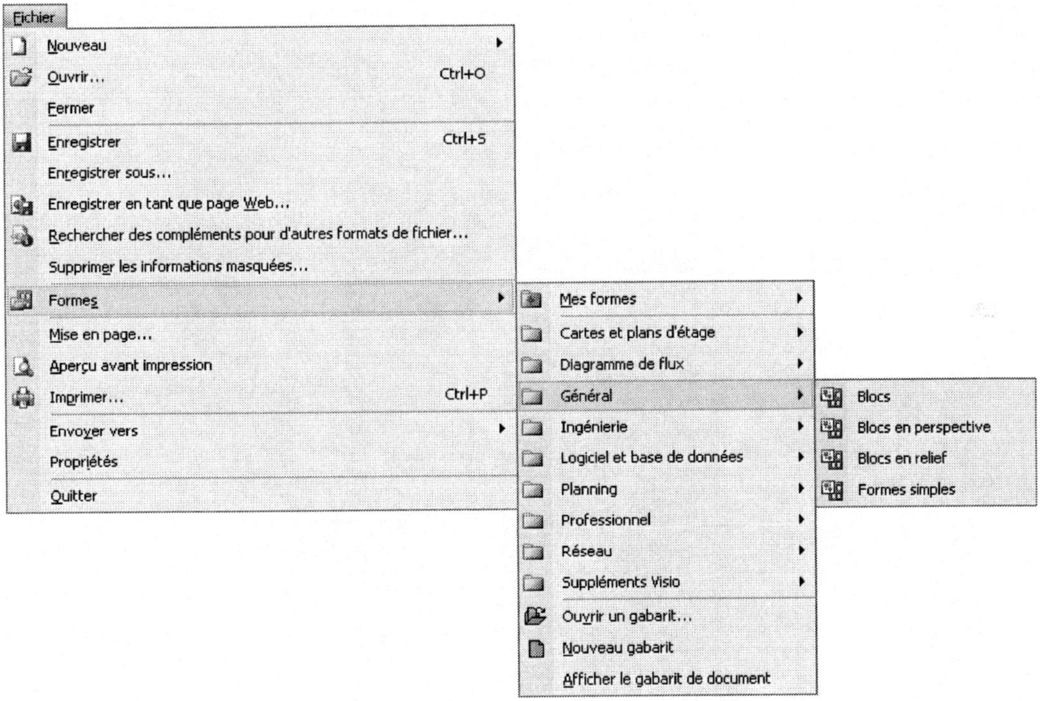

Utiliser un gabarit

*Par défaut, les gabarits sont ancrés sur le côté gauche de la fenêtre Visio. Ils peuvent être ancrés à droite, en haut comme en bas ; ou encore flottants. Un gabarit flottant est redimensionnable. Remarquez le regroupement des gabarits dans la fenêtre **Formes**.*

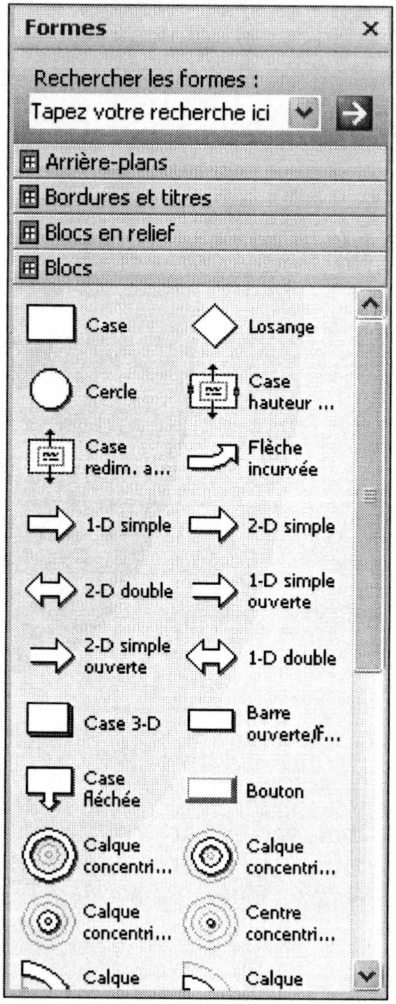

Chaque gabarit affiche des formes spécifiques à insérer dans la page de dessin.

Afficher/masquer les gabarits

Les gabarits ancrés sont disposés les uns sous les autres par défaut dans la partie supérieure.

- Cliquez sur le nom du gabarit.

Son contenu est affiché, et vous pouvez faire glisser les formes dans la page de dessin.

Les gabarits initialement situés en dessous sont automatiquement placés dans la partie inférieure. Il suffira de cliquer sur le nom de ceux-ci pour les afficher à nouveau en position supérieure.

Repositionner les gabarits

- Déplacez le pointeur de la souris sur le nom du gabarit à repositionner.
- Effectuez un cliqué-glissé vers les bords droit, haut ou bas de l'écran Visio pour ancrer le gabarit, ou vers la page de dessin pour obtenir un gabarit flottant.

Il est possible de disposer plusieurs gabarits ainsi que leur contenu simultanément à l'écran.

Modifier l'affichage des formes dans les gabarits

- Effectuez un clic droit sur le nom du gabarit.
- Dans le menu contextuel, sélectionnez **Affichage** puis :

Icônes et noms	pour visualiser les symboles et noms associés.
Icônes seulement	pour visualiser les symboles seuls.
Noms seulement	pour visualiser les noms de symboles seuls.
Icônes et détails	pour visualiser les symboles, noms et description des formes.

Fermer un gabarit

- Effectuez un clic droit sur le nom du gabarit.
- Choisissez **Fermer**.

Insérer des formes

Insérer une forme

L'insertion peut s'effectuer avec précision grâce aux repères, aux points de repère ainsi qu'à la grille. Les formes peuvent facilement être calées ou liées grâce aux points de collage (cf. Formes - Alignement et collage).

- Dans le gabarit souhaité, déplacez le pointeur de la souris sur les formes.

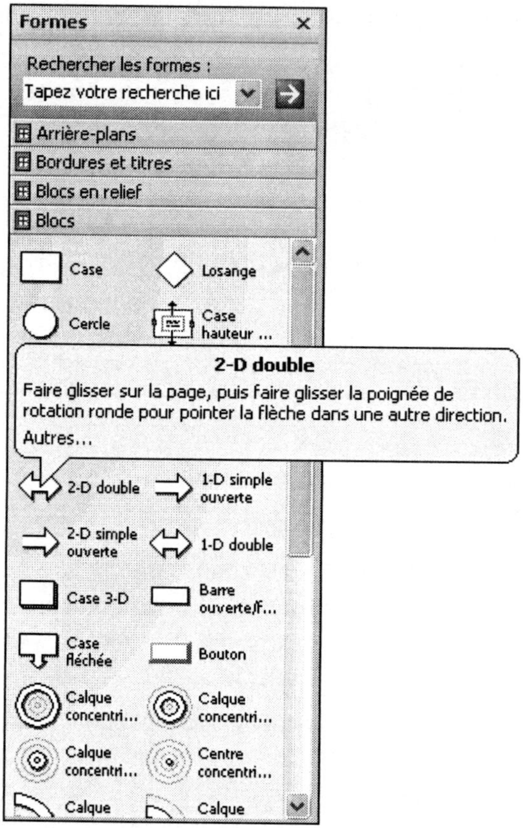

L'info-bulle précise nom et description de la forme pointée.

- Faites glisser la **forme** à insérer, depuis le gabarit vers la page de dessin.

Insérer plusieurs formes

- Dans le gabarit souhaité, effectuez un cliqué-glissé englobant les formes à sélectionner. Les formes sont affichées en inverse vidéo lorsqu'elles sont sélectionnées.
- À l'aide de la touche ⇧ Shift, cliquez sur les formes à sélectionner ou à désélectionner.
- Faites glisser la sélection à insérer, depuis le gabarit vers la page de dessin.

Déplacer des formes

- Dans la zone de dessin, sélectionnez la ou les formes à déplacer.

  Dans cette sélection, la première forme insérée est affichée avec des poignées vertes.

- Positionnez le pointeur de la souris sur la sélection et effectuez un cliqué-glissé pour déplacer les formes.

Les fonctions classiques de couper-coller sont également disponibles via le menu contextuel (clic droit).

Dupliquer des formes

- Dans la zone de dessin, sélectionnez la ou les formes à dupliquer.

  Dans cette sélection, la première forme insérée est affichée avec des poignées vertes.

- Positionnez le pointeur de la souris sur la sélection et en maintenant la touche Ctrl enfoncée, effectuez un cliqué-glissé pour dupliquer les formes.

Les fonctions classiques de copier-coller sont également disponibles via le menu contextuel (clic droit).

Formes et formes de base

Tous les éléments suivants sont considérés comme des formes : un trait, un arc, une courbe, une série de segments de trait, plusieurs formes groupées, les formes prédéfinies (ou formes de base) fournies par Microsoft Visio.
Vous pouvez vous-même constituer vos propres formes.
Les formes Visio peuvent réagir en fonction du contexte. Par exemple, les formes de fenêtre (du gabarit d'agencement d'espaces) sont verrouillées pour éviter un redimensionnement accidentel.
La chaise du dessin ci-dessous intègre naturellement une possibilité de rotation ; ceci permet une facile disposition de la chaise dans son environnement.
La table de conférence est une forme de base Visio ; elle est constituée du regroupement de plusieurs formes simples (chaises).

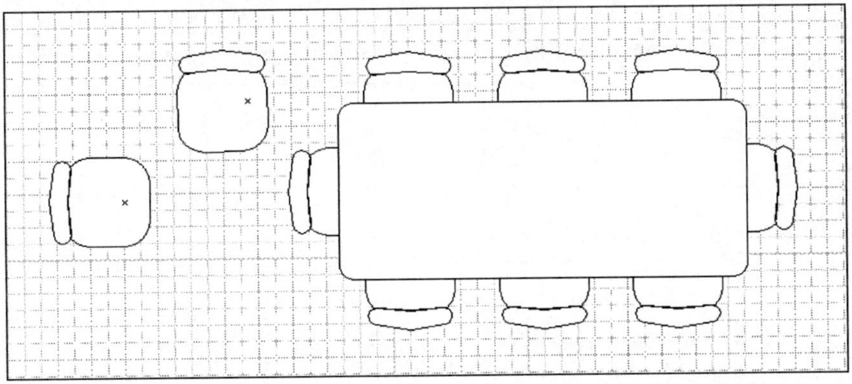

Types de formes

Les formes peuvent être ouvertes ou fermées. Un rectangle, un cercle constituant des contours sont des formes fermées, alors qu'un trait, un arc ou une courbe constituent des formes ouvertes.

Visio 2007 propose des formes de type 1D et 2D :

- Les **formes 1D** se comportent comme des traits. Ce sont des formes simples ou segments qui possèdent un point de début ( ), un point de fin ( ) et un point de contrôle (en général). Ces points sont affichés lorsque vous sélectionnez la forme avec l'**Outil Pointeur** ( ). Il est possible d'ajuster la forme avec ces points de contrôle et points de fin. Il est aussi possible de formater les extrémités (pointe de flèche par exemple), ou encore de modifier le type et l'épaisseur de trait. Elles peuvent lier des formes 2D.

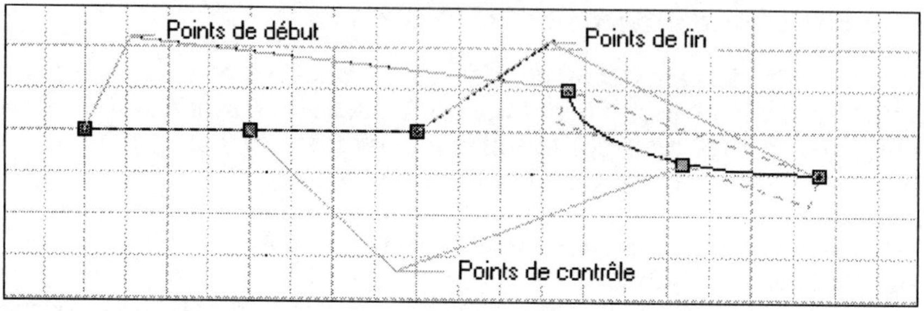

- Les **formes 2D**, plus nombreuses, peuvent être plus complexes. Elles comportent des sommets aux intersections des segments. Ces sommets constituent des points de contrôle et permettent la modification des formes. Ils sont affichés lorsque vous sélectionnez la forme avec l'**Outil Pointeur** ( ). Il est possible de remplir une forme 2D avec de la couleur ou un motif de remplissage.

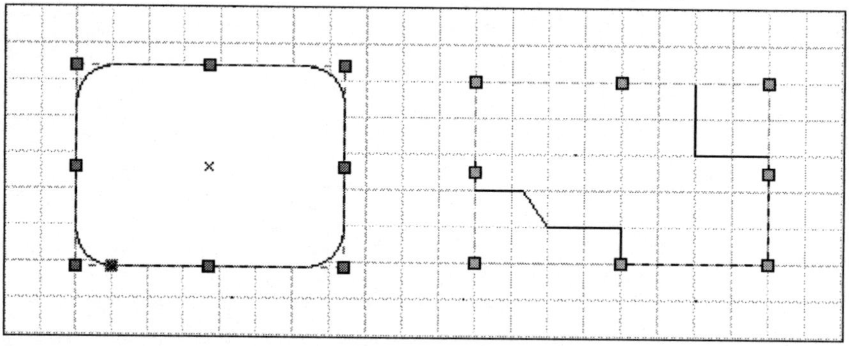

Poignées

Visio affiche de nombreux types de poignées sur les formes. Ces poignées permettent la modification de l'apparence, de la position, du comportement de la forme. Grâce aux poignées, vous pouvez coller deux formes, modifier la courbure d'un arc ou d'une spline, déplacer le texte d'une forme...

Points de connexion

Certaines formes 2D contiennent des points de connexion ( ). Vous pouvez y coller les points de début ou de fin d'une forme 1D. Ceci permet notamment de conserver les connexions entre formes lors de déplacement de formes.

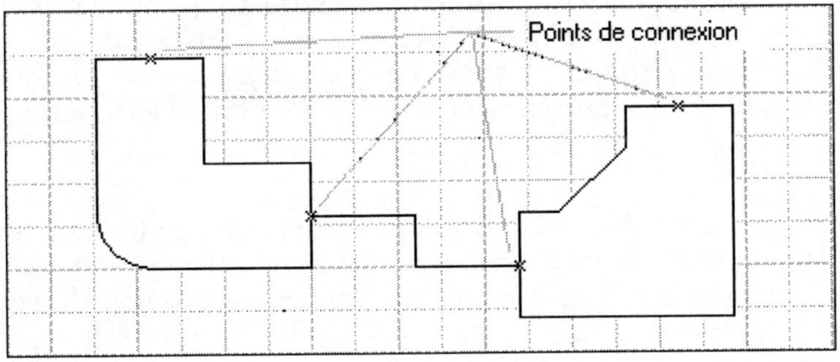

Dans l'exemple ci-dessus, une forme 1D (lien) relie deux formes 2D aux points de connexion.
Il est possible d'ajouter des points de connexion à une forme à l'intérieur comme à l'extérieur des limites de la forme (cf. Connexion des formes).

Poignées de sélection et points de fin

Les poignées de sélection et les points de fin sont affichés lorsque les formes sont sélectionnées. Les points de fin ont un aspect similaire aux poignées de sélection (petit carré vert), mais contiennent un signe particulier (croix ou plus) indiquant les points de début et de fin. Les poignées de sélection comme les points de fin permettent de redimensionner les formes 1D et 2D.

Les formes 1D comportent un point de début et un point de fin. Vous déplacez facilement ces points à l'aide d'un cliqué-glissé. Dans certains cas, les formes 1D comportent une poignée de sélection ; elle permet par exemple de modifier la courbure d'un arc.

Les formes 2D comportent plusieurs points de sélection. Les points de sélection permettent de redimensionner les formes, soit à partir d'un coin pour un redimensionnement uniforme, soit à partir d'un bord pour un redimensionnement dans une direction horizontale ou verticale.

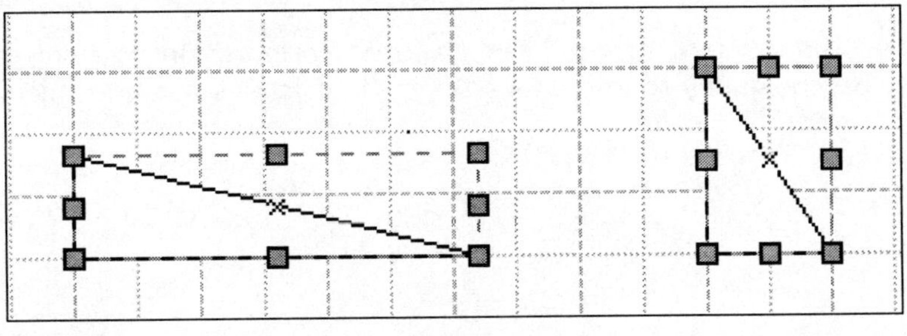

Dans l'exemple précédent, la forme initiale est la forme de gauche. Pour obtenir la forme de droite, une réduction horizontale a été effectuée avec la poignée de sélection droite du milieu, puis un agrandissement vertical avec la poignée supérieure du milieu. (cf. Édition des formes - Redimensionner une forme).

Poignées de contrôle

Ces poignées sont présentes sur certaines formes uniquement. Elles ressemblent aux poignées de sélection mais sont plus sombres. Chaque poignée de contrôle a une fonction spécifique et varie selon la forme. Une poignée de contrôle permet de modifier une largeur, une hauteur, de reformer une flèche, ou encore de modifier les arrondis des coins d'une forme comme ci-après.

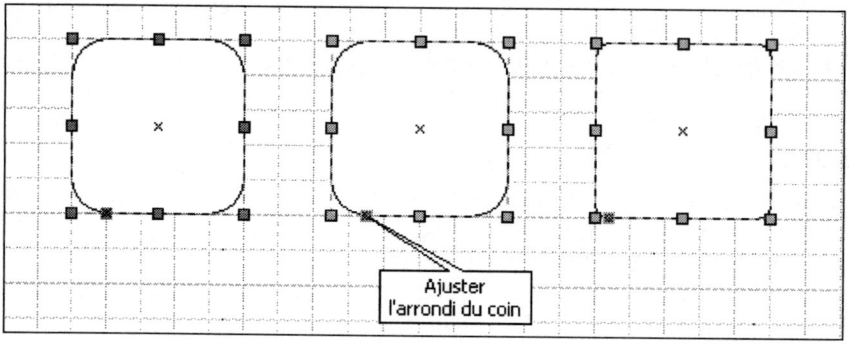

Points de contrôle

Ces poignées rondes et vertes sont affichées sur les segments droits, arcs et courbes lorsque vous sélectionnez une forme avec l'**Outil Crayon**  (barre d'outils **Dessin**). Les points de contrôle permettent de modifier la courbure ou la symétrie des segments d'une forme.

Poignées d'excentricité

Ces poignées permettent de modifier l'allure, l'orientation et l'ampleur d'un arc elliptique. Ces poignées rondes et vertes sont affichées sur une ligne passant par un point de contrôle de l'arc.

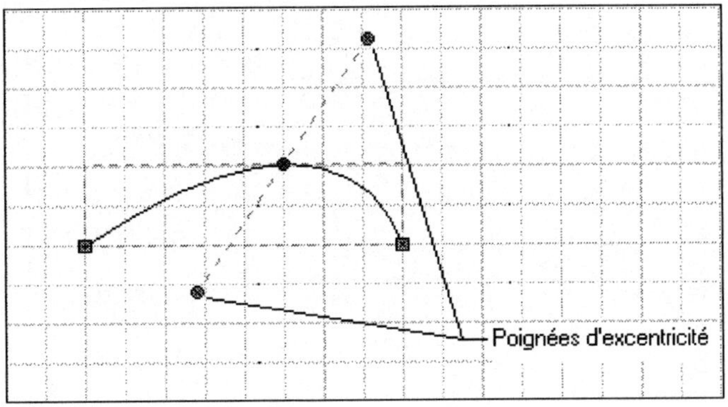

Cadenas

Le verrouillage d'une forme affiche des **cadenas**. Ils empêchent par exemple le redimensionnement et la rotation de la forme.
Les cadenas apparaissent à la place des poignées de sélection, à un ou plusieurs emplacements selon les options de protection choisies. (cf. Formes personnalisées - Protéger les formes).

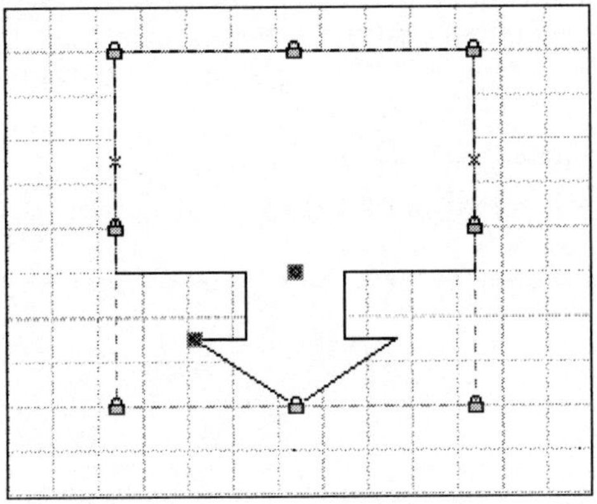

Poignées de rotation

Les poignées de rotation sont affichées lorsque vous sélectionnez la forme. Elles sont représentées par des poignées d'angle rondes et vertes. Une poignée de rotation spécifique marquée d'une petite croix (appelée axe) indique le centre de rotation de la forme (cf. Édition des formes - Faire pivoter une forme).

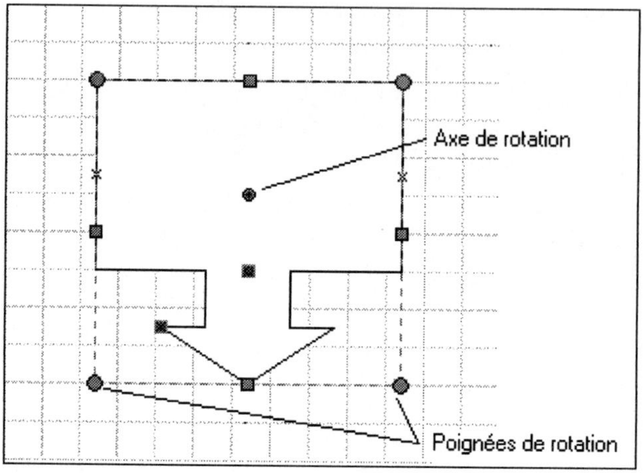

Sommets

Les sommets sont affichés sous forme de losanges verts, à l'intersection de deux segments par exemple. Ils sont présents lorsque vous sélectionnez la forme avec les fonctions suivantes : **Outil Crayon**, **Outil Trait**, **Outil Arc** ou **Outil Dessin à main levée**. Vous pouvez modifier l'aspect des formes en agissant sur les sommets. Il est possible d'ajouter, de supprimer, de déplacer des sommets.

Poignées de connexion automatique

Ces poignées (triangles bleus) sont affichées lorsque le pointeur est simplement positionné sur la forme.

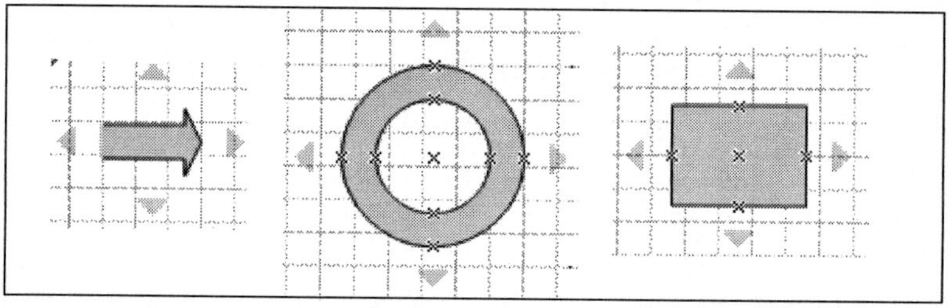

Pour activer l'affichage de ces poignées, vérifiez les points suivants :

- Dans le menu **Outils**, cliquez sur **Options**. Cliquez sur l'onglet **Général**. Dans la rubrique **Options de la fenêtre de dessin**, activez la case à cocher **Activer la connexion automatique**.
- Dans la barre d'outils **Standard**, cliquez sur l'outil **Connexion automatique** .

Ces triangles bleus sont utilisés pour lier automatiquement les formes. Ils permettent un lien automatique et aligné avec la forme sélectionnée dans le gabarit ou encore de relier deux formes rapprochées de la page de dessin.

Alignement et collage

L'alignement et le collage permettent de positionner et de déplacer les formes avec précision sur la page de dessin. Il est possible de paramétrer à tout moment le type d'éléments de référence pour l'alignement et le collage grâce à la boîte de dialogue **Alignement et collage (Outils - Alignement et collage**), sans influencer les formes en place.

L'**alignement** permet l'accrochage des formes sur les objets choisis. Vous activez/désactivez l'alignement, choisissez les éléments de référence et réglez la sensibilité du magnétisme. L'alignement est possible sur les graduations de règle, les lignes de la grille, les repères, les bordures des formes, les poignées, sommets, points de connexion, l'intersection de formes... Par défaut, les formes sont attirées vers les graduations de la règle, ainsi que les lignes de la grille.
Les paramètres d'alignement sont appliqués à toutes les pages du document courant.

Le **collage** permet de lier les formes à des objets. Grâce au collage, les formes connectées entre elles peuvent être déplacées tout en restant liées. Vous pouvez activer/désactiver le collage, choisir les points de collage et régler la sensibilité du collage. Le collage est possible sur les repères, les bordures des formes, les poignées, sommets, points de connexion...

Les paramètres de collage sont appliqués à la page courante.

Modifier les paramètres d'alignement et collage

Outils
Alignement et collage

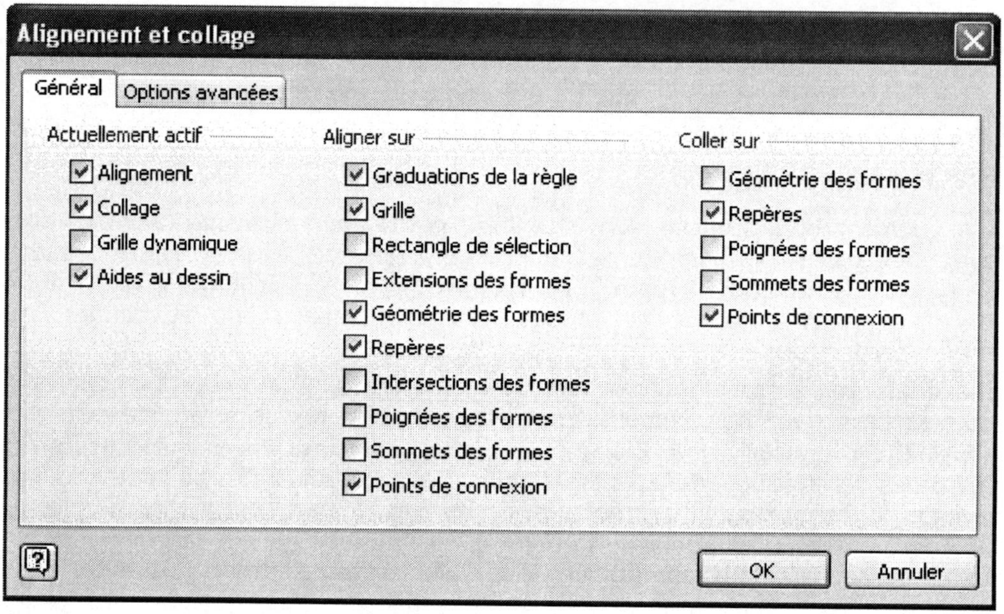

*L'onglet **Général** est activé.*

- Dans la zone **Actuellement actif**, activez ou désactivez les options de magnétisme et collage en cochant ou décochant les cases correspondantes :

Alignement Active ou désactive l'alignement des formes aux éléments activés dans la zone **Attirer sur**.

Collage Active ou désactive le collage des formes aux éléments activés dans la zone **Coller sur**.

Grille dynamique Permet une insertion de forme s'appuyant sur les points de connexion de formes déjà en place dans la page de dessin.

Aides au dessin Permet la mise en place de références angulaires de construction. Les angles 45, 135, 225 ou 315 degrés sont proposés lors de la création de rectangle ou d'ellipse ; ou encore 0, 45, 90, 135, 180, 225, 270, 315 lors de la création de traits.

- Dans la zone **Aligner sur**, cochez les éléments auxquels les formes vont s'accrocher :

Graduations de la règle	Accrochage aux graduations de règles.
Grille	Accrochage aux lignes de la grille.
Rectangle de sélection	Accrochage au rectangle de sélection. Le rectangle de sélection constitue l'encombrement de la forme sélectionnée. Même si celle-ci est polygonale, le rectangle de sélection est toujours rectangulaire.
Extensions des formes	Permet l'accrochage aux options d'extension de forme. Disponible avec les outils suivants : Trait, Crayon, Dessin à main levée, Arc, Ellipse, Rectangle, Points de connexion (cf. Modifier les options avancées d'alignement et collage).
Géométrie des formes	Accrochage aux bordures des formes.
Repères	Accrochage aux repères (cf. Espace de travail - Gérer les repères et les points de repères).
Intersections des formes	Accrochage à l'intersection de formes. Fonctionne aussi avec l'extension des formes, les bords de forme et la grille.
Poignées des formes	Accrochage aux poignées de sélection des formes.
Sommets des formes	Accrochage aux sommets des formes.
Points de connexion	Accrochage aux points de connexion des formes.

Lors de leur insertion, les formes s'accrochent aux éléments activés. Des pointillés s'affichent sur les règles au niveau des divers points de connexion de la forme insérée.

- Dans la zone **Coller sur**, cochez les éléments auxquels les formes vont se coller :

Géométrie des formes	Collage aux bordures des formes.
Repères	Collage aux repères.
Poignées des formes	Collage aux poignées de sélection des formes.
Sommets des formes	Collage aux sommets des formes.
Points de connexion	Collage aux points de connexion.

- Cliquez sur **OK**.

Les paramètres d'alignement et collage sont également modifiables depuis la barre d'outils **Alignement et collage** :

Modifier les options avancées d'alignement et collage

Outils
Alignement et collage

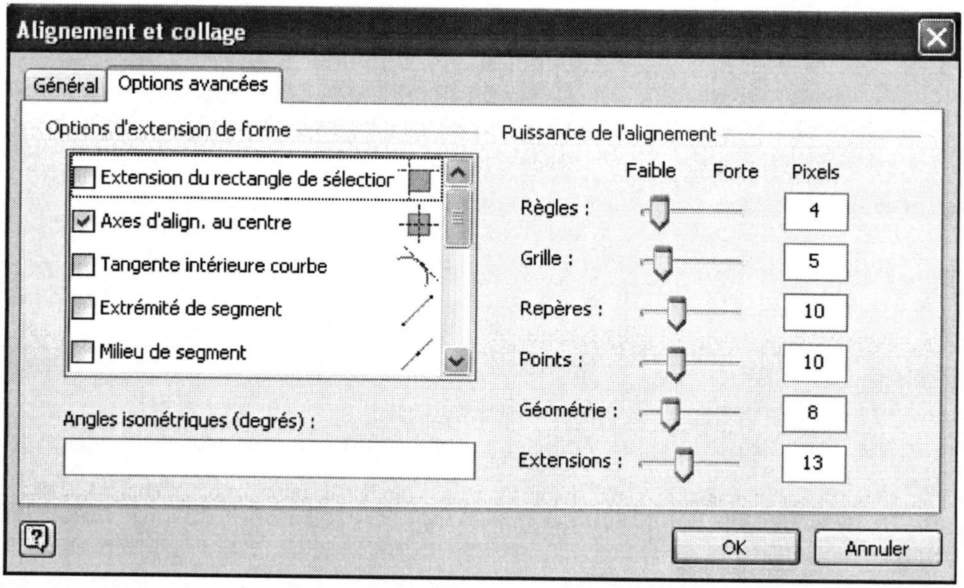

*L'onglet **Options avancées** est activé.*

Dans la zone **Options d'extension de forme**, réglez des accrochages supplémentaires pour l'utilisation des outils Trait, Arc, Dessin à main levée, Crayon, Ellipse, Rectangle et Point de connexion :

Extension du rectangle de sélection Permet de se référer à une ou plusieurs lignes de construction apparaissant en pointillés à partir des bords du rectangle de sélection de la forme.

Axes d'align. au centre Permet de se référer à une ligne de construction passant par le centre du rectangle de sélection de la forme.

Tangente intérieure courbe	Permet de se référer à la tangence d'un arc passant par le milieu de celui-ci.
Extrémité de segment	Permet de se référer aux extrémités de trait ou d'arc.
Milieu de segment	Permet de se référer aux milieux des segments de trait ou d'arc.
Extension linéaire	Permet de se référer au prolongement d'un segment droit.
Extension courbe	Permet de se référer au prolongement des arcs et courbes.
Perpendiculaire à l'extrémité	Permet de s'appuyer sur la perpendiculaire d'un segment de trait ou d'arc au niveau de son point de fin.
Perpendiculaire au milieu	Permet de s'appuyer sur la perpendiculaire d'un segment de trait ou d'arc au niveau de son milieu.
Trait horiz. à l'extrémité	Permet de se référer à une ligne horizontale passant par le point de fin d'un segment.
Ligne vert. à l'extrémité	Permet de se référer à une ligne verticale passant par le point de fin d'un segment.
Centre de l'ellipse	Permet de se référer au centre d'une ellipse.
Traits d'angle isométrique	Permet de s'appuyer sur des angles passant par les sommets de la forme. Ces angles sont précisés dans la zone de texte **Angles isométriques (degrés)** au nombre de 10 maximum, séparés par une virgule.

- Dans la zone **Puissance de l'alignement**, fixez la sensibilité de l'alignement pour la grille, les repères, les règles, les points de connexion, sommets et poignées. Les valeurs indiquées sont exprimées en pixels.
- Cliquez sur **OK**.

Les options avancées d'alignement et collage sont également disponibles dans la barre d'outils **Alignement et collage**.

Aligner les formes

Vous positionnez librement les diverses formes sur la page de dessin. Vous pouvez à tout moment les repositionner de façon automatique et avec précision, par rapport aux sommets, aux centres, aux côtés des formes, ou encore par rapport à des repères.
Dans ce cas, le déplacement du repère entraînera le déplacement des formes.

- Dans la barre d'outils **Standard**, choisissez l'**Outil Pointeur**.
- Sélectionnez la forme de référence sur laquelle vous souhaitez aligner les autres formes.

  Des poignées vertes sont affichées.
- En maintenant la touche Shift enfoncée, cliquez sur les formes à aligner pour les sélectionner.

  Des poignées bleues sont affichées.
- Dans le menu **Forme**, choisissez **Aligner les formes**.

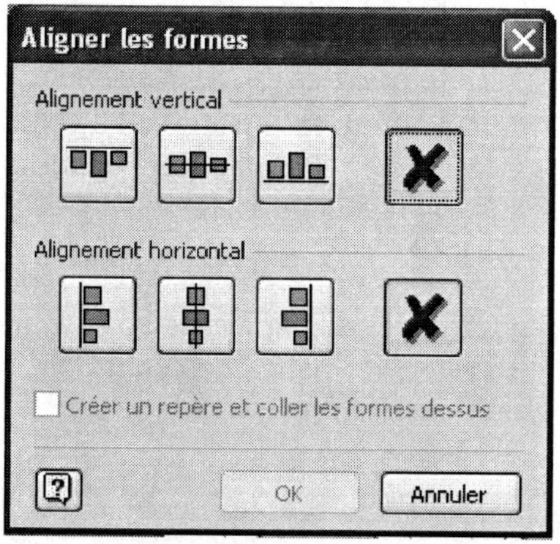

- Dans la zone **Alignement vertical**, sélectionnez l'alignement vertical souhaité.
- Dans la zone **Alignement horizontal**, sélectionnez l'alignement horizontal souhaité.
- Lorsque vous avez choisi le ou les alignements voulus, vous pouvez demander la création d'un repère sur lequel les formes seront collées. Pour cela, activez la case à cocher **Créer un repère et coller les formes dessus**.

Le déplacement de ce repère (ou point de repère) entraînera le déplacement des formes.

- Validez en cliquant sur **OK**.

Les alignements de formes sont possibles également depuis la barre d'outils **Action** :

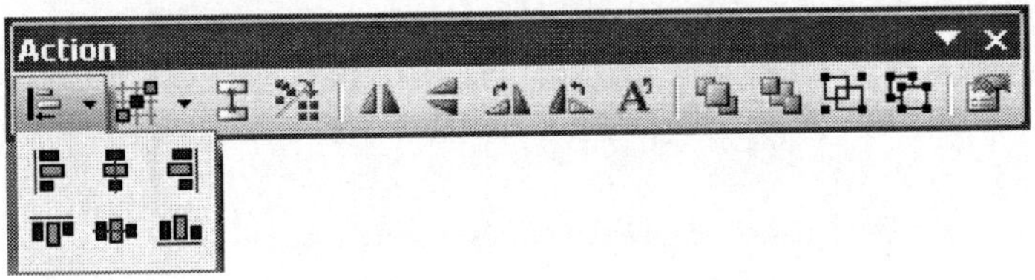

Répartir les formes

Vous pouvez répartir les formes (3 ou plus) à intervalles réguliers. Les côtés des formes supérieures et inférieures constituent les limites de la répartition verticale. Les côtés des formes latérales constituent les limites de la répartition horizontale.

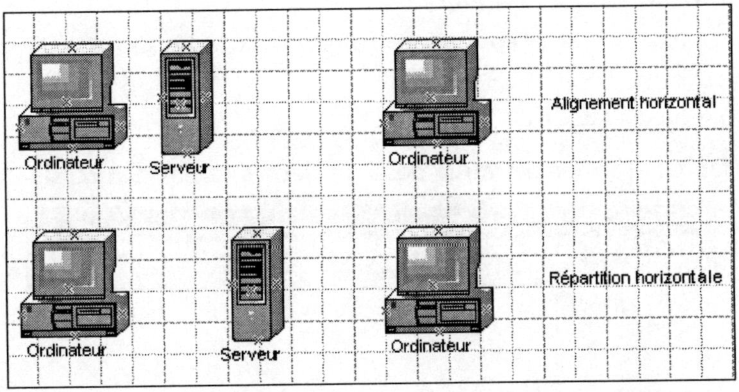

- Dans la barre d'outils **Standard**, choisissez l'**Outil Pointeur** .
- En maintenant la touche Shift enfoncée, cliquez sur les formes à répartir pour les sélectionner.
- Dans le menu **Forme**, choisissez **Répartir les formes**.
- Dans la zone **Distribution horizontale**, choisissez une option de répartition horizontale.

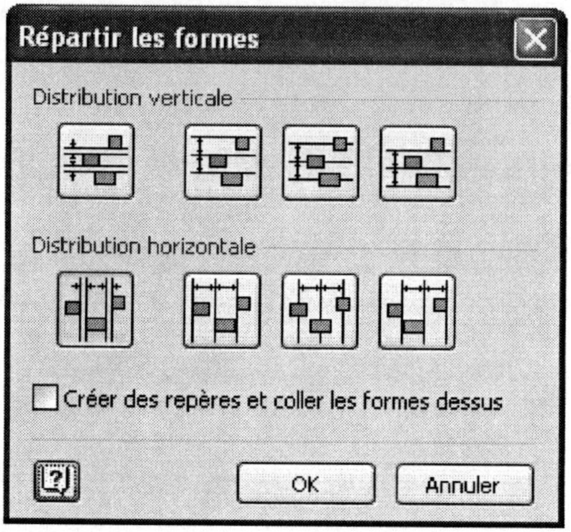

- Dans la zone **Distribution verticale**, choisissez une option de répartition verticale.
- Vous pouvez demander la création de repères sur lesquels les formes seront collées. Pour cela, activez la case à cocher **Créer des repères et coller les formes dessus.**

  Le déplacement d'un repère entraînera automatiquement une nouvelle répartition des autres repères et formes.
- Validez en cliquant sur **OK.**

La répartition des formes est aussi possible depuis la barre d'outils **Action** :

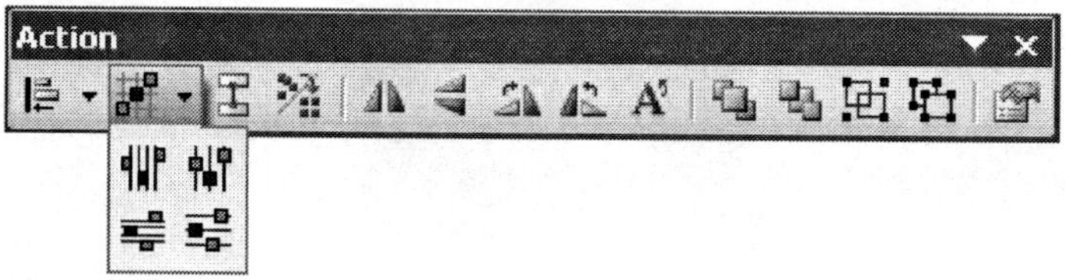

Fonctions d'encre

Les fonctions d'encre permettent de créer facilement des formes dessinées à la main et d'insérer des annotations manuscrites lors d'une révision de dessin, par exemple.

Au même titre que les autres formes Visio, vous pouvez copier, déplacer et redimensionner les formes d'encre, mais aussi les ajouter à des gabarits personnalisés afin de les rendre disponibles pour d'autres dessins.

Il est possible d'utiliser les fonctions d'encre de Visio avec des tablettes PC.

La barre d'outils **Encre** comporte deux stylos à bille, un stylo-feutre, deux surligneurs, ainsi que des outils de modification d'encre. Vous pouvez personnaliser le type, la couleur, l'épaisseur de trait, la sensibilité à la pression et la transparence des stylos.

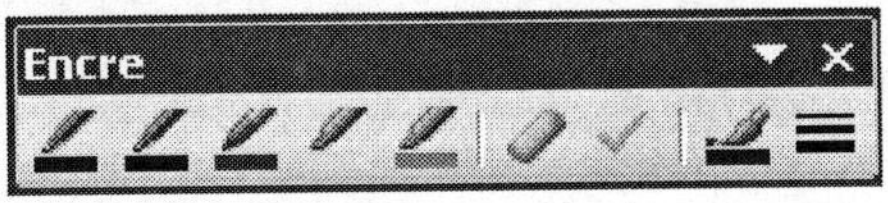

Créer une forme d'encre

Le principe est le suivant : après sélection du stylo, vous dessinez et créez une forme d'encre ; vous pouvez changer de stylo ou modifier les paramètres du stylo et continuer à dessiner. Un court instant après que vous ayez arrêté de dessiner, le tracé pointillé bleu autour de l'encre se transforme en tracé plein bleu, puis disparaît. Si vous dessinez à nouveau, Visio procède à la création d'une nouvelle forme d'encre.

- Dans le menu déroulant **Affichage**, choisissez **Barres d'outils** puis **Encre** pour afficher la barre d'outils **Encre**.
- Dans la barre d'outils **Encre**, choisissez un stylo.

⊡ Dans la barre d'outils **Encre**, cliquez sur le bouton **Couleur de l'encre** et choisissez la couleur de l'encre à dessiner dans la palette affichée :

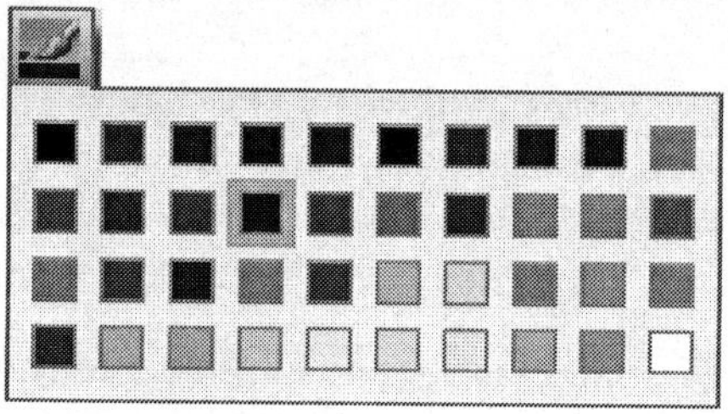

⊡ Dans la barre d'outils **Encre**, cliquez sur l'outil **Epaisseur de l'encre** et choisissez l'épaisseur d'encre à dessiner dans la liste affichée :

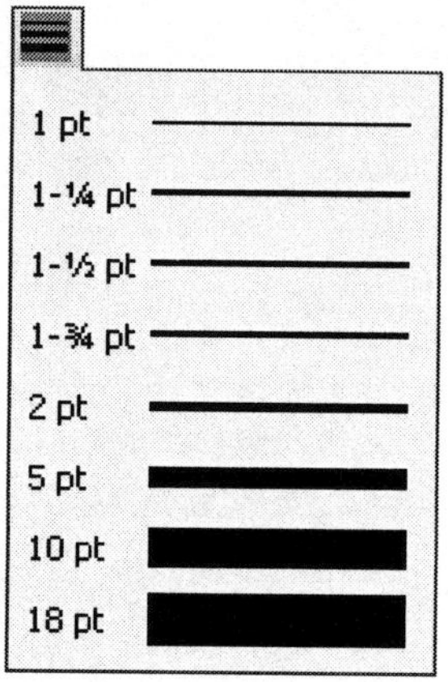

⊡ Effectuez le tracé par cliqué-glissé.

Après une courte pause, Visio crée automatiquement une forme (un cadre bleu apparaît autour puis disparaît).

⊡ Si le délai d'attente avant validation de la forme est trop long ou si la forme n'est pas créée automatiquement, cliquez sur le bouton **Fermer la forme d'encre** de la barre d'outils **Encre**.

⊡ Pour terminer la création de formes d'encre, choisissez un autre outil, par exemple l'**Outil Pointeur** dans la barre d'outils **Standard**.

Vous pouvez régler le délai qu'attend Visio avant de créer une nouvelle forme via le paramètre **Vitesse de création automatique** de la boîte de dialogue **Options** (**Outils** - **Options** - onglet **Options avancées**).

Sélectionner une encre

Pour déplacer, copier ou mettre en forme une forme d'encre, il faut sélectionner celle-ci.

Cliquez sur l'**Outil Pointeur** dans la barre d'outils **Standard** puis cliquez sur l'encre.

Cliquez sur une zone vide de la page de dessin pour désélectionner une encre.

Modifier une forme d'encre

Après création de la forme d'encre, chaque nouveau trait d'encre créé fait partie d'une nouvelle forme d'encre. Pour modifier une forme d'encre plutôt que d'en créer une nouvelle, vous devez d'abord ouvrir la forme.

Dans la barre d'outils **Encre**, sélectionnez un stylo.

Cliquez sur un trait dans la forme d'encre que vous désirez modifier.

Une ligne de points bleus avec des angles pleins entoure la forme, indiquant qu'elle est prête à être modifiée.

Si vous cliquez sur un trait et que vous voyez un point dessiné entouré par une ligne bleue, la forme originale n'est pas prête à être modifiée. Supprimez le point en cliquant sur **Annuler/Ajouter une encre** dans le menu **Edition**. Essayez à nouveau en cliquant directement sur le trait le plus épais de la forme.

Dessinez ou écrivez la nouvelle encre.

Les nouveaux traits d'encre sont ajoutés à la forme d'encre. Après une courte pause, Visio ferme automatiquement la forme.

Lorsque vous avez fini de modifier ou de créer des formes d'encre, sélectionnez un autre outil, comme l'**Outil Pointeur** de la barre d'outils **Standard**.

Modifier la couleur, l'épaisseur ou la transparence de l'encre

- Sélectionnez l'encre à mettre en forme à l'aide de l'**Outil Pointeur** de la barre d'outils **Standard**.

La sélection multiple est accessible via plusieurs outils de sélection proposés depuis l'**Outil Pointeur** (cf. Édition des formes - Sélectionner des formes).

- Dans le menu **Format**, cliquez sur **Encre**.

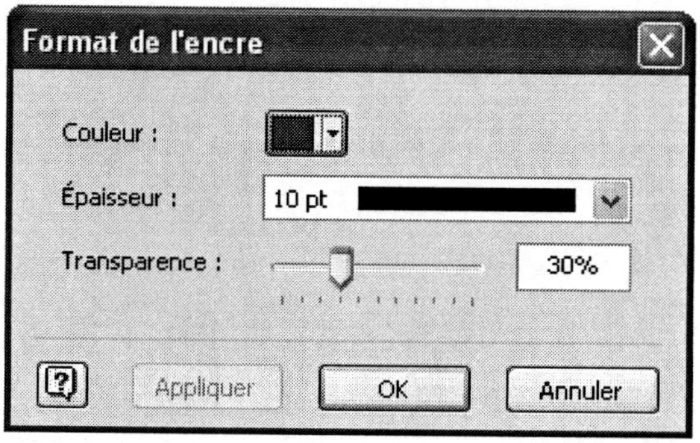

- Dans la boîte de dialogue **Format de l'encre**, réglez les paramètres de couleur, d'épaisseur et de transparence.

  Si la sélection comporte des formes avec des couleurs, des épaisseurs ou des transparences différentes, les paramètres ne sont ne pas visibles dans la boîte de dialogue. Ici, chaque changement de paramètres s'applique à toutes les formes sélectionnées.

- Cliquez sur **OK**.

Attribuer une mise en forme aux formes d'encre

- Sélectionnez l'encre à mettre en forme à l'aide de l'**Outil Pointeur** de la barre d'outils **Standard**.

  Si les formes font partie d'un groupe, sélectionnez-en une ou plusieurs dans ce groupe.

- Dans le menu **Format**, cliquez sur **Texte**, **Trait**, **Remplissage**, **Ombre** ou **Arrondi de coin**.
- Sélectionnez les options de mise en forme souhaitées.

- Confirmez par **OK**.

Supprimer une forme d'encre

- Sélectionnez la forme d'encre à supprimer à l'aide de l'**Outil Pointeur** de la barre d'outils **Standard**.

La sélection multiple est accessible via plusieurs outils de sélection proposés depuis l'**Outil Pointeur** (cf. Édition des formes - Sélectionner des formes).

- Cliquez sur **Supprimer** ou appuyez sur Suppr.

Supprimer les traits d'encre d'une forme

- Dans le menu **Affichage**, choisissez **Barre d'outils** puis **Encre** pour afficher la barre d'outils **Encre**.
- Dans la barre d'outils **Encre**, cliquez sur l'**Outil Gomme** .
- Pour effacer un seul trait, maintenez la gomme sur un trait pour le sélectionner.

  Le trait sélectionné apparaît comme un contour.

  Cliquez pour supprimer le trait.
- Pour effacer plusieurs traits, sélectionnez l'**Outil Gomme** et effectuez un cliqué-glissé sur les formes à supprimer.
- Lorsque vous avez terminé, sélectionnez n'importe quel autre outil comme, par exemple, l'**Outil Pointeur** ou un stylo.

Convertir une encre en géométrie ou en texte

Visio 2007 permet la conversion d'une forme d'encre en géométrie. Ainsi il devient possible de lui appliquer une mise en forme de trait. Visio 2003 permet également la conversion de l'écriture manuscrite d'encre en texte pour les formes d'encre créées sur une tablette PC.

- Cliquez avec le bouton droit de la souris sur la forme d'encre à convertir, puis cliquez sur **Convertir l'encre en texte** ou **Convertir l'encre en géométrie.**

  *L'option **Convertir l'encre en texte** n'est disponible que si la forme d'encre a été créée à l'aide d'une tablette PC.*
  *Après la conversion d'une forme d'encre en géométrie ou en texte, la suppression des parties de la forme à l'aide de l'**Outil Gomme** n'est plus possible. Pour du texte, vous devrez utiliser l'**Outil Texte** pour sélectionner le texte puis l'**Outil Supprimer**. Pour la géométrie, utilisez l'**Outil Crayon** de la barre d'outils **Dessin** pour sélectionner un sommet et le supprimer.*

- Pour modifier une encre qui a été convertie en texte, cliquez sur l'**Outil Texte** A, cliquez sur la forme puis modifiez le texte.

- Pour modifier l'encre qui a été convertie en géométrie, sélectionnez la forme puis faites glisser un sommet ◆, une poignée de sélection ◘ ou une poignée de rotation ●. Vous pouvez également utiliser les outils de la barre d'outils **Mise en forme** pour modifier l'apparence d'une forme.

Créer des thèmes personnalisés

Un thème Microsoft Office Visio 2007 est un ensemble de couleurs et d'effets que vous pouvez appliquer en un seul clic à un diagramme. Les thèmes constituent un moyen rapide et simple de donner un aspect élaboré à vos diagrammes.

Un thème est composé de deux parties :

- **les couleurs de thème** qui sont un ensemble de couleurs harmonisées ; il est possible de créer son propre jeu de couleurs personnalisé.
- **les effets de thème** qui sont un ensemble d'effets relatifs aux polices, aux remplissages, aux ombres, aux lignes et aux connecteurs.

Vous pouvez mélanger à loisir les couleurs et les effets de thème.

Les couleurs de thème intégrées correspondent aux couleurs de thème disponibles dans les autres applications Microsoft Office telles que PowerPoint ou Word.

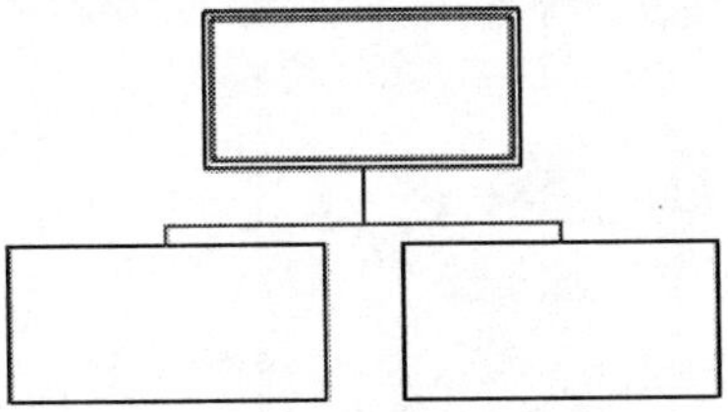

Organigramme hiérarchique simple *avant* qu'un thème lui ait été appliqué.

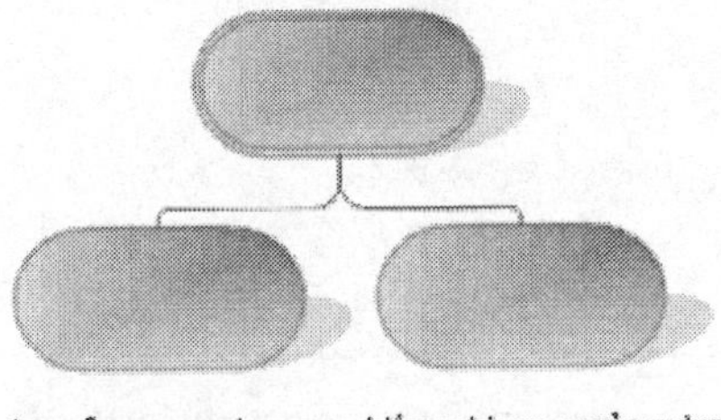

Le même organigramme hiérarchique *après* qu'un thème lui ait été appliqué.

Appliquer un thème

Format
Thème

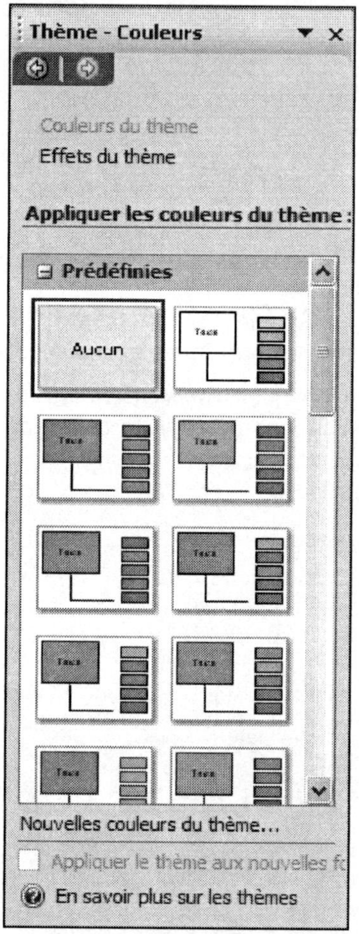

Le volet Office **Thème - Couleurs** est affiché par défaut. Pour ouvrir le volet Office **Thème - Effets**, cliquez sur **Effets du thème**.

- Dans la rubrique **Appliquer les couleurs de thème / effets de thème**, déplacez le pointeur sur le thème choisi. Cliquez sur le bouton-liste du thème pour afficher le menu suivant :

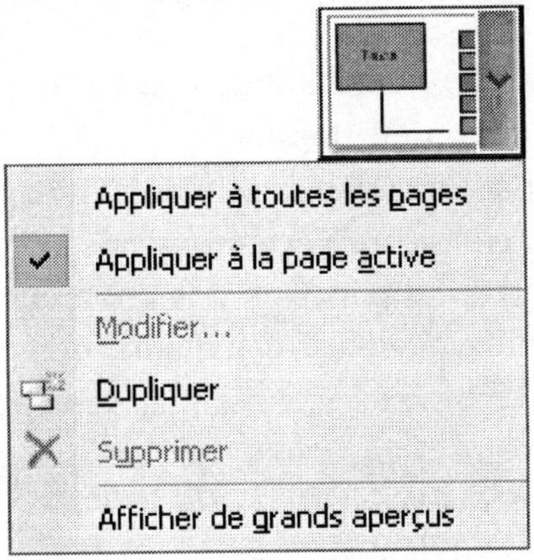

Un clic droit sur le thème choisi accède au même menu.

- Procédez de l'une des façons suivantes :
  - Pour appliquer un thème à la page de dessin active, cliquez sur **Appliquer à la page active**.
  - Pour appliquer un thème à toutes les pages de votre dessin, cliquez sur **Appliquer à toutes les pages**.

Si vous cliquez directement sur la miniature du thème, vous appliquez le thème à la page active ou à toutes les pages selon la dernière opération effectuée.

- Pour supprimer l'attribution du thème actif (couleurs et effets) à toutes les formes, dans le volet Office **Thème**, cliquez sur la miniature **Aucun**.
- Pour agrandir les miniatures, dans le volet Office **Thème**, effectuez un clic droit sur la miniature d'un thème et cliquez sur **Afficher de grands aperçus**.
- Par défaut, le thème actif est appliqué à toutes les formes ajoutées au diagramme. Désactivez la case à cocher **Appliquer le thème aux nouvelles formes** située en bas du volet Office **Thèmes**, pour désactiver temporairement cette fonctionnalité.

Exclure le thème à une ou plusieurs formes

Il est possible de ne pas autoriser l'application d'un thème à une ou plusieurs formes, ou encore protéger la forme contre l'application de thème des couleurs ou effets du thème.

Respectez les démarches suivantes selon le choix retenu :

Ne pas autoriser l'application du thème

- Sélectionnez la forme pour laquelle vous n'autorisez pas l'application du thème.
- Effectuez un clic droit, choisissez **Format** puis désactivez **Autoriser les thèmes.**

Protéger une forme contre l'application des couleurs ou des effets de thème

- Sélectionnez la forme pour laquelle vous n'autorisez pas l'application du thème.
- Effectuez un clic droit, choisissez **Format** puis sélectionnez **Protection.**
- Dans la boîte de dialogue **Protection**, activez les cases à cocher **Contre les couleurs du thème** ou **Contre les effets du thème.**

Ces opérations fonctionnent aussi si plusieurs formes sont sélectionnées.

Supprimer le thème d'une ou plusieurs formes

- Sélectionnez la forme pour laquelle vous souhaitez supprimer le thème.
- Effectuez un clic droit, choisissez **Format** puis **Supprimer le thème.**

Cette opération fonctionne aussi si plusieurs formes sont sélectionnées.

Créer un thème personnalisé

- Dans la partie inférieure du volet Office **Thème**, cliquez sur **Nouvelles couleurs du thème** ou sur **Nouveaux effets du thème.**

La boîte de dialogue ci-dessous est affichée :

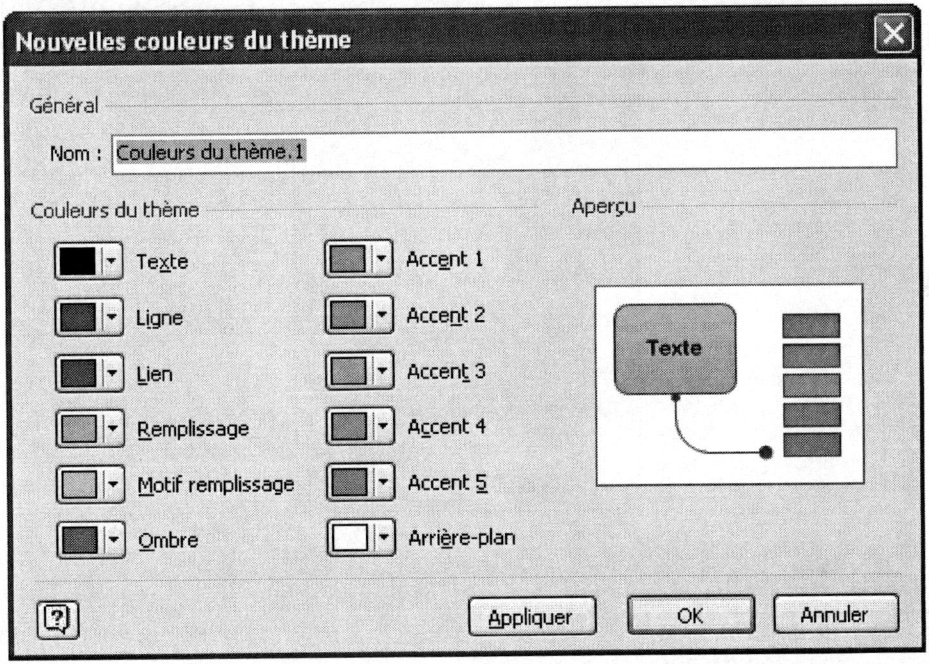

- Dans la boîte de dialogue **Nouvelles couleurs du thème** ou **Nouveaux effets du thème**, choisissez les couleurs ou les effets souhaités dans la rubrique **Couleurs du thème**. Saisissez un nom personnalisé dans la zone de texte **Nom**.
- Vérifiez le résultat dans la zone **Aperçu** puis cliquez sur **OK.**

Si vous souhaitez bénéficier des réglages (couleurs et thèmes) propres à un thème prédéfini, sélectionnez d'abord ce thème avant de procéder à la création du nouveau thème. Ainsi les réglages qui vous conviennent sont déjà présents dans la boîte de dialogue **Nouvelles couleurs du thème** ou **Nouveaux effets du thème**.

Les thèmes personnalisés sont propres au diagramme courant. Ils sont affichés dans le volet Office **Thème**, sous la zone **Appliquer la couleur du thème** dans la rubrique **Personnalisées** comme ci-dessous :

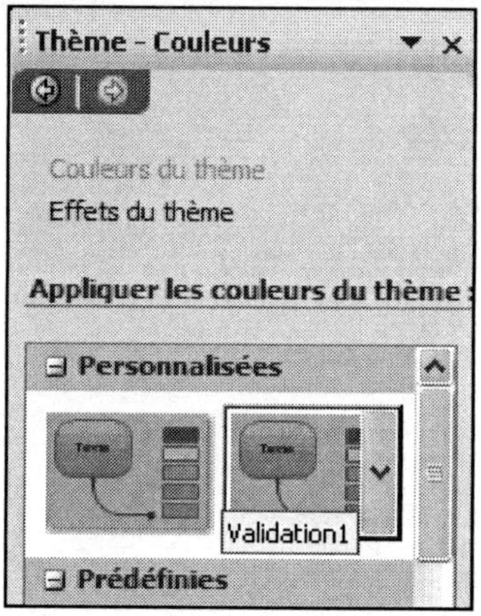

Dupliquer un thème

*La duplication d'un thème permet une copie d'un thème prédéfini dans la rubrique **Personnalisées**.*

- Dans le volet Office **Thème**, effectuez un clic droit sur la miniature du thème à dupliquer.
- Dans le menu contextuel ci-dessous, choisissez **Dupliquer**.

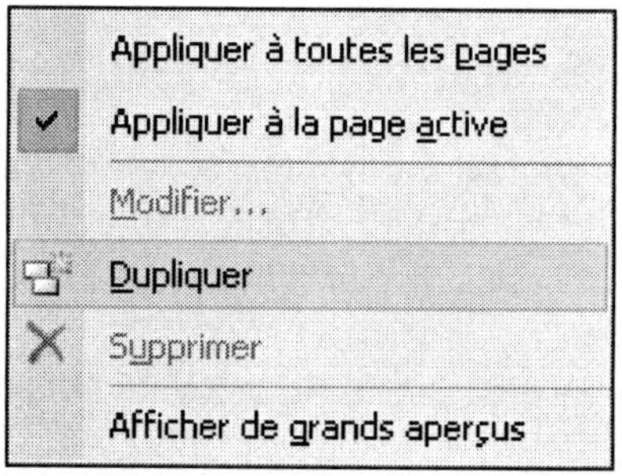

*La rubrique **Personnalisées** contient désormais le thème dupliqué, et vous pouvez le modifier.*

Modifier un thème personnalisé

- Dans le volet Office **Thème**, cliquez avec le bouton droit sur la miniature du thème personnalisé que vous souhaitez modifier.
- Dans le menu contextuel ci-dessous, cliquez sur **Modifier**.

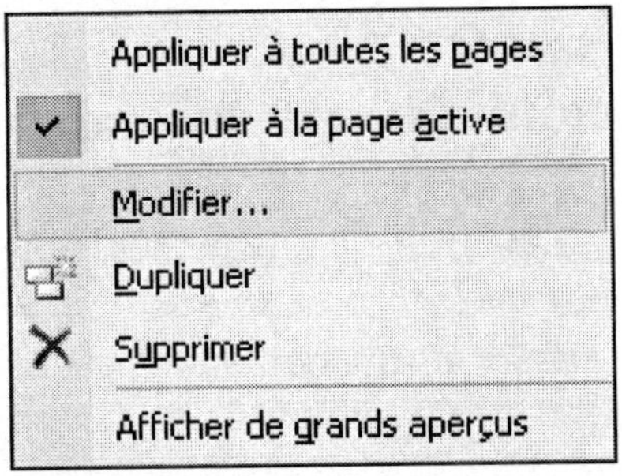

*La boîte de dialogue **Modifier les couleurs du thème** ou **Modifier les effets du thème** est affichée :*

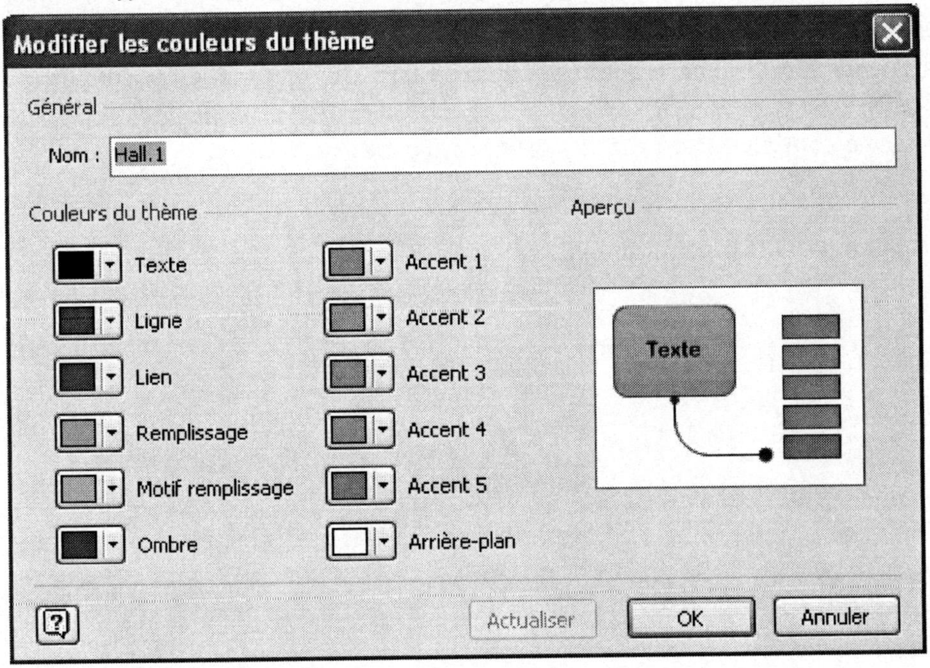

- Dans la boîte de dialogue **Modifier les couleurs du thème** ou **Modifier les effets du thème**, sélectionnez les options souhaitées, puis cliquez sur **OK**.

Il n'est pas possible de modifier directement un thème Visio prédéfini. Vous devez d'abord le dupliquer pour pouvoir ensuite modifier la copie depuis la rubrique **Personnalisées**.

Copier un thème personnalisé sur un autre diagramme Visio

Les thèmes personnalisés sont propres au diagramme courant. Aussi pour exploiter un thème de couleurs ou un thème d'effets dans un autre diagramme, procédez de la manière suivante :

- Ouvrez le diagramme contenant le thème personnalisé à copier.
- Sélectionnez une forme pour laquelle le thème personnalisé est appliqué.
- Dans le menu déroulant **Edition**, cliquez sur **Copier**.
- Ouvrez le dessin dans lequel vous voulez copier le thème personnalisé.
- Dans le menu **Edition**, cliquez sur **Coller**.

Ce thème est automatiquement ajouté au volet Office Thème dans la rubrique des thèmes personnalisés.

La forme collée peut à ce stade être supprimée.

Généralités

Les calques de Visio permettent une organisation structurée des formes et des repères sur une page de dessin. Les formes peuvent être affectées à un calque nommé. Vous pouvez afficher, masquer, verrouiller les calques et les formes associées. Il est également possible d'activer ou désactiver le magnétisme, le collage pour un calque particulier, tout comme il est possible d'affecter une couleur à l'ensemble de formes et repères associés à une calque.

Par exemple, si vous dessinez un agencement d'espace, vous pouvez créer des calques nommés "murs", "ouvrants", "mobilier", "électricité"... Chaque forme insérée pourra être affectée au calque correspondant. Ainsi, à chaque fois que cela est nécessaire, vous traitez indépendamment les formes voulues.

Un calque actif peut être déterminé à tout moment ; il est en quelque sorte un "calque de travail". Les formes insérées sont automatiquement affectées au calque actif, mais il est toujours possible de changer l'affectation des calques.

Une forme peut être ou ne pas être affectée à un calque. Chaque page de dessin peut disposer d'un jeu de calques différent.

Créer un calque

Affichage
Propriétés des calques

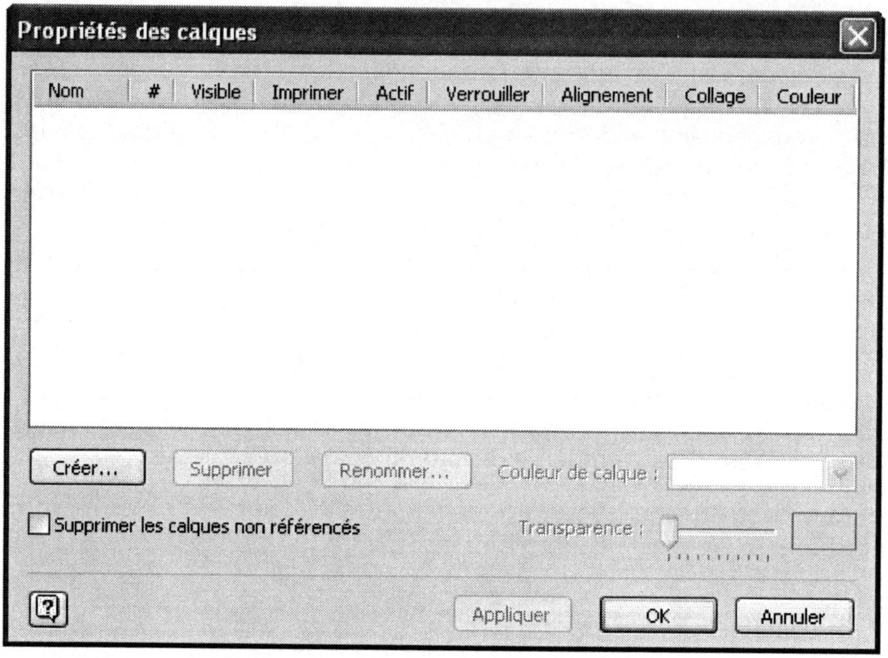

- Cliquez sur le bouton **Créer**.

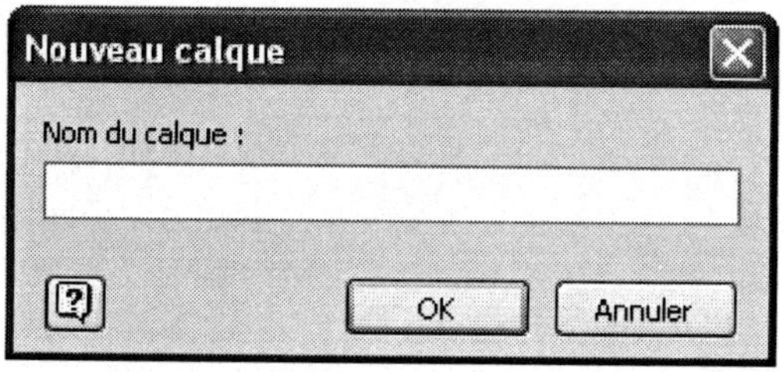

- Dans la boîte de dialogue **Nouveau calque**, saisissez le nom du nouveau calque.
- Cliquez sur le bouton **OK**.

*Le nouveau calque apparaît dans la boîte de dialogue **Propriétés des calques**. Des propriétés sont affectées par défaut, comme la visibilité, l'impression, l'alignement et le collage (cf. Modifier les propriétés des calques dans ce même chapitre).*

Supprimer un calque

⊡ **Affichage**
Propriétés des calques

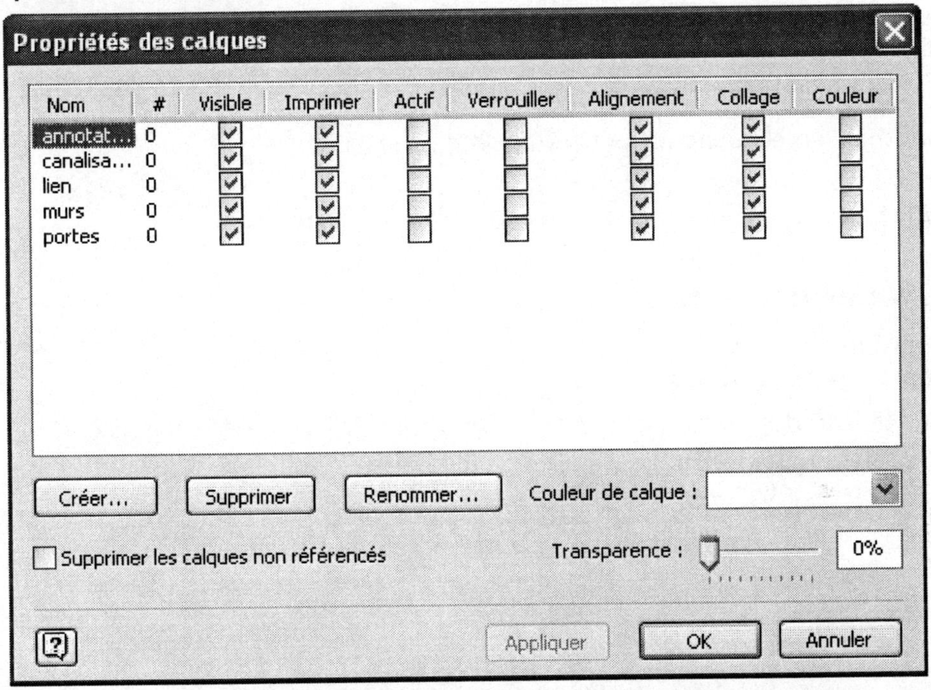

⊡ Dans la liste des calques existants, sélectionnez le calque à supprimer. Attention, Visio permet la suppression d'un calque contenant des formes.

⊡ Cliquez sur le bouton **Supprimer**.

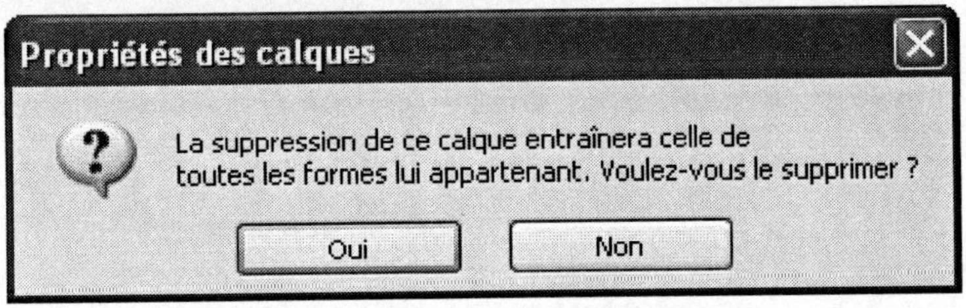

⊡ Cliquez sur le bouton **Oui** pour confirmer la suppression du calque.

Supprimer les calques non référencés

- **Affichage**
  Propriétés des calques
- Dans la boîte de dialogue **Propriétés des calques**, activez l'option **Supprimer les calques non référencés.**
- Cliquez sur le bouton **Appliquer**.
- Confirmez en cliquant sur le bouton **OK**.

  Visio supprime tous les calques qui ne contiennent ni forme ni règle. Seuls les calques contenant des formes et règles restent existants.

Renommer un calque

- **Affichage**
  Propriétés des calques
- Dans la liste des calques existants, sélectionnez le calque à renommer.
- Cliquez sur le bouton **Renommer**.

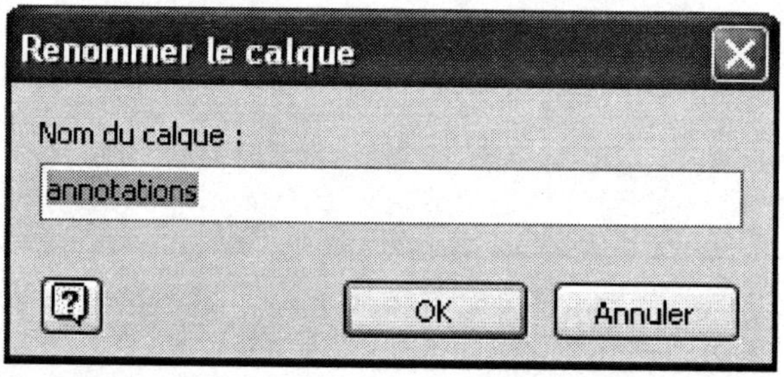

- Dans la boîte de dialogue **Renommer le calque**, saisissez le nouveau nom.
- Cliquez sur le bouton **OK**.
- Cliquez à nouveau sur **OK** pour quitter la boîte de dialogue **Propriétés des calques**.

Modifier les propriétés des calques

- **Affichage**
  Propriétés des calques

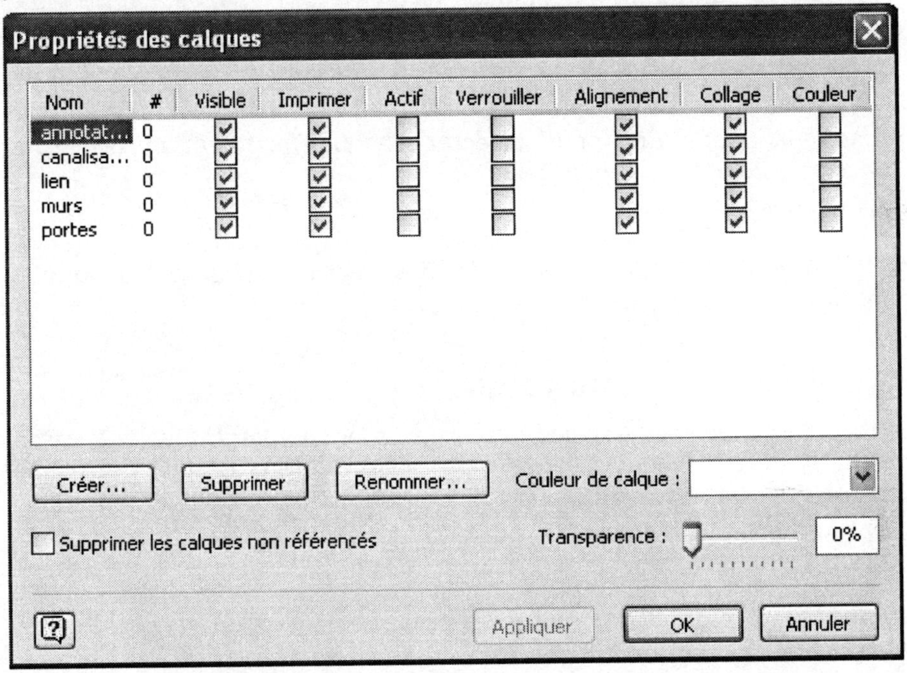

- Activez ou désactivez les propriétés de calque suivantes en agissant sur la coche de la ligne correspondante :

#	Affiche le nombre de formes associées au calque.
Visible	Affiche ou masque les formes associées au calque.
Imprimer	Autorise ou n'autorise pas l'impression des formes associées au calque.
Actif	Permet l'insertion automatique des formes insérées sur le calque actif.
Verrouiller	Empêche toute modification sur les formes. Il faudra déverrouiller le calque pour pouvoir sélectionner et modifier les formes du calque. Il faudra également déverrouiller le calque pour pouvoir lui associer une nouvelle forme.

Alignement	Autorise ou n'autorise pas l'accrochage d'autres formes aux formes associées au calque.
Collage	Autorise ou n'autorise pas le collage d'autres formes aux formes associées au calque.
Couleur	Permet l'affectation d'une couleur aux formes associées au calque. La liste déroulante **Couleur de calque** devient accessible et permet de choisir la couleur à associer.

- Confirmez par **Appliquer** pour affecter chaque modification de propriétés à l'écran sans quitter la boîte de dialogue.
- Cliquez sur le bouton **OK**.

Dans la boîte de dialogue **Propriétés des calques**, cliquez sur le nom de la colonne pour agir sur l'ensemble des calques.

Associer des formes à un calque

Lors de l'insertion des formes, celles-ci sont automatiquement associées au calque actif. À tout moment, il est toutefois possible d'associer des formes à l'un ou l'autre des calques existants.

- Sélectionnez la ou les formes concernées (à l'aide de la touche Shift si nécessaire).
- **Format**
  Calque

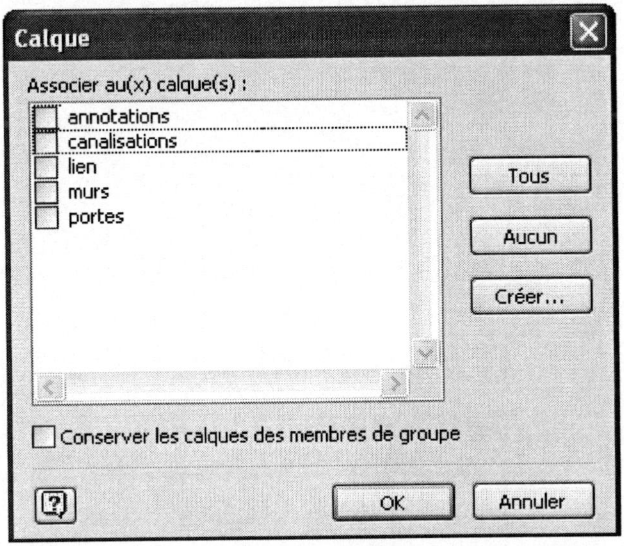

- Sélectionnez le ou les calques au(x)quel(s) associer les formes.

*Les boutons **Tous** et **Aucun** permettent une sélection et désélection de la totalité des calques existants (utilisez la touche Ctrl pour une sélection multiple). Le bouton **Créer** permet la création d'un nouveau calque si nécessaire.*

- Cliquez sur le bouton **OK**.

Une forme peut être associée à plusieurs calques.

Généralités

L'Explorateur de dessins permet d'accéder à l'étendue des éléments du dessin. Il permet également d'ajouter, de supprimer, de modifier les pages, les formes, les motifs... La fenêtre **Explorateur de dessins** reflète instantanément et automatiquement toutes les dernières modifications effectuées dans le dessin.

L'Explorateur de dessins est disponible pour les dessins (.vsd), modèles (.vst) et gabarits (.vss). Les éléments suivants sont présentés hiérarchiquement comme suit :

- Pages (à la fois de premier plan et d'arrière-plan), y compris les formes et les calques.
- Styles.
- Formes de base.
- Motifs de remplissage.
- Motifs de ligne.
- Extrémités de trait.

Afficher l'Explorateur de dessins

Affichage
Fenêtre Explorateur de dessins

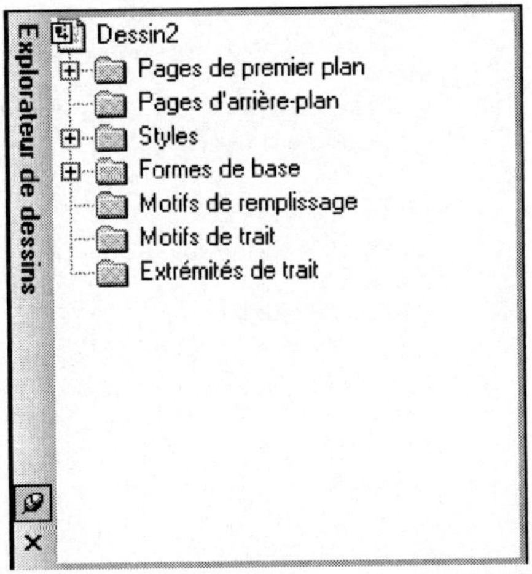

Cliquez sur le bouton de fermeture (dans le coin supérieur droit) pour fermer l'Explorateur de dessins.

Modifier l'affichage de l'Explorateur de dessins

Masquer automatiquement la fenêtre Explorateur de dessins

- Effectuez un clic droit sur une zone dégagée de la fenêtre **Explorateur de dessins** puis choisissez **Masquer automatiquement.**

Il suffit de placer le pointeur sur la barre de titre pour la faire réapparaître.

Ancrer la fenêtre Explorateur de dessins

- Effectuez un clic droit sur une zone dégagée de la fenêtre **Explorateur de dessins** puis décochez **Masquer automatiquement.**

Rendre flottante la fenêtre Explorateur de dessins

- Effectuez un clic droit sur une zone dégagée de la fenêtre **Explorateur de dessins** puis choisissez **Fenêtre flottante.**
- Effectuez un cliqué-glissé pour déplacer la fenêtre.

Modifier les éléments depuis l'Explorateur de dessins

- **Affichage**
  Fenêtre Explorateur de dessins

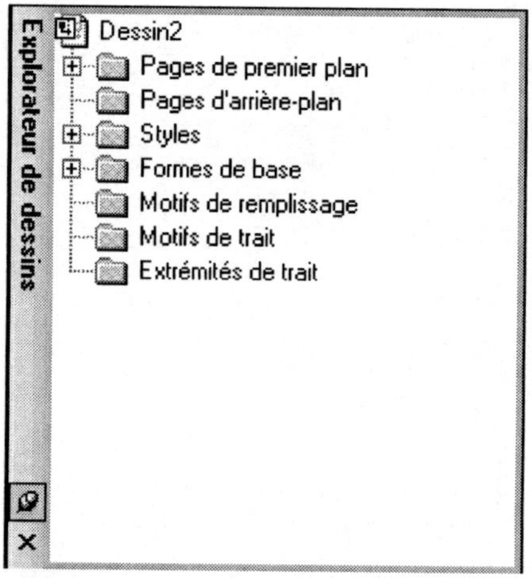

- Double cliquez sur un dossier pour l'ouvrir ou le fermer.

Les dossiers possédant un contenu sont précédés du signe [+].

- Pour modifier le nom d'un élément, appuyez sur [F2], saisissez le nouveau texte et appuyez sur [Entrée].
- Sélectionnez une forme dans l'Explorateur de dessins pour afficher celle-ci sur la page de dessin.
- À l'aide des menus contextuels, effectuez l'opération voulue sur l'élément de votre choix.

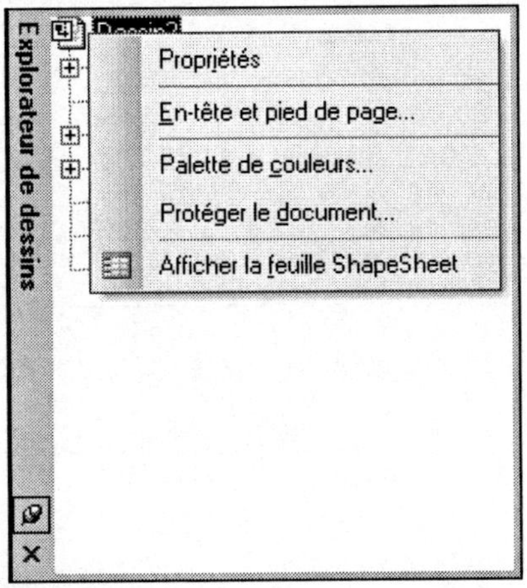

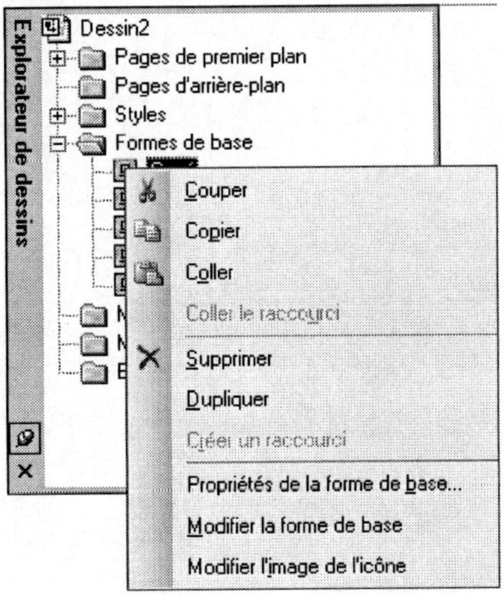

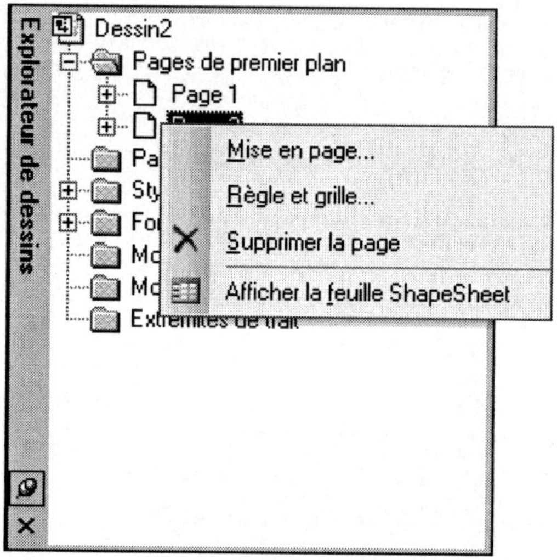

Notez la disponibilité des menus contextuels quel que soit l'élément sélectionné.

Sélectionner des formes

Sélectionner une forme

- Dans la barre d'outils **Standard**, sélectionnez l'**Outil Pointeur** .
- Déplacez le pointeur sur une forme.
- Cliquez pour sélectionner la forme.

Sélectionner plusieurs formes

- Dans la barre d'outils **Standard**, sélectionnez l'**Outil Pointeur** .
- Déplacez le pointeur sur une forme.
- Cliquez pour sélectionner la première forme.
- Maintenez la touche Shift enfoncée et cliquez sur les autres formes pour les sélectionner.

Utilisez la touche Shift pour désélectionner des formes.

Un cliqué-glissé englobant complètement les formes permet leur sélection.

Sélectionner plusieurs formes à l'aide de l'outil **Sélection de zone**

- Dans la barre d'outils **Standard**, accédez à la liste associée à l'**Outil Pointeur** .
- Sélectionnez l'outil **Sélection de zone** .
- Effectuez un cliqué-glissé autour des formes pour les sélectionner.

La sélection doit s'inscrire dans le rectangle de sélection.

Sélectionner plusieurs formes à l'aide de l'outil **Sélection par lasso**

- Dans la barre d'outils **Standard**, accédez à la liste associée à l'**Outil Pointeur** .
- Sélectionnez l'outil **Sélection par lasso** .
- Effectuez un cliqué-glissé autour des formes pour les sélectionner.

La sélection s'inscrit dans le tracé de forme libre dessiné en pointillé ; ainsi vous pouvez procéder à une sélection très précise en n'englobant que les formes inscrites dans le tracé de sélection.

Sélectionner plusieurs formes à l'aide de l'outil **Sélection multiple**

- Dans la barre d'outils **Standard**, accédez à la liste associée à l'**Outil Pointeur** .
- Sélectionnez l'outil **Sélection multiple** .
- Sélectionnez la première forme puis les suivantes.

Vous basculez en sélection unique en choisissant une nouvelle fois le bouton **Sélection multiple**. La petite croix rouge indique le mode de sélection multiple.

Sélectionner toutes les formes de la page

- **Edition** Ctrl **A**
  Sélectionner tout

Utilisez la touche Shift pour désélectionner des formes.

Désélectionner les formes

- Appuyez sur la touche Echap pour annuler la sélection en cours.

Modifier l'ordre d'affichage des formes

Dans un dessin, les dernières formes insérées recouvrent les formes précédemment insérées. Ainsi la dernière forme recouvre la précédente, qui recouvre elle-même la précédente, etc.
Grâce à l'ordre d'affichage, vous pouvez intervenir sur le positionnement ou chevauchement des formes les unes par rapport aux autres.

Afficher au premier plan

- Dans la barre d'outils **Standard**, choisissez l'**Outil Pointeur** .
- Sélectionnez la forme à passer au premier plan.

- **Forme**
  Ordre
  Mettre au premier plan

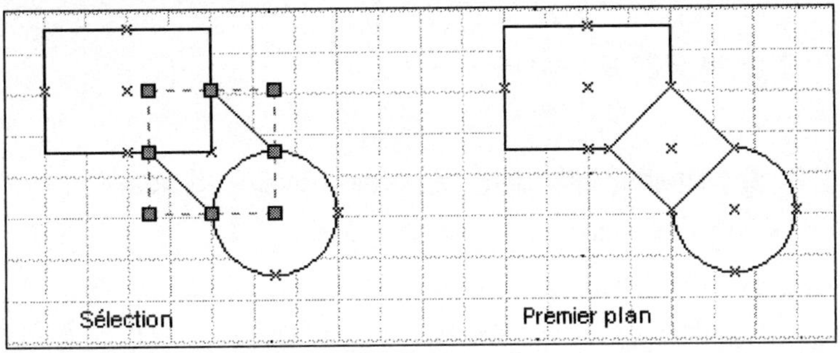

Afficher au dernier plan

- Dans la barre d'outils **Standard**, choisissez l'**Outil Pointeur** .
- Sélectionnez la forme à passer au dernier plan.
- **Forme**
  Ordre
  Mettre en arrière-plan

Remonter d'un niveau

- Dans la barre d'outils **Standard**, choisissez l'**Outil Pointeur** .
- Sélectionnez la forme à passer au niveau supérieur.
- **Forme**
  Ordre
  Avancer d'un plan

Descendre d'un niveau

- Dans la barre d'outils **Standard**, choisissez l'**Outil Pointeur** .
- Sélectionnez la forme à passer au niveau inférieur.
- **Forme**
  Ordre
  Reculer d'un plan

Grouper et dissocier des formes

Il est souvent utile de regrouper des formes. Les formes groupées sont traitées comme un seul bloc (groupe). Le groupe est sélectionné, mis en forme, déplacé, redimensionné, pivoté plus facilement. Visio permet la modification d'un des éléments du groupe indépendamment.

<u>Grouper des formes</u>

- Choisissez l'**Outil Pointeur** dans la barre d'outils **Standard**.
- Sélectionnez les formes à grouper.
- **Forme**
  Groupe
  Grouper

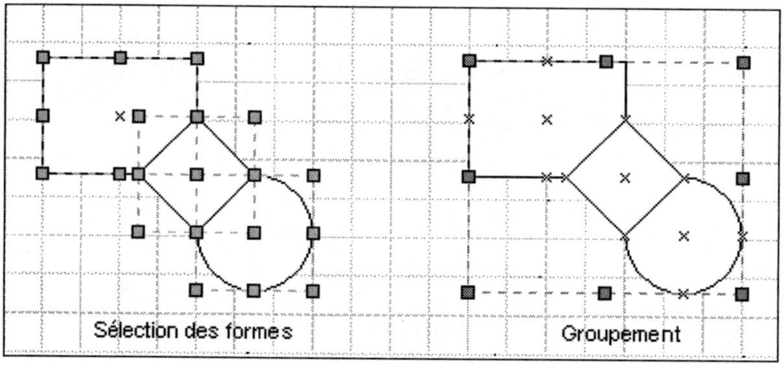

Visio permet d'ajouter à tout moment une nouvelle forme au groupe ou encore de supprimer une forme du groupe sans pour cela dissocier le groupe.

<u>Dissocier des formes</u>

- Choisissez l'**Outil Pointeur** dans la barre d'outils **Standard**.
- Sélectionnez les formes à grouper.
- **Forme**
  Groupe
  Dissocier

Déplacer les formes

- Choisissez l'**Outil Pointeur** dans la barre d'outils **Standard**.
- Sélectionnez la ou les formes à déplacer.
- Déplacez le pointeur sur la sélection.
- Faites glisser la sélection vers la nouvelle destination.

  Remarquez l'alignement à la grille (cf. Formes - Alignement et collage).

La touche [Shift] permet de conserver l'alignement initial.

Les fonctions Windows de couper-coller permettent également un déplacement des formes.

Dupliquer les formes

- Choisissez l'**Outil Pointeur** dans la barre d'outils **Standard**.
- Sélectionnez la ou les formes à dupliquer.
- Déplacez le pointeur sur la sélection.
- **Edition**
  Dupliquer

  Visio affiche une copie sur la page du dessin.
- Déplacez la copie, si nécessaire.

  Remarquez l'alignement à la grille (cf. Formes - Alignement et collage).

Les fonctions Windows de copier-coller permettent également un déplacement des formes.

La touche [Ctrl] associée au cliqué-glissé crée une copie de la forme sélectionnée.

Supprimer une forme

- Choisissez l'**Outil Pointeur** dans la barre d'outils **Standard**.
- Sélectionnez la ou les formes à supprimer.
- **Edition** [Suppr]
  Effacer

Faire pivoter une forme

Visio 2007 permet de faire pivoter une forme de plusieurs façons. Vous pouvez faire pivoter une forme à gauche, à droite (90°), ou la faire tourner avec précision de l'angle de votre choix.

Faire pivoter une forme à gauche

- Choisissez l'**Outil Pointeur** dans la barre d'outils **Standard.**
- Sélectionnez la ou les formes à faire pivoter.
- **Forme**
  Faire pivoter ou retourner
  Faire pivoter à gauche

Faire pivoter une forme à droite

- Choisissez l'**Outil Pointeur** dans la barre d'outils **Standard.**
- Sélectionnez la ou les formes à faire pivoter.
- **Forme**
  Faire pivoter ou retourner
  Faire pivoter à droite

Faire pivoter une forme d'un angle précis

- Sélectionnez la forme à faire pivoter.
- Positionnez le pointeur sur une **poignée de rotation d'angle** (cercles verts).
- Déplacez la poignée d'**axe de rotation** à l'aide d'un cliqué-glissé.

  La poignée d'axe de rotation fixe le centre de rotation de la forme autour duquel pivote la géométrie.

  Le pointeur est remplacé par deux flèches décrivant un cercle.
- Effectuez un cliqué-glissé pour imposer la rotation dans le sens souhaité. Réglez la précision de l'angle grâce à l'indication de la barre d'état.

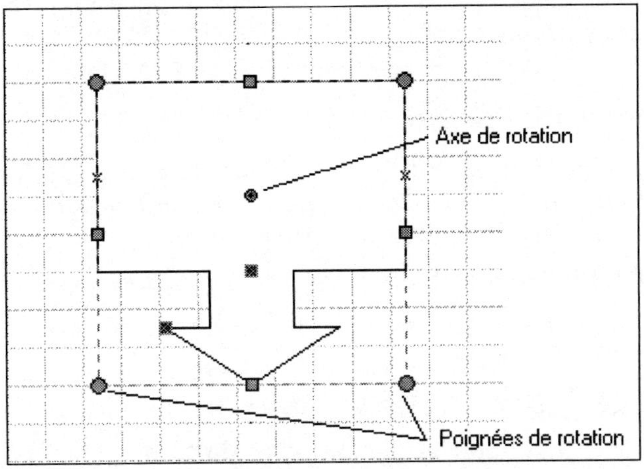

Il peut être judicieux de grouper des formes pour effectuer une rotation du groupe autour d'un point particulier.

Réaliser un retournement

Retourner une forme selon l'horizontale

- Choisissez l'**Outil Pointeur** dans la barre d'outils **Standard**.
- Sélectionnez la ou les formes à retourner.
- **Forme**
  Faire pivoter ou retourner
  Retourner horizontalement

Retourner une forme selon la verticale

- Choisissez l'**Outil Pointeur** dans la barre d'outils **Standard**.
- Sélectionnez la ou les formes à retourner.
- **Forme**
  Faire pivoter ou retourner
  Retourner verticalement

Notez la disponibilité des menus contextuels sur la page de dessin (après sélection des formes) permettant certaines manipulations de formes (groupement, pivots...).

Redimensionner une forme

Les poignées de sélection permettent de redimensionner les formes, soit à partir d'un coin pour un redimensionnement uniforme, soit à partir d'un bord pour un redimensionnement dans une direction particulière.

- Dans la barre d'outils **Standard**, choisissez l'**Outil Pointeur** .
- Déplacez le pointeur de la souris sur une poignée de sélection ou un point de fin (forme 1D).

  L'aspect du pointeur change (pointeur à deux flèches).
- Effectuez un cliqué-glissé pour redimensionner la forme.

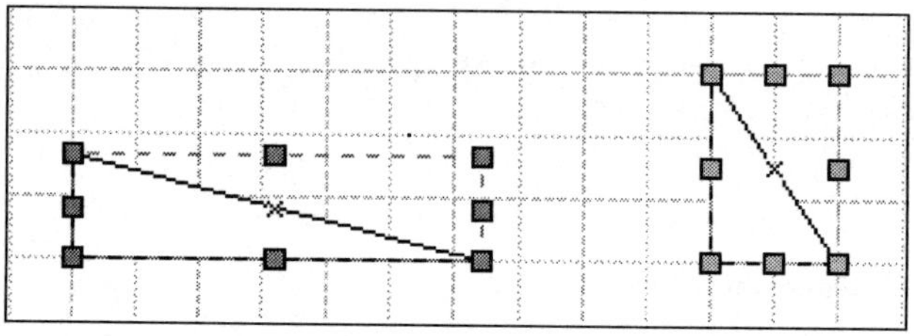

Dans le cas ci-dessus, la forme initiale est la forme de gauche. Pour obtenir la forme de droite, une réduction horizontale a été effectuée avec la poignée de sélection droite du milieu, puis un agrandissement vertical avec la poignée supérieure du milieu.

Afficher et modifier la taille et la position d'une forme

Il est souvent intéressant de connaître précisément la taille d'une forme ainsi que sa position.

<u>Afficher la fenêtre Taille et position</u>

- **Affichage**
  Fenêtre Taille et position 

Taille et position - Case	
X	80 mm
Y	195 mm
Largeur	40 mm
Hauteur	30 mm
Angle	0 deg
Pos. axe	Centre-Centre

*Le contenu de la fenêtre **Taille et position** varie selon la sélection en cours. Une seule fenêtre est affichée en même temps. La fenêtre affiche les caractéristiques de la forme sélectionnée dans le cas d'une sélection unique, et de la première forme sélectionnée dans le cas d'une sélection multiple.*

La fenêtre **Taille et position** peut rester affichée.

Afficher des renseignements sur une forme

- Dans la barre d'outils **Standard**, choisissez l'**Outil Pointeur** .
- Sélectionnez la forme à renseigner.
- Affichez, si besoin, la fenêtre **Taille et position.**

La fenêtre affiche les caractéristiques de la forme sélectionnée.

Modifier la taille et/ou la position d'une forme

- Dans la barre d'outils **Standard**, choisissez l'**Outil Pointeur** .
- Sélectionnez la forme à modifier.
- Affichez, si besoin, la fenêtre **Taille et position**.

Taille et position - Case	
X	80 mm
Y	195 mm
Largeur	40 mm
Hauteur	30 mm
Angle	0 deg
Pos. axe	Centre-Centre

- Dans la fenêtre **Taille et position**, effectuez un double clic sur la valeur à modifier :

X	Permet de modifier la position horizontale de la forme.
Y	Permet de modifier la position verticale de la forme.
Largeur	Permet de modifier la largeur de la forme.
Hauteur	Permet de modifier la hauteur de la forme.
Angle	Permet de modifier l'angle de rotation de la forme.
Pos. axe	Permet de modifier l'axe de rotation de la forme.

En fonction de la forme sélectionnée, les caractéristiques modifiables peuvent varier. Ainsi pour des formes 1D par exemple, vous modifiez la position des points de début et de fin.

- Saisissez la nouvelle valeur.
- Confirmez par [Entrée].

Liaisons des formes

Il est souvent intéressant de pouvoir lier les formes entre elles, notamment dans les organigrammes, les diagrammes de réseaux, de flux, d'audit... Il est possible de réagencer les formes ou de les repositionner en conservant ces liens ainsi que la hiérarchie des formes. Dans certains cas, en fonction des nouveaux positionnements, les liens peuvent changer de points de connexion.

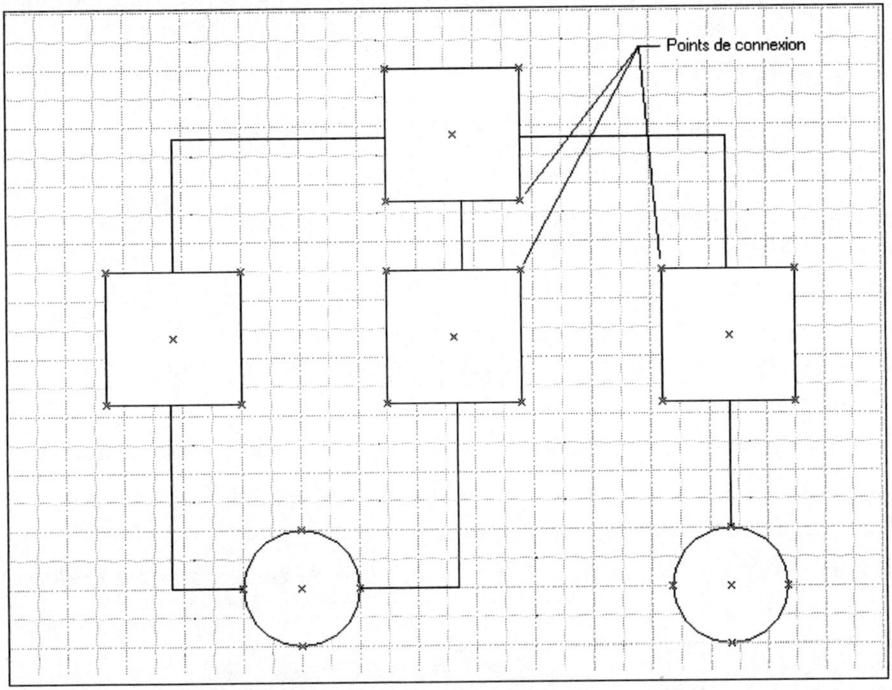

Des petites croix bleues représentent les points de connexion. Les formes sont reliées par les points de connexion. Il est possible d'ajouter, de supprimer, de déplacer ou de masquer les points de connexion.

Pour lier les formes, différentes techniques sont possibles. Vous pouvez positionner des formes sur la page de dessin et les lier ensuite de façon manuelle ou automatique. Vous pouvez insérer les formes en les liant automatiquement. Vous pouvez également réagencer les formes liées tout en conservant les liens.

Lier les formes lors de l'insertion

La liaison des formes s'effectue naturellement dans l'ordre hiérarchique, depuis la première vers la seconde, etc. Mais il est possible de choisir la forme à relier à chaque insertion.

- Dans la barre d'outils **Standard**, sélectionnez l'**Outil Lien** .
- Depuis le gabarit de votre choix, faites glisser la première forme vers la page de dessin.
- Sélectionnez la première forme.
- Faites glisser la seconde forme vers la page de dessin.

  Les formes sont automatiquement liées.
- Sélectionnez la forme à laquelle vous souhaitez lier une nouvelle forme (simple clic sur la forme).
- Faites glisser la troisième forme sur la page de dessin.

  Visio 2007 s'arrange pour lier la nouvelle forme à la forme sélectionnée. Il se peut que les liens se croisent, mais les formes restent toujours liées.

Lier les formes via les poignées de connexion automatique

- Choisissez le bouton **Connexion automatique** dans la barre d'outils **Standard** pour activer la connexion automatique des formes lors de l'insertion.

  Imaginons plusieurs formes disposées sur la page de dessin comme ci-dessous :

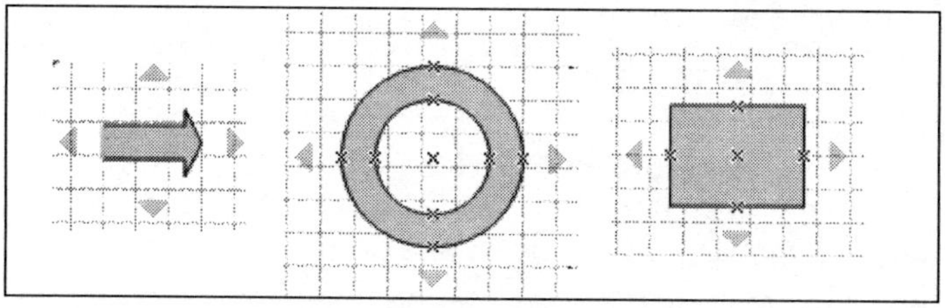

<u>Déposer et lier une forme depuis un gabarit</u>

- Dans le gabarit de votre choix, sélectionnez la forme à lier lors de l'insertion.
- Déplacez le pointeur sur la forme pour afficher les poignées de connexion automatique (triangles bleus) comme affiché sur la figure ci-dessus.

- Placez le pointeur sur l'une des poignées de connexion. Le pointeur est alors accompagné d'une flèche brisée . Si vous fixez le pointeur une seconde, l'info-bulle ci-dessous est affichée et vous informe que la forme sélectionnée dans le gabarit peut être déposée et liée automatiquement à cette forme.
- Cliquez sur la poignée pour confirmer cette possibilité.

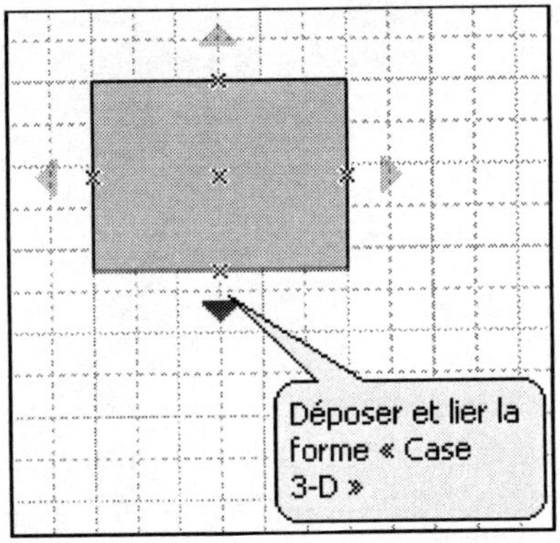

- La forme sélectionnée dans le gabarit est déposée et liée à la forme de la page de dessin, au niveau de la poignée de connexion choisie. Pour déplacer la forme liée, sélectionnez-la et déplacez-la à l'aide d'un cliqué-glissé pour éloigner ou rapprocher la forme et modifier par la même occasion le lien.

Lier à une forme adjacente

- Déplacez le pointeur sur la forme à lier pour afficher les poignées de connexion automatique (triangles bleus).

⊡ Placez le pointeur sur la poignée depuis laquelle vous souhaitez lier la forme à une forme adjacente. Le pointeur est alors accompagné d'une flèche brisée et la forme adjacente est affichée en rouge comme dans la figure ci-dessous :

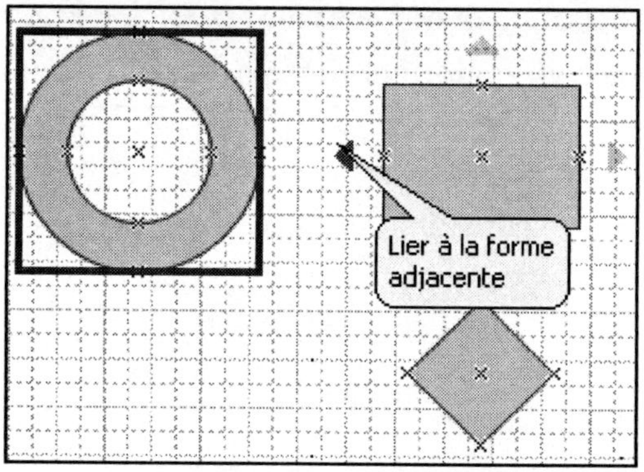

Si vous fixez le pointeur une seconde, l'info-bulle ci-dessous est affichée, et vous informe que la forme sélectionnée dans le gabarit va être déposée et liée automatiquement à cette forme.

⊡ Cliquez sur la poignée pour confirmer la mise en place du lien.

Pour permettre la connexion automatique des formes, dans le menu **Outils**, choisissez **Options** et activez l'onglet **Général**. Dans la rubrique **Options de la fenêtre de dessin**, activez la case à cocher **Activer la connexion automatique**.

Lier les formes après l'insertion

Manuellement

Cette technique permet de disposer indépendamment les formes sur la page de dessin. Vous reliez ensuite les formes voulues.

⊡ **Fichier**
Formes
Suppléments Visio
Liens

*Le gabarit **Liens** comporte de très nombreux types de liens : lien dynamique, lien multi-arbres, lien ondulé, lien de côté, lien Haut/bas, lien flèche, multi-liens, lien bus, lien étoile...*

Connexion des formes

- Dans la barre d'outils **Standard**, sélectionnez l'**Outil Pointeur** .
- Depuis le gabarit **Liens**, faites glisser le lien de votre choix sur la forme à relier.

  Une marque rouge indique le collage au point de connexion.
- Déplacez le pointeur sur un point de fin (pointeur à 4 flèches), et à l'aide d'un cliqué-glissé disposez le lien sur les points de connexion voulus.

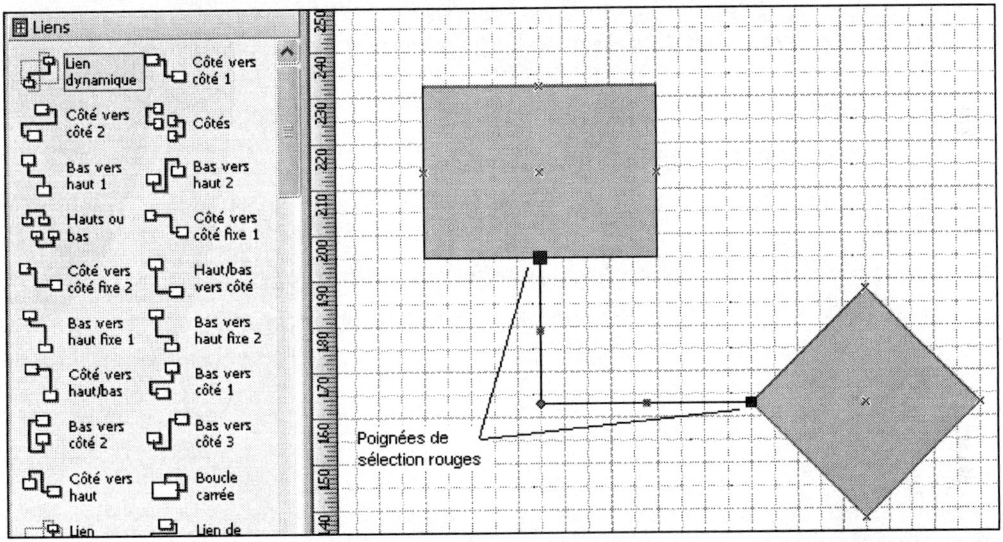

Une autre technique consiste à utiliser l'**Outil Lien** de la barre d'outils **Standard** (sans sélection de formes au préalable). Un cliqué-glissé permet de relier deux formes.

Automatiquement

Cette technique permet de disposer indépendamment les formes sur la page de dessin. Vous les reliez ensuite automatiquement.

- Dans la barre d'outils **Standard**, sélectionnez l'**Outil Pointeur** .
- Sélectionnez les formes à relier.
- **Forme**
  Lier les formes

  Visio 2007 relie toutes les formes sélectionnées, en fixant des liens qui peuvent ne pas vous convenir. Danc ce cas, vous êtes amené à redisposer les liens.

- Sélectionnez, si besoin, le lien à repositionner.
- À partir d'une poignée de sélection ou poignée de contrôle, effectuez un cliqué-glissé pour réagencer le lien ou modifier ses connexions.

Modifier le lien entre deux formes

Il est possible de déplacer un lien, de modifier un point de fin, une connexion, en agissant sur les poignées de sélection (points de fin) ou de contrôle.

- Dans la barre d'outils **Standard**, sélectionnez l'**Outil Pointeur** .
- Sélectionnez le lien à modifier.
- Agissez sur les points de fin à l'aide d'un cliqué-glissé pour modifier les connexions.

  Un carré rouge apparaît lorsqu'une connexion est établie.
- Le cas échéant, effectuez un cliqué-glissé sur une poignée de contrôle pour modifier l'allure ou l'orientation du lien.

Modifier les liens de croisement

Fréquemment, les diagrammes comportent des liens croisés. Ces croisements peuvent constituer une source d'erreurs dans la lecture et la compréhension des diagrammes. Aussi, il est quelquefois intéressant de prévoir une déviation des liens. Ainsi un premier lien peut en chevaucher un second, puis un troisième... Il n'y a plus confusion possible.
Visio 2007 propose plusieurs types de déviations : arc, interruption, carré ou polygone de 2 à 7 côtés.
Vous agissez sur tous les liens en place dans la page de dessin, ainsi que sur les futurs liens insérés, ou encore sur le dernier lien inséré. Il est possible de régler la déviation des traits horizontaux et verticaux. Notez bien que le chevauchement n'est valable que pour le croisement des liens, et non pas des traits ou côtés de formes.

- **Fichier**
  Mise en page
- Dans la boîte de dialogue **Mise en page**, choisissez l'onglet **Disposition et positionnement.**

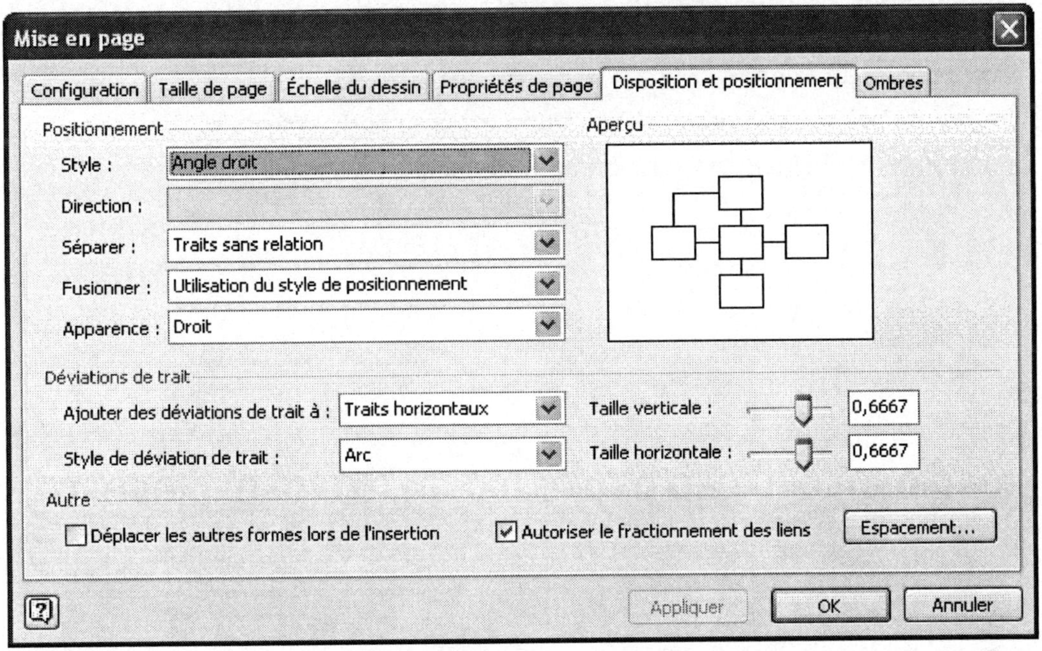

Dans la zone **Déviations de trait**, indiquez la manière dont les déviations de liens sont traitées sur la page via la liste **Ajouter des déviations de trait à** :

Aucun	Précise que la page n'intègre aucune déviation de trait.
Traits horizontaux	Les déviations de trait sont affectées aux traits de liens horizontaux.
Traits verticaux	Les déviations de trait sont affectées aux traits de liens verticaux.
Dernier trait repositionné	Les déviations de trait sont affectées au dernier lien ajouté ou modifié.
Dernier trait affiché	Les déviations de trait sont affectées au dernier lien ajouté ou au lien qui se trouve au premier plan dans l'ordre d'empilage.
Premier trait affiché	Les déviations de trait sont affectées au dernier lien ajouté ou au lien qui se trouve au dernier plan dans l'ordre d'empilage.

- Dans la liste **Style de déviation de trait**, choisissez **Arc**, **Espace**, **Carré**, ou un polygone de 2 à 7 côtés (**2 côtés**, **3 côtés...**).

  Notez l'aperçu de droite.
- Réglez la **Taille horizontale** et la **Taille verticale** de la déviation.
- Confirmez en cliquant sur le bouton **Appliquer** puis **OK**.

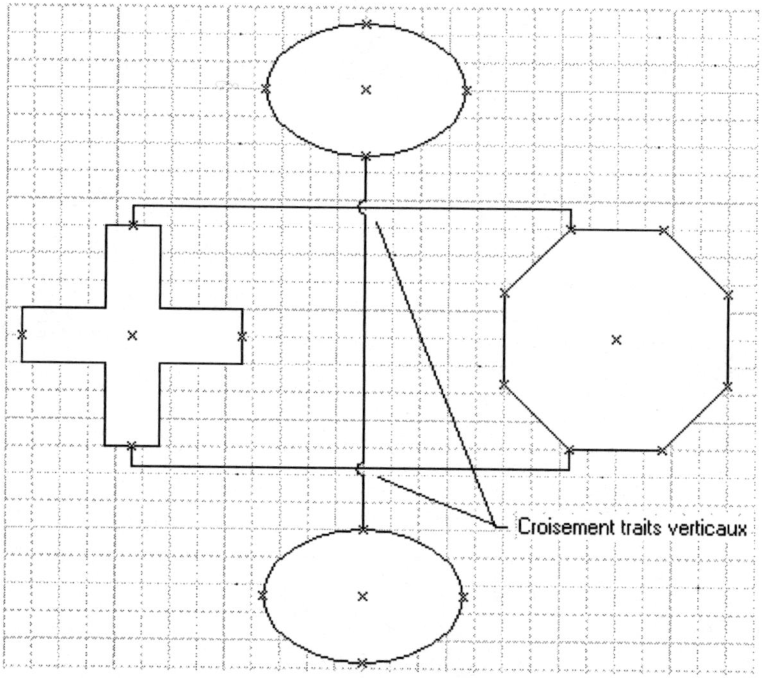

Les réglages de la boîte de dialogue **Mise en page** sont affectés à la page courante du dessin.

Ajouter des points de connexion

Il est possible d'ajouter des points de connexion aux formes ; ceci pour permettre, par exemple, une connexion plus précise.

- Sélectionnez la forme à laquelle vous souhaitez ajouter un point de connexion.
- Dans la barre d'outils **Standard**, sélectionnez l'**Outil Point de connexion** .

- À l'aide de la touche Ctrl, cliquez sur l'emplacement du nouveau point de connexion.

  Remarquez l'affichage de la petite croix. Le clic peut être effectué à l'intérieur comme à l'extérieur de la forme.

  Un point de connexion provisoire est affiché en couleur magenta.

- Positionnez le pointeur sur ce point de connexion provisoire pour le déplacer si nécessaire à l'aide d'un cliqué-glissé.

Supprimer des points de connexion

- Dans la barre d'outils **Standard**, sélectionnez l'**Outil Point de connexion** .
- Sélectionnez le point de connexion à supprimer.

  Celui-ci est affiché en couleur magenta.

- Appuyez sur la touche Suppr.

Paramètres de formatage

Le formatage de formes modifie l'aspect des formes. Il est possible d'agir sur la couleur, le style de trait, l'épaisseur de trait, les terminaisons, le remplissage, l'ombre portée, les angles.

Le formatage varie selon le type de forme. Pour les formes fermées, vous modifiez la couleur, le remplissage, le motif de trait, l'épaisseur, l'ombre portée et les angles. Pour les formes ouvertes, vous modifiez la couleur, l'épaisseur, les extrémités (pointes de flèche), la terminaison (ronde ou carrée), le motif de trait, l'ombre portée et ses angles.

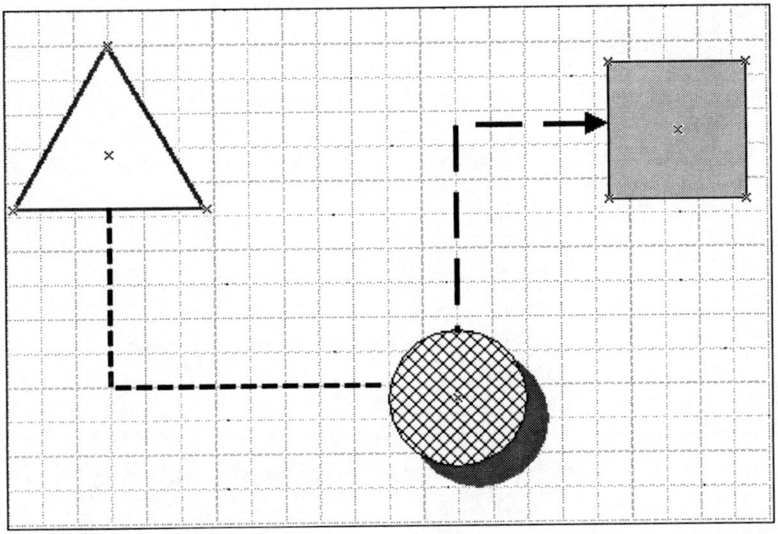

Il est possible d'agir manuellement sur l'ensemble des paramètres de formatage ; il est possible également d'appliquer des styles prédéfinis. Les styles font partie du modèle Visio utilisé.

Modifier le style de trait

- Dans la barre d'outils **Standard**, choisissez l'**Outil Pointeur** .
- Sélectionnez la ou les formes concernée(s) par la modification du style de trait.

- **Format**
  Trait

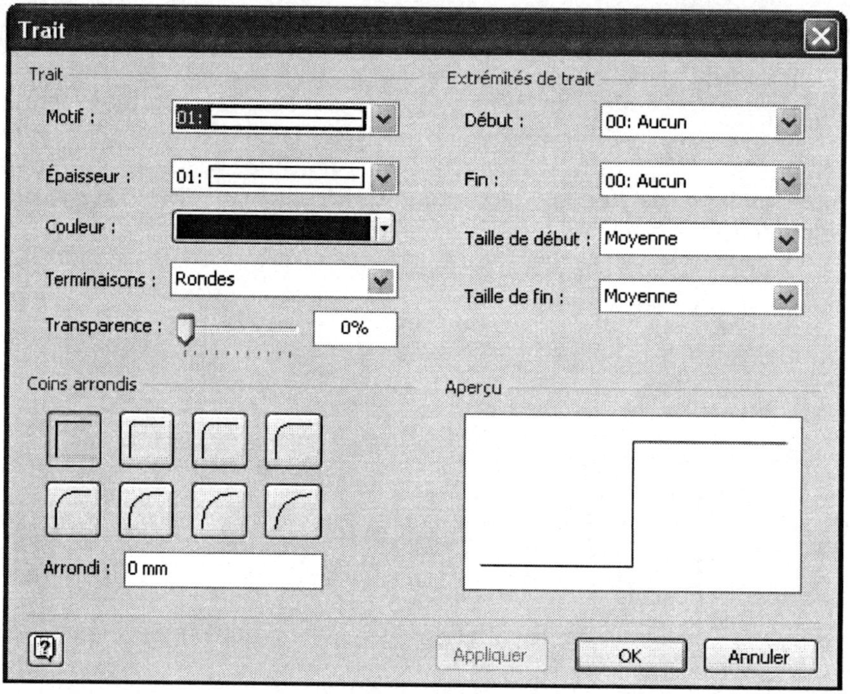

- Dans la zone **Trait**, choisissez les **Motif**, **Épaisseur**, **Couleur** et **Terminaisons** de trait.

  Notez la possibilité de personnaliser l'épaisseur de trait (en points).
- Dans la zone **Extrémités de trait**, choisissez les pointes de flèches de début et de fin ainsi que leurs tailles.
- Dans la zone **Coins arrondis**, choisissez les angles voulus ainsi que leur taille.
- Vérifiez le résultat dans la zone **Aperçu**.
- Confirmez en cliquant sur les boutons **Appliquer** puis **OK**.

Cette boîte de dialogue est aussi accessible via l'option **Effets de trait** des boutons-listes **Epaisseur de trait**, **Motif de trait**, **Extrémité de trait** et **Couleur de trait** de la barre d'outils **Format**.

Formatage des formes

Une technique rapide permet d'intervenir spécifiquement sur les paramètres épaisseur, motif, extrémité et couleur.

Modifier l'épaisseur de trait

- Dans la barre d'outils **Standard**, choisissez l'**Outil Pointeur** .
- Sélectionnez la ou les formes concernée(s) par la modification de style de trait.
- Dans la barre d'outils **Mise en forme**, ouvrez la liste associée à l'outil **Epaisseur de trait** .
- Choisissez la nouvelle épaisseur de trait.

Modifier le motif de trait

- Dans la barre d'outils **Mise en forme**, ouvrez la liste associée à l'outil **Motif de trait** .
- Choisissez le nouveau motif de trait.

Modifier l'extrémité de trait

- Dans la barre d'outils **Mise en forme**, ouvrez la liste associée à l'outil **Extrémité de trait** .
- Choisissez la nouvelle extrémité de trait.

Modifier la couleur de trait

- Dans la barre d'outils **Mise en forme**, ouvrez la liste associée à l'outil **Couleur de trait** .
- Choisissez la nouvelle couleur de trait.

L'option **Autres couleurs de trait** permet de personnaliser sa couleur, soit sur la palette de couleurs, soit à partir de valeurs RVB ; vous accédez aussi aux paramètres de teinte, saturation et lumière.

Modifier le style de remplissage

- Dans la barre d'outils **Standard**, choisissez l'**Outil Pointeur** .
- Sélectionnez la ou les formes concernée(s) par la modification du style de remplissage.
- **Format**
  Remplissage

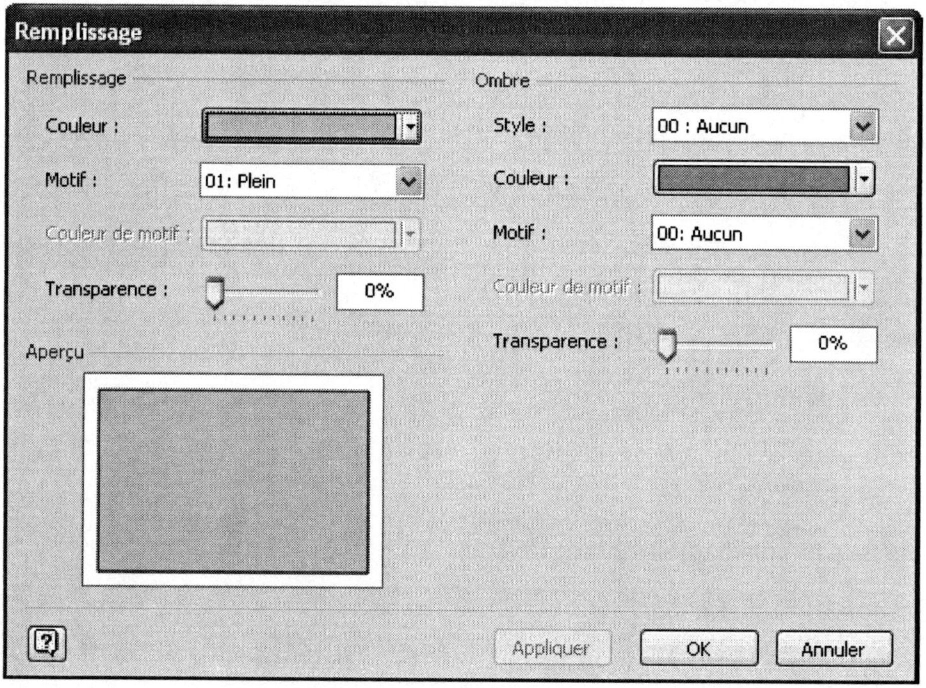

- Dans la zone **Remplissage**, choisissez la **Couleur** et le **Motif** du remplissage.
- Dans la zone **Ombre**, choisissez la **Couleur** et le **Motif** de l'ombre portée.
- Vérifiez le résultat dans la zone **Aperçu**.
- Confirmez en cliquant sur le bouton **Appliquer** puis **OK**.

Une technique rapide permet d'intervenir spécifiquement sur la couleur de remplissage.

- Dans la barre d'outils **Standard**, choisissez l'**Outil Pointeur** .

- Sélectionnez la ou les formes concernée(s) par la modification de remplissage.
- Dans la barre d'outils **Mise en forme**, ouvrez la liste associée à l'outil **Couleur de remplissage** .
- Choisissez le nouveau remplissage.

Notez la disponibilité des menus contextuels sur la page de dessin accédant au formatage de formes.

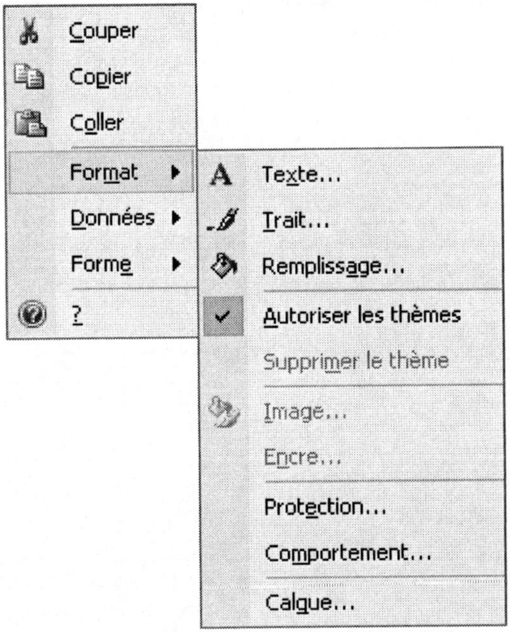

Reproduire la mise en forme

Un formatage peut être dupliqué d'une forme à une autre.

- Sélectionnez la forme de référence.
- Dans la barre d'outils **Standard**, cliquez sur l'outil **Reproduire la mise en forme** .

Le pointeur change d'aspect et est accompagné d'un pinceau.

- Sélectionnez la forme sur laquelle vous souhaitez dupliquer la mise en forme ou effectuez un cliqué-glissé pour sélectionner plusieurs formes.

Un double clic sur l'outil **Reproduire la mise en forme** étend la duplication à plusieurs formes. La touche Echap stoppera la duplication de la mise en forme.

Visio 2007 permet de positionner différents types de texte sur une page de dessin. Vous pouvez placer une ligne de texte ou un paragraphe de texte ; ces derniers sont indépendants et placés librement sur la page de dessin. Vous pouvez également associer un texte à une forme ou un groupe de formes ; dans ce cas, le texte est lié à la forme (ou au groupe) et suit la forme en cas de déplacement de celle-ci.

Vous pouvez éditer le texte, le faire pivoter, le redimensionner. Visio 2007 permet la modification de la mise en forme du texte. Vous pouvez modifier sa taille, sa couleur, la police de caractères, l'alignement des lignes. Vous pouvez positionner des taquets de tabulation, des puces.

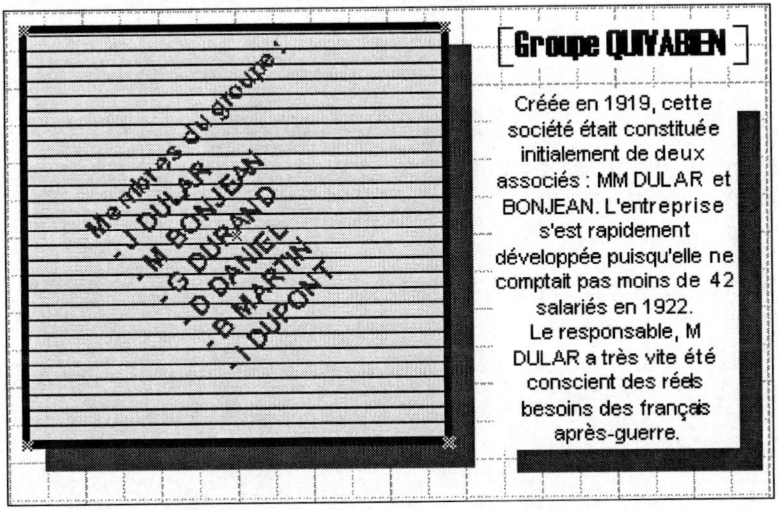

Placer une ligne de texte

- Dans la barre d'outils **Standard**, choisissez l'**Outil Texte** .
- Déplacez le pointeur sur la page de dessin, à l'endroit où vous souhaitez insérer le texte.

  Le pointeur est constitué d'une petite croix accompagnée d'une feuille.
- Cliquez pour positionner le texte.

  Un rectangle provisoire (bloc de texte) est affiché.
- Saisissez le texte.

Par défaut, le texte est centré horizontalement et verticalement dans le bloc de texte.

- Cliquez en dehors du bloc de texte ou appuyez sur [Echap] pour terminer la saisie.

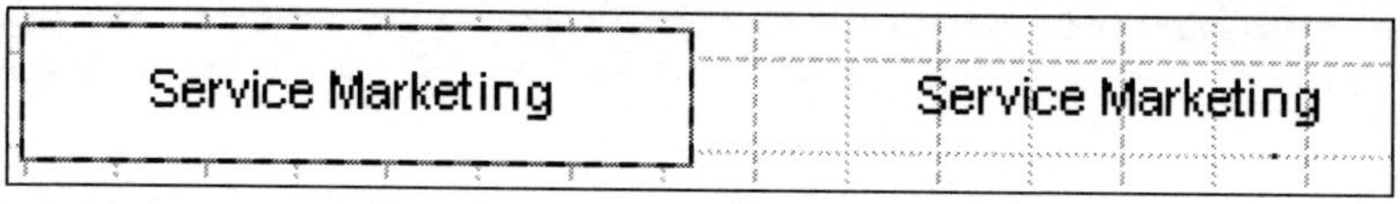

Placer un paragraphe de texte

- Dans la barre d'outils **Standard**, choisissez l'**Outil Texte** [A].
- Déplacez le pointeur sur la page de dessin, à l'endroit où vous souhaitez insérer le texte.

  Le pointeur est constitué d'une petite croix accompagnée d'une feuille.
- Effectuez un cliqué-glissé pour former le bloc de texte (2 coins opposés) contenant le paragraphe de texte.
- Saisissez le texte.

  Par défaut, le texte est centré horizontalement et verticalement dans le bloc de texte.
- Cliquez en dehors du bloc de texte ou appuyez sur [Echap] pour terminer la saisie.

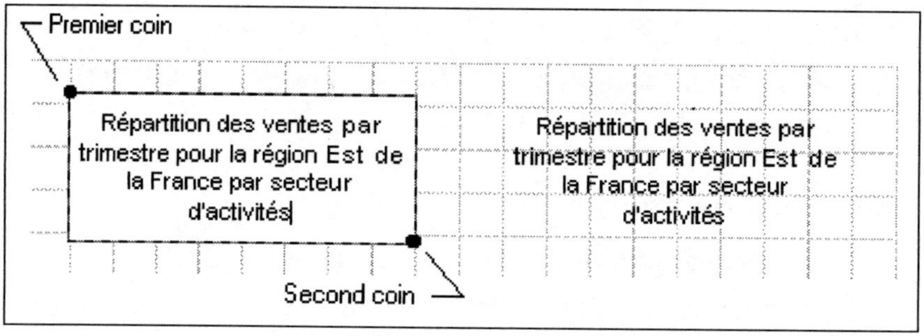

Placer un texte associé à une forme

- Dans la barre d'outils **Standard**, choisissez l'**Outil Pointeur**.
- Déplacez le pointeur sur la forme et effectuez un double clic.

Un rectangle provisoire (bloc de texte) est affiché et un curseur clignote au centre du rectangle, dans l'attente de la saisie du texte.

- Saisissez le texte.

  Si l'affichage courant n'apporte pas le confort nécessaire (affichage trop petit), Visio effectue un zoom provisoire ; ce qui permet de visualiser le texte dans son environnement pendant la saisie.

- Cliquez en dehors du bloc de texte ou appuyez sur Echap pour terminer la saisie.

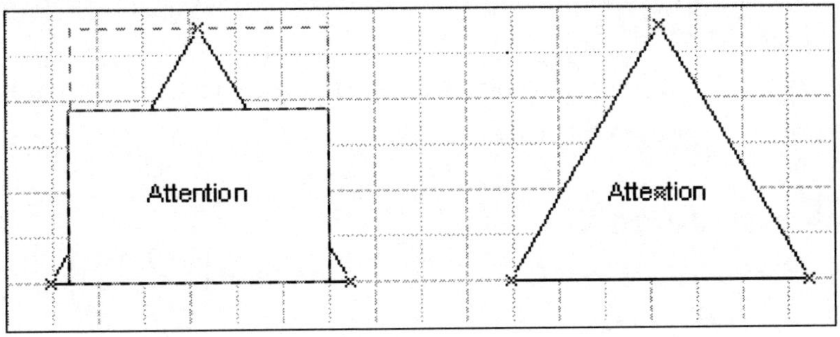

Si la forme est déplacée, le texte associé suit.

Placer un texte associé à un groupe de formes

- Dans la barre d'outils **Standard**, choisissez l'**Outil Pointeur**.
- Sélectionnez le groupe de formes.
- Dans la barre d'outils **Standard**, choisissez l'**Outil Texte**.

  Un rectangle provisoire (bloc de texte) est affiché, et un curseur clignote au centre du rectangle, dans l'attente de la saisie du texte.

- Saisissez le texte.

  Si l'affichage courant n'apporte pas le confort nécessaire (affichage trop petit), Visio effectue un zoom provisoire ; ce qui permet de visualiser le texte dans son environnement pendant la saisie.

- Cliquez en dehors du bloc de texte ou appuyez sur Echap pour terminer la saisie.

Si vous souhaitez associer un texte à une forme appartenant à un groupe, sélectionnez cette forme avant de procéder comme ci-dessus.

Si la forme ou le groupe est déplacé, le texte associé suit.

Éditer un texte

- Dans la barre d'outils **Standard**, choisissez l'**Outil Pointeur**.
- Effectuez un double clic sur le texte à modifier.

  Le texte est sélectionné.
- Effectuez les modifications. Une nouvelle saisie remplacera la sélection.
- Cliquez en dehors du bloc de texte ou appuyez sur Echap pour terminer la saisie.

Faire pivoter un texte

- Dans la barre d'outils **Standard**, choisissez l'**Outil Bloc de texte**.
- Sélectionnez le texte à faire pivoter.

  Des poignées de sélection (petits carrés verts) sont affichées ainsi que des poignées de rotation (petits ronds verts).
- Déplacez le pointeur sur une poignée de rotation pour afficher un pointeur à flèche circulaire.
- Effectuez un cliqué-glissé pour fixer la rotation du texte indépendamment de la forme.

  Notez l'affichage de l'angle dans la barre d'état.

Notez qu'à la différence de la rotation de la forme, le texte tourne ici indépendamment de la forme.

Repositionner un texte associé à une forme

- Dans la barre d'outils **Standard**, choisissez l'**Outil Bloc de texte**.
- Sélectionnez le texte à repositionner.

  Des poignées de sélection (petits carrés verts) sont affichées ainsi que des poignées de rotation (petits ronds verts).
- Déplacez le pointeur sur le texte à repositionner.

Un pointeur à 2 rectangles est affiché .

- Effectuez un cliqué-glissé pour déplacer le texte indépendamment de la forme.

Modifier la mise en forme du texte en utilisant la souris

Changer la police de caractères

- Dans la barre d'outils **Standard**, choisissez l'**Outil Pointeur** .
- Sélectionnez le texte ou la forme composée d'un texte dont vous souhaitez modifier la police de caractères.
- Dans la barre d'outils **Mise en forme**, déroulez la liste associée à l'outil **Police** Arial .
- Choisissez la police à affecter au texte sélectionné.

Changer la taille de caractères

- Dans la barre d'outils **Standard**, choisissez l'**Outil Pointeur** .
- Sélectionnez le texte ou la forme composée d'un texte dont vous souhaitez modifier la taille.
- Dans la barre d'outils **Mise en forme**, déroulez la liste **Taille de police** 8pt .
- Choisissez la taille à affecter au texte sélectionné.

Changer les attributs de mise en valeur

- Dans la barre d'outils **Standard**, choisissez l'**Outil Pointeur** .
- Sélectionnez le texte ou la forme composée d'un texte dont vous souhaitez modifier les attributs.
- Dans la barre d'outils **Format**, sélectionnez l'outil **Gras** G pour épaissir le texte ; sélectionnez l'outil **Italique** *I* pour incliner le texte ; sélectionnez l'outil **Souligné** S pour souligner le texte sélectionné.

Changer l'alignement du texte

L'alignement du texte se réfère aux bords gauche et droit du rectangle provisoire affiché lors de la création ou de la modification du texte ; ce qui peut donner un résultat différent d'un alignement par rapport aux bords de la forme.

- Dans la barre d'outils **Standard**, choisissez l'**Outil Pointeur** .
- Sélectionnez le texte ou la forme composée d'un texte dont vous souhaitez modifier l'alignement.
- Dans la barre d'outils **Mise en forme**, sélectionnez l'outil :

  pour placer à gauche toutes les lignes du texte sélectionné.

  pour centrer toutes les lignes du texte sélectionné.

  pour placer à droite toutes les lignes du texte sélectionné.

Changer la couleur du texte

- Dans la barre d'outils **Standard**, choisissez l'**Outil Pointeur** .
- Sélectionnez le texte ou la forme composée d'un texte dont vous souhaitez modifier la couleur.
- Dans la barre d'outils **Mise en forme**, ouvrez la liste **Couleur de texte** .
- Choisissez la couleur à affecter au texte sélectionné.

L'option **Autres couleurs de texte** permet la personnalisation de couleur.

Dans le cas d'une ligne de texte, d'un paragraphe de texte, ou d'un texte associé à une forme, vous pouvez également modifier le style, le motif et la couleur de trait, la couleur et le motif de remplissage.
Pour un texte associé à une forme, ces derniers attributs de mise en forme sont affectés à la forme elle-même, quels que soient le positionnement et l'orientation du texte. Procédez comme pour le formatage de formes.

Modifier la mise en forme du texte en utilisant le menu

*L'utilisation du menu permet d'agir de façon plus précise et plus complète qu'avec la souris sur la mise en forme du texte. La boîte de dialogue **Texte** contient tous les paramètres de formatage de texte.*

Changer la présentation des caractères

- Sélectionnez le texte ou la forme composée d'un texte dont vous souhaitez modifier la mise en forme.
- **Format**
  Texte
- Activez, si nécessaire, l'onglet **Police**.

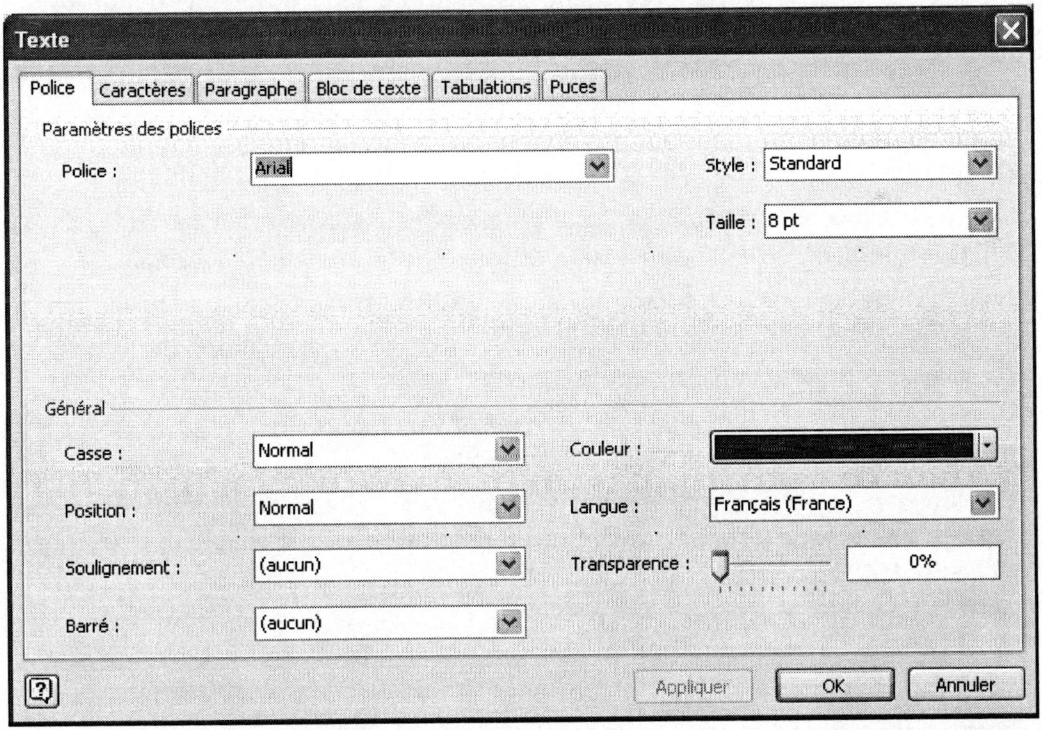

- Dans la liste **Police**, choisissez la police de caractères à affecter au texte sélectionné.

- Dans la liste **Taille**, choisissez la taille en points.
- Dans la liste **Couleur**, choisissez la couleur à affecter.

  *L'option **Autres couleurs** permet la création d'une couleur personnalisée.*
- Dans la liste **Soulignement**, choisissez le type de soulignement simple ou double.
- Dans la liste **Casse**, choisissez la casse à affecter au texte sélectionné :

  Normal respecte la saisie.

  Tout en Majuscule impose l'affichage de tous les caractères en majuscules quelle que soit la casse utilisée lors de la saisie.

  1ère lettre maj. impose l'affichage en majuscule de la première lettre de chaque mot, et affiche en minuscules tous les autres caractères quelle que soit la casse utilisée lors de la saisie.

  Petites Majuscules impose l'affichage en petites majuscules de tous les caractères saisis en minuscules, sans modifier les caractères saisis en majuscules.
- Dans la liste **Position**, choisissez la position du texte sélectionné :

  Normal respecte la saisie (texte aligné sur la ligne de base).

  Texte en exposant diminue la taille du texte et le surélève légèrement.

  Texte en indice diminue la taille du texte et le descend légèrement.
- Dans la liste **Langue**, choisissez la langue utilisée notamment par le dictionnaire Visio.
- Dans la zone **Styles**, activez la ou les cases :

  Gras pour épaissir les caractères.

  Italique pour incliner les caractères.

  Barré pour afficher une ligne sur le texte à mi-hauteur.
- Agissez sur la règle **Transparence** pour définir le niveau d'opacité ou de transparence du texte.
- Activez l'onglet **Caractères**.
- Indiquez dans la liste **Echelle** un pourcentage compris entre 1 et 600 pour modifier l'échelle du texte.
- Dans la liste **Espacement**, choisissez le type d'extension/compression du texte, **Normal**, **Développé** ou **Condensé** ; une valeur en points fixe l'extension et la compression.
- Cliquez sur le bouton **OK**.

Changer la présentation des paragraphes

- Sélectionnez le texte ou la forme composée d'un texte dont vous souhaitez modifier la mise en forme.
- **Format**
  Texte
- Activez l'onglet **Paragraphe**.

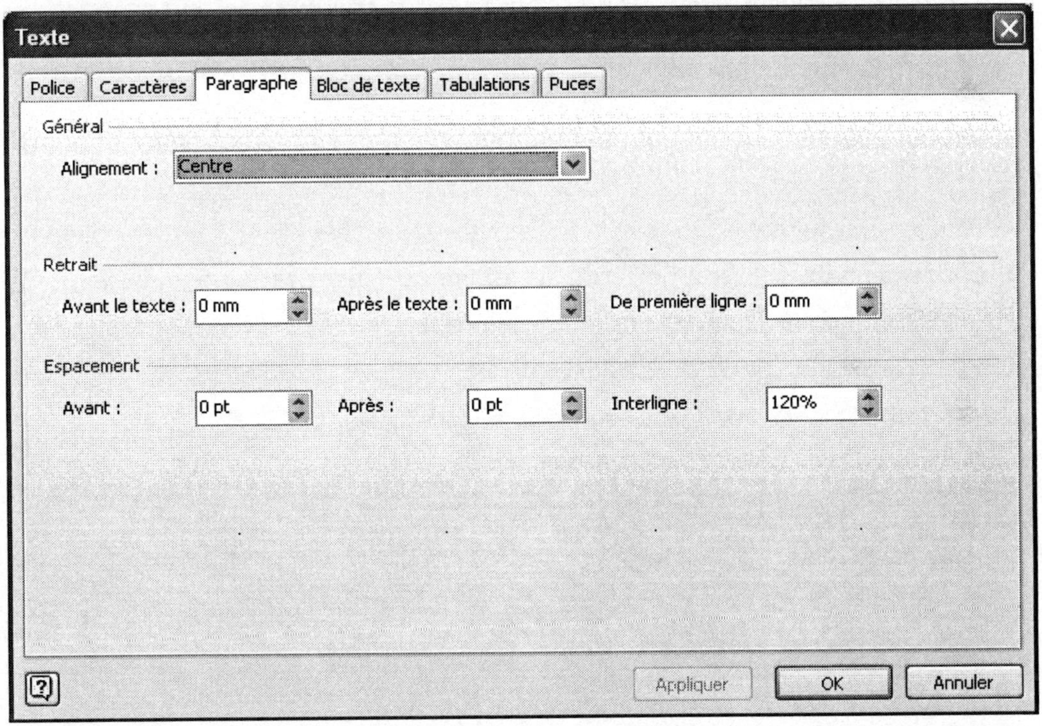

- Dans la liste **Alignement**, choisissez l'alignement des lignes du paragraphe de texte sélectionné par rapport aux bords gauche et droit du bloc de texte : **Gauche**, **Centre**, **Droite** ou **Justification**.

  Les alignements sont calés par rapport au bloc de texte, et non à la forme.
- Dans la zone **Retrait**, indiquez les retraits de gauche (**Avant le texte**), de droite (**Après le texte**), et **De première ligne**.

Les retraits gauche et droit sont affectés à l'ensemble des lignes du paragraphe de texte, alors que le retrait de première ligne ne concerne que la première ligne du paragraphe.

Les retraits sont calés par rapport au bloc de texte, et non à la forme.

- Dans la zone **Espacement**, définissez les espacements **Avant** précédant chaque paragraphe de texte, et les espacements **Après** placés après chaque paragraphe.
- Définissez l'**Interligne**, c'est-à-dire l'espace entre chaque ligne du paragraphe, en pourcentage.
- Cliquez sur le bouton **OK**.

Deux outils **Réduire le retrait** et **Augmenter le retrait** sont disponibles dans la barre d'outils **Mise en forme**.

Deux outils **Réduire l'espacement du paragraphe** et **Augmenter l'espacement du paragraphe** sont disponibles dans la barre d'outils **Format du texte**.

Changer la présentation des blocs de texte

- Sélectionnez le texte ou la forme composée d'un texte dont vous souhaitez modifier la mise en forme.
- **Format**
  Texte
- Activez l'onglet **Bloc de texte**.

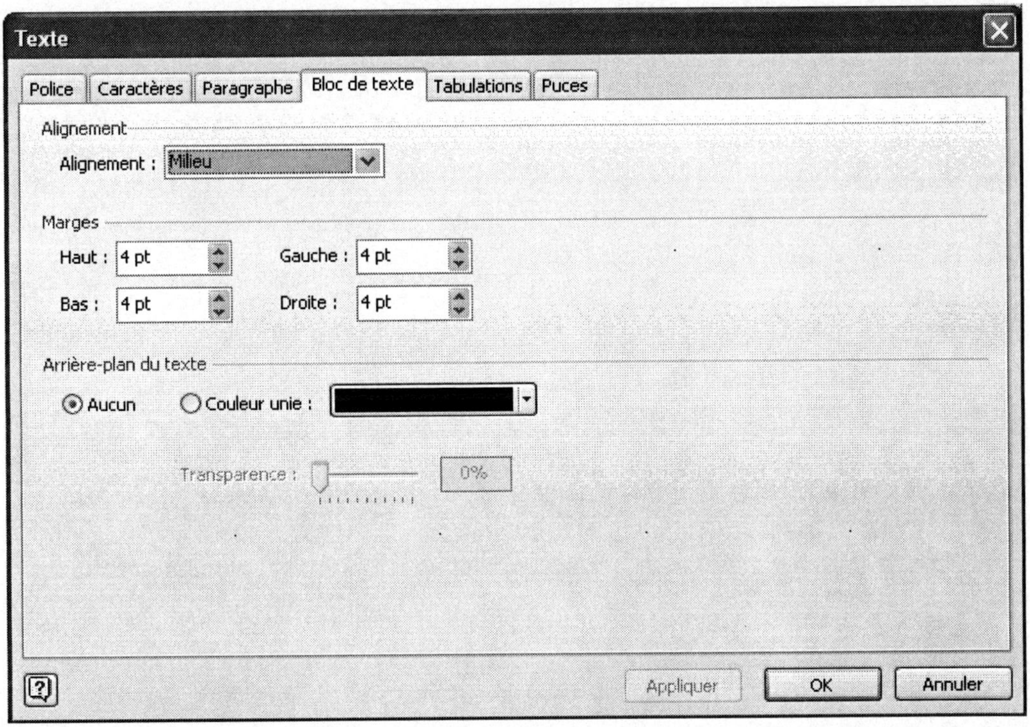

- Dans la liste **Alignement**, choisissez l'alignement des lignes du paragraphe de texte sélectionné par rapport aux bords supérieur et inférieur du bloc de texte : **Haut**, **Milieu**, **Bas**.
- Dans la zone **Marges**, indiquez les marges **Haut**, **Bas**, **Gauche** et **Droite** qui fixent la distance minimale entre le texte et le bloc de texte.
- Dans la zone **Arrière-plan du texte**, le bouton-liste **Couleur unie** permet de placer un fond de couleur derrière le texte lui-même (à la différence du remplissage qui s'étend sur le bloc de texte entier).
- Cliquez sur le bouton **OK**.

Trois outils **Aligner le texte en haut**, **Aligner le texte au milieu** et **Aligner le texte en bas** sont disponibles depuis la barre d'outils **Format du texte**.

Poser des taquets de tabulation

Les taquets de tabulation sont définis sur la largeur du bloc de texte. Ils permettent l'alignement précis de certaines parties d'un paragraphe de texte. Cette technique permet notamment de constituer des structures de tableaux et de simuler le multi-colonnage. Une fois définies, les tabulations sont engendrées par la touche .

- Sélectionnez le texte ou la forme composée d'un texte dont vous souhaitez modifier la mise en forme.
- **Format**
  Texte
- Activez l'onglet **Tabulations**.

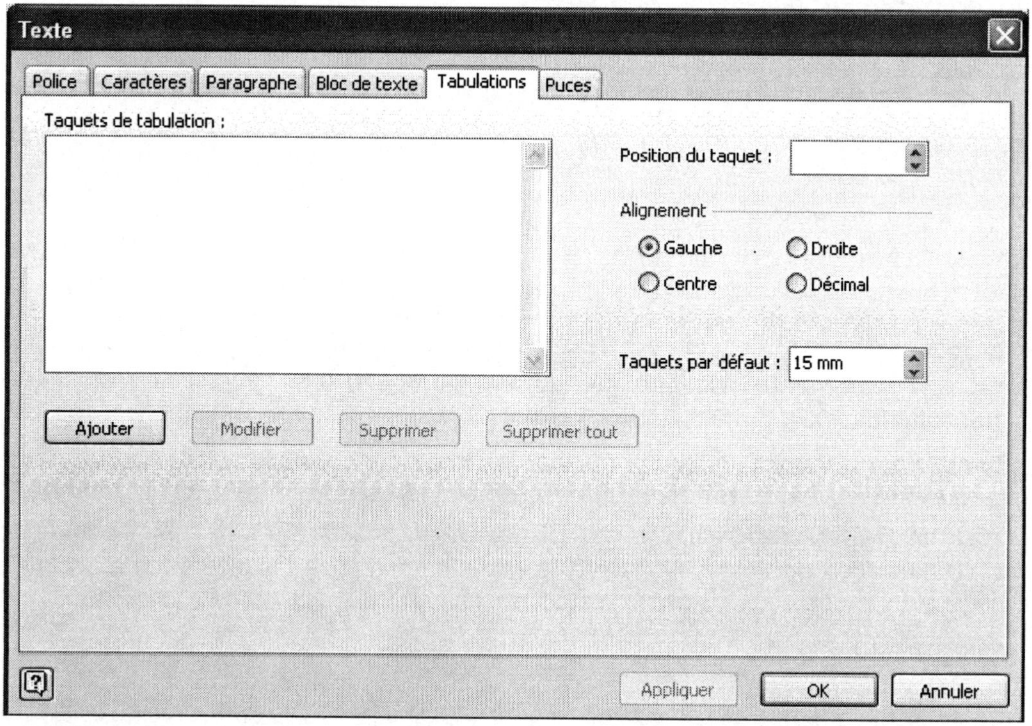

- Pour définir un nouveau taquet de tabulation, cliquez sur le bouton **Ajouter**.

  La position et l'alignement sont affichés dans la liste des taquets de tabulation.

- Ajustez la position du nouveau taquet dans la zone de texte **Position du taquet.**

  Cette position est définie depuis le bord gauche du bloc de texte.

- Dans la zone **Alignement**, choisissez le type d'alignement voulu :

Gauche	permet un calage des textes du côté gauche.
Centre	permet un calage centré des textes.
Droite	permet un calage des textes à droite.
Décimal	est spécifique aux nombres et permet un calage selon le séparateur de décimaux.

  La zone **Taquets par défaut** fixe la distance prédéfinie des taquets.

  Les boutons **Supprimer** et **Tout supprimer** permettent respectivement de retirer le taquet de tabulation sélectionné dans la liste ou de tous les retirer.

- Cliquez sur le bouton **OK.**

Insérer des puces

Les puces sont affichées à chaque début de paragraphe, ainsi qu'après chaque retour chariot dans un même paragraphe.

- Sélectionnez le texte ou la forme composée d'un texte dont vous souhaitez modifier la mise en forme.

- **Format**
  Texte

- Activez l'onglet **Puces.**

- Dans la liste, choisissez un type de puces prédéfini, cliquez sur un modèle et saisissez le ou les caractères à utiliser dans la zone **Personnalisé.**

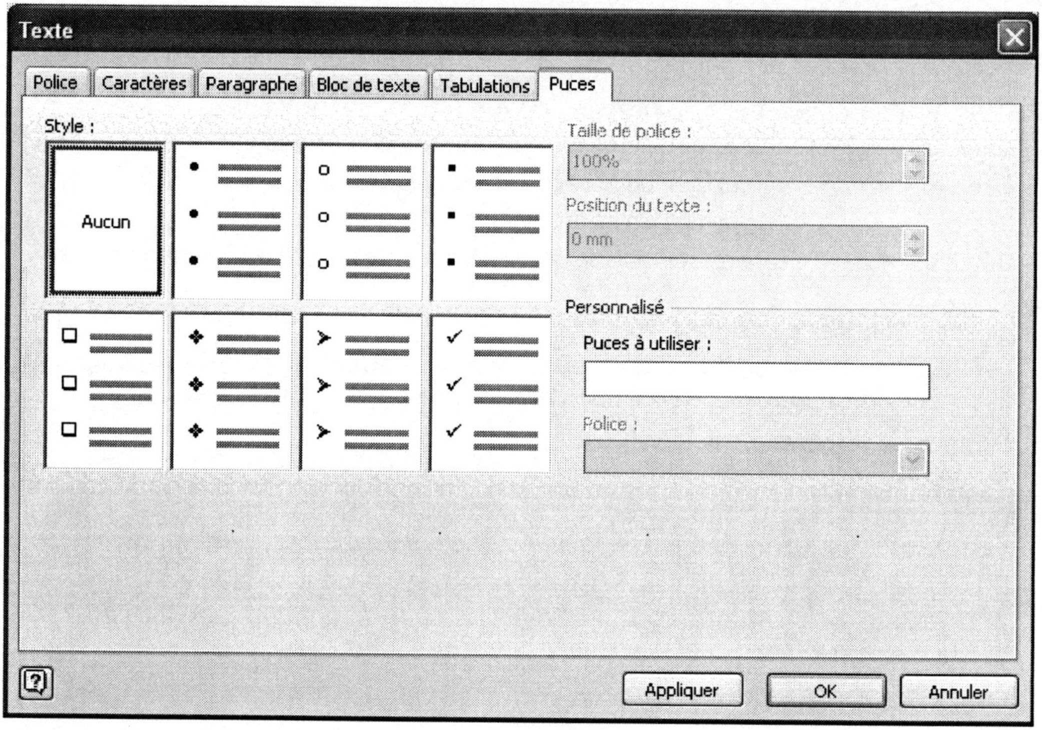

*Les puces seront affectées à l'aide de l'outil **Puces** 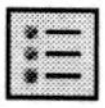 de la barre d'outils **Format du texte**.*

- Confirmez en cliquant sur le bouton **OK**.

Copier le formatage de texte

Un formatage peut être dupliqué d'un texte à un autre.

- Sélectionnez le texte de référence.
- Dans la barre d'outils **Standard**, choisissez l'outil **Reproduire la mise en forme** .

Le pointeur change d'aspect et est accompagné d'un pinceau.

Sélectionnez le texte auquel vous souhaitez appliquer le formatage.

Un double clic sur l'outil **Reproduire la mise en forme** étend la duplication à plusieurs textes. La touche Echap stoppera la duplication du formatage.

Intégrer des données dans des diagrammes

Office Visio 2007 permet de connecter un diagramme à une source de données externe. Cette source de données peut être de type Excel, Access, SQL Server et autres sources de données courantes.

La connexion est possible sur une plage de données spécifique, via un filtre des données, ou vers plusieurs sources.

*Une fois connectées à la forme, les données sont visualisées dans la fenêtre **Données externes**. Vous pouvez actualiser automatiquement les données liées à la forme, pour prendre en compte la modification des données externes. Vous assurez ainsi le suivi de vos données de formes et personnalisez leur apparence.*

Importer des données à partir d'Excel, de SQL Server, de SharePoint et d'autres sources externes

Vous pouvez rapidement importer et afficher des données directement dans vos formes, à l'aide de Visio 2007 (version Professionnel). La première étape consiste à vous connecter à la source de données et à importer des données dans votre dessin. La deuxième consiste à lier les données importées à des formes.

Étape 1 : Importer les données

- Dans le menu déroulant **Données**, choisissez **Lier des données à des formes.**

*L'assistant **Sélecteur de données** est affiché :*

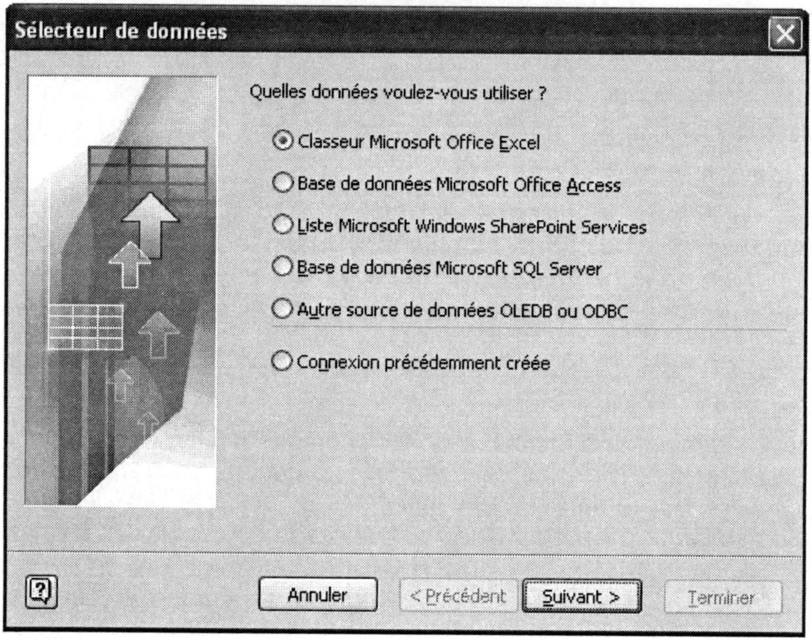

- Choisissez le type de source de données à utiliser tel qu'un classeur Excel, une base Access, une liste SharePoint. Dans le cas du choix d'une base SQL Server ou OLEDB/ODBC, vous pouvez être aidé par un assistant de Connexion de données.
- À l'aide de l'assistant **Sélecteur de données**, parcourez les étapes restantes. Confirmez par **Terminer**.

Dans cette première étape, vous avez utilisé l'assistant **Sélecteur de données** pour importer vos données dans la fenêtre **Données externes** comme dans l'exemple ci-dessous :

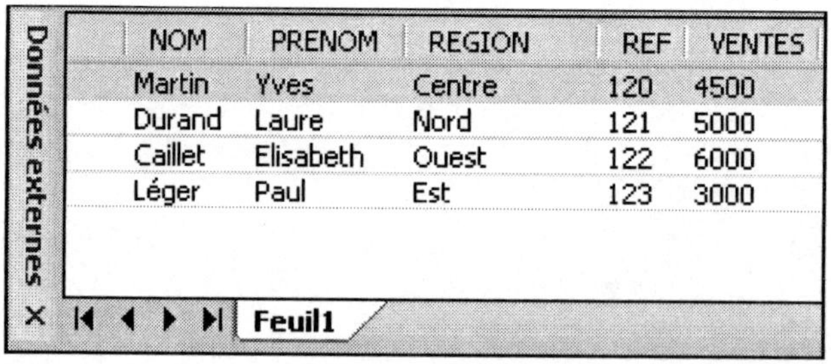

NOM	PRENOM	REGION	REF	VENTES
Martin	Yves	Centre	120	4500
Durand	Laure	Nord	121	5000
Caillet	Elisabeth	Ouest	122	6000
Léger	Paul	Est	123	3000

Les données qui apparaissent dans la fenêtre ***Données externes*** *correspondent à vos données sources au moment de l'importation. Vous pouvez mettre à jour les données de votre dessin pour tenir compte des modifications apportées à vos données sources.*

La fenêtre **Données externes** est affichée ou masquée via le menu **Affichage - Fenêtre Données externes.**

Étape 2 : Lier les lignes de données à des formes du dessin

Vous pouvez lier les lignes de données à des formes de trois façons différentes :

- Vous pouvez lier les lignes une par une à des formes existantes.
- Vous pouvez lier automatiquement les lignes aux formes.
- Vous pouvez créer des formes à partir des données.

Lier les lignes une par une à des formes existantes

Depuis la fenêtre **Données externes**, faites glisser une ligne de données vers une forme de votre dessin.

Les données sont liées à la forme et s'affichent à proximité de celle-ci.
Dans la fenêtre ***Données externes****, une icône de lien est affichée à gauche de la ligne de données comme ci-dessous :*

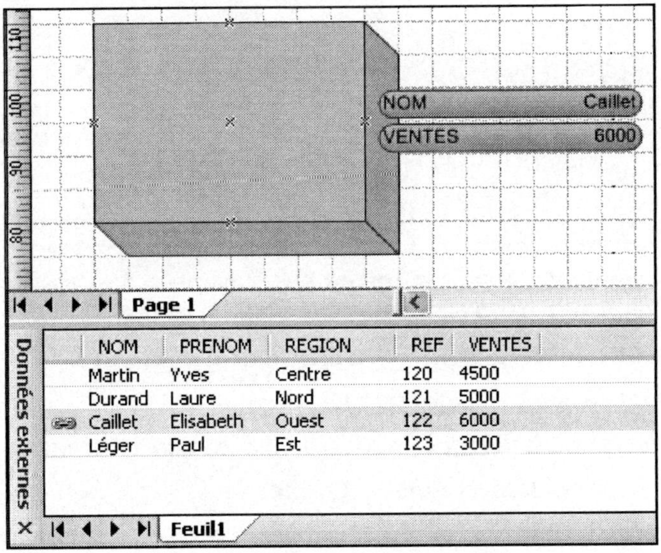

Vous pouvez lier une même ligne à plusieurs formes, mais vous ne pouvez pas lier plusieurs lignes à une seule forme.

Lier automatiquement les lignes à des formes existantes

Cette technique est pratique pour les diagrammes comportant un grand nombre de formes. Elle ne peut fonctionner que si les formes contiennent déjà des données que vous pouvez associer à des données de la source de données.

- Dans le menu **Données**, choisissez **Liaison automatique.**

*L'assistant **Liaison automatique** est affiché :*

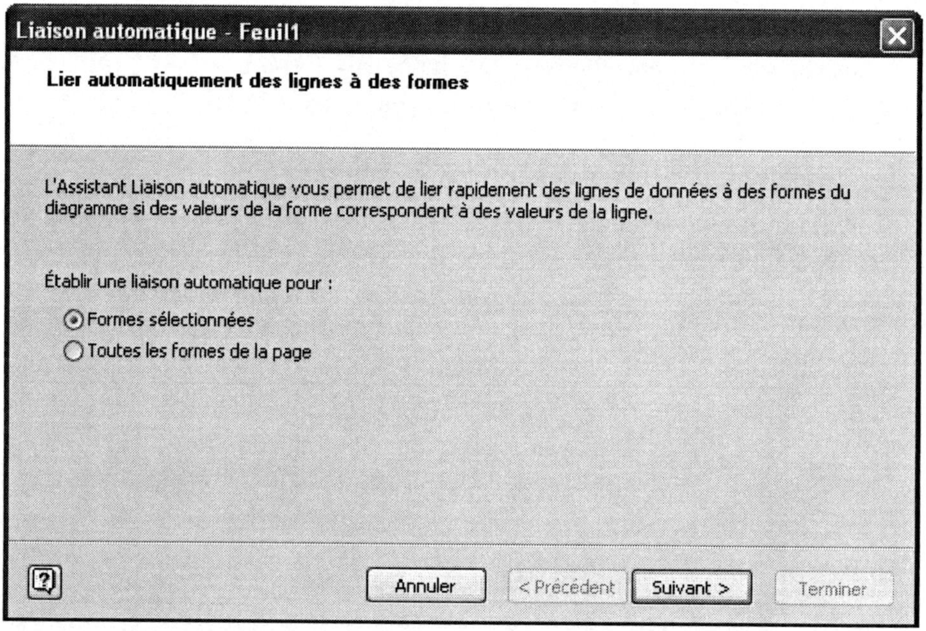

- Cliquez sur **Suivant** et parcourez les étapes suivantes de l'assistant **Liaison automatique**, et confirmez par **Terminer**.

Les données sont liées à la forme et s'affichent à proximité de celle-ci.

Créer des formes à partir des données

Cette approche est utile lorsque le diagramme ne contient pas encore de formes.

- Cliquez sur une forme dans la fenêtre **Formes**.
- Faites glisser une ligne de la fenêtre **Données externes** sur la page de dessin.

Si vous faites glisser plusieurs lignes de données, une instance de la forme est affichée pour chaque ligne de données.

Mettre à jour les données externes dans le diagramme

- Dans le menu déroulant **Données**, choisissez **Actualiser les données**.

Visio affiche la fenêtre ***Actualiser les données*** *ci-dessous.*

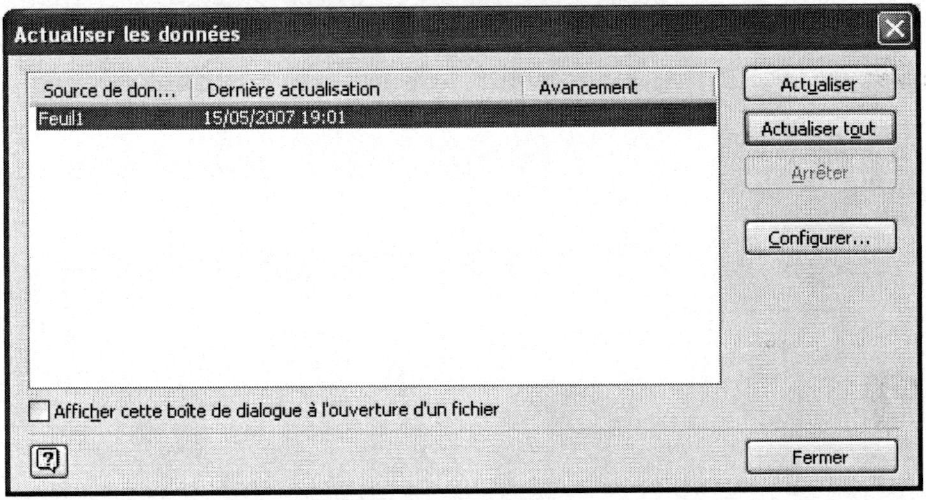

Selon le type de données liées, Visio demande une confirmation de la source de données (dans l'exemple ci-dessus une feuille de calcul Excel). Des informations relatives à la dernière actualisation sont affichées.

- Sélectionnez **Actualiser** pour la mise à jour des données dans le diagramme. La colonne **Avancement** indique l'état de l'actualisation.
- Confirmez par **Fermer**.

Ajouter manuellement des données à des formes

Visio vous permet d'ajouter manuellement des données à des formes, d'organiser ces données et de les exporter dans un rapport.

<u>Ajouter des données aux formes sélectionnées</u>

- Sélectionnez la ou les formes auxquelles vous souhaitez ajouter des données.

- Effectuez un clic droit sur la sélection et dans le menu contextuel choisissez **Données**, puis cliquez sur **Données de forme**.

  Le message suivant est affiché, aucune donnée n'étant liée :

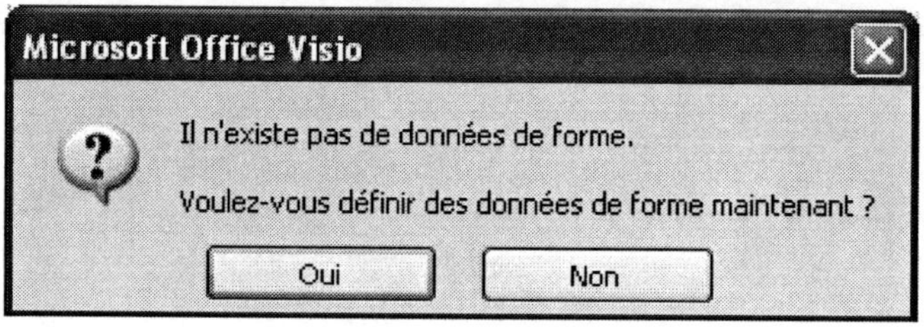

- Choisissez **Oui**.

  La fenêtre ***Définir les données de forme*** *permet d'associer les données aux formes :*

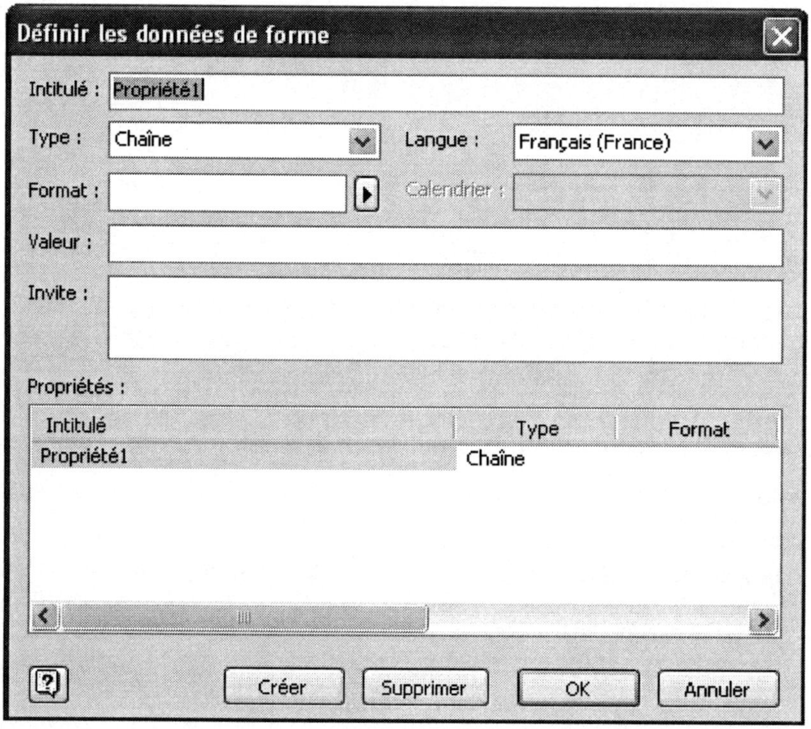

- Dans la zone **Intitulé**, indiquez le nom de la donnée personnalisée (caractères alphanumériques).
- Dans la zone **Type**, choisissez le type de données :

Chaîne	pour des données alphanumériques,
Numéro	pour des données numériques,
Liste fixe	pour la liste d'options définies dans le champ **Format**,
Liste variable	pour la liste d'options définie dans le champ **Format** à laquelle il est possible d'ajouter une nouvelle entrée,
Booléen	pour des données booléennes,
Monétaire	pour des données monétaires utilisant les paramètres régionaux de Windows pour les symboles décimaux et monétaires,
Date	pour une mise en forme de dates et heures définie dans la liste **Format**,
Durée	pour les unités de temps définies dans la liste **Format.**

- Dans la zone **Langue**, choisissez la langue associée aux types de données **Date** et **Chaîne**.
- Dans la zone **Format**, indiquez le mode d'affichage des données spécifiées. (Dépend des paramètres **Type** et **Calendrier**.)
- Dans la zone **Valeur**, saisissez la valeur initiale des données.
- Dans la zone **Invite**, saisissez un texte d'instruction qui apparaît lors de la sélection de la propriété dans la boîte de dialogue **Données de forme**.
- La rubrique **Propriétés** liste toutes les propriétés définies pour la forme sélectionnée. Sélectionnez une ligne pour la modifier.
- Cliquez sur le bouton **Créer** pour valider les propriétés.

  Procédez ainsi pour créer de nouvelles propriétés pour la forme sélectionnée.
- Confirmez par **OK** pour valider les propriétés définies pour la forme sélectionnée.

Ajouter des valeurs aux champs de données

- Dans le menu **Affichage**, choisissez **Fenêtre Données de forme**.
- Sélectionnez la forme pour laquelle vous souhaitez ajouter des valeurs dans les champs de données.

*La fenêtre **Données de forme** s'affiche comme ci-dessous :*

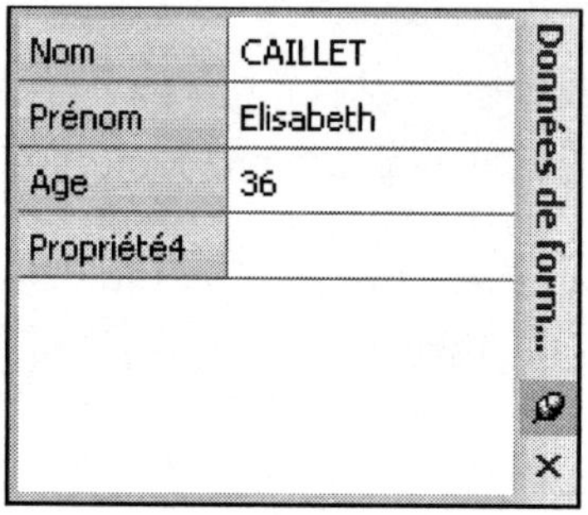

- Saisissez les valeurs dans les champs correspondants et validez par la touche Entrée.

Créer un jeu réutilisable de champs de données

Visio vous permet de créer un jeu de champs de données applicables aux formes qui figurent dans le dessin ou que vous placerez ultérieurement dans le dessin.

- Dans le menu déroulant **Affichage**, choisissez **Fenêtre Données de forme**.
- Dans la fenêtre **Données de forme**, effectuez un clic droit, puis choisissez **Jeux de données de forme**.
- Dans la fenêtre **Jeux de données de forme**, cliquez sur **Ajouter**.

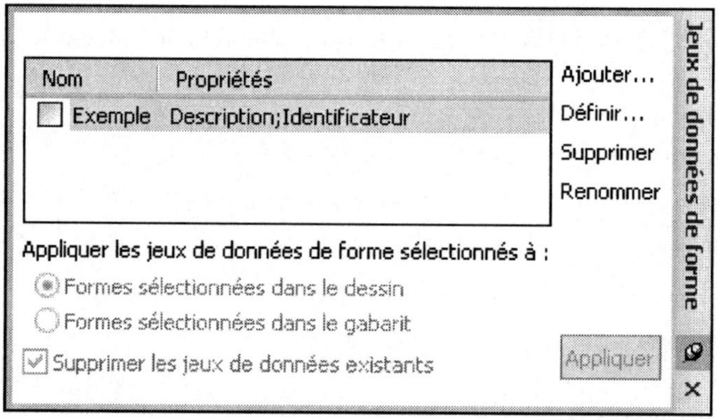

- Dans la boîte de dialogue **Ajouter un jeu de données de forme**, tapez le nom du jeu de données.

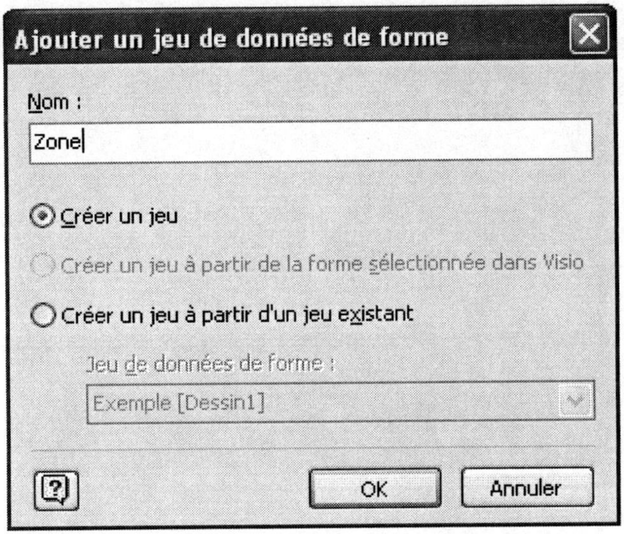

- Sélectionnez l'option **Créer un jeu**, puis cliquez sur **OK**.

  *Le jeu de données apparaît dans la colonne **Nom** de la fenêtre **Jeux de données de forme** :*

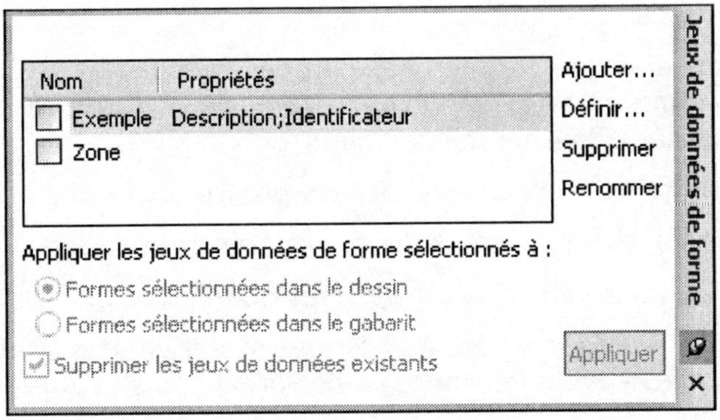

- Dans la colonne **Nom**, cliquez sur le nouveau jeu de données, puis cliquez sur **Définir**.

Données de forme

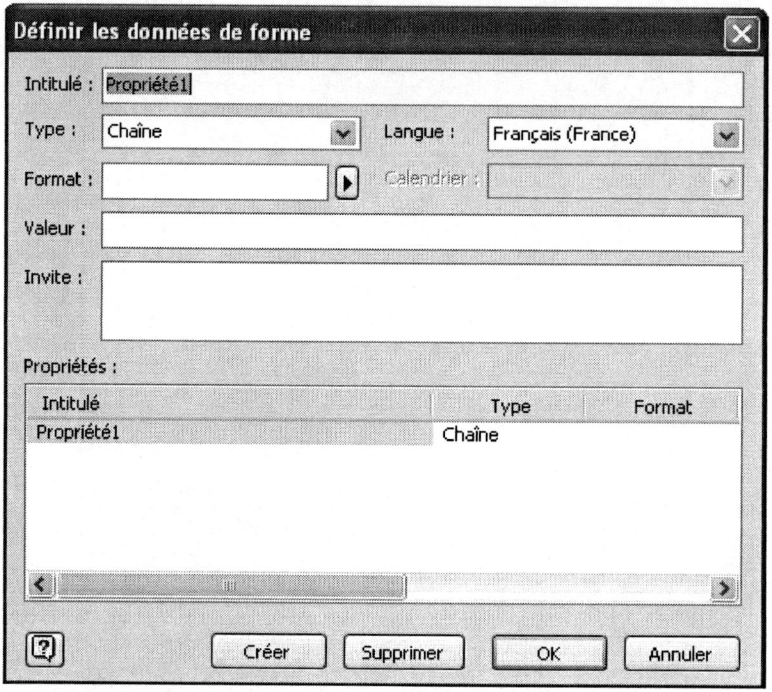

- Dans la boîte de dialogue **Définir les données de forme**, saisissez un intitulé et remplissez les autres champs en vous référant au titre **Ajouter des données aux formes sélectionnées** dans ce même chapitre.
- Cliquez sur le bouton **Créer** pour valider les propriétés.

  Procédez ainsi pour créer de nouvelles propriétés pour la forme sélectionnée.
- Confirmez par **OK** pour valider les propriétés définies pour la forme sélectionnée.
- Pour appliquer le jeu de données aux formes sélectionnées dans le dessin, cochez le jeu dans la fenêtre **Jeux de données de forme**, puis cliquez sur **Appliquer**.

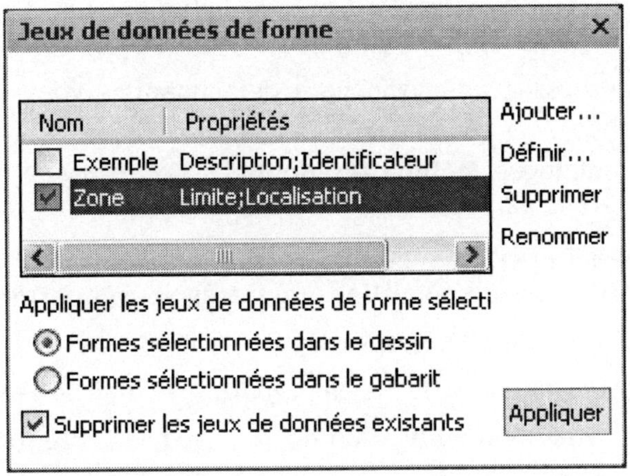

- Pour visualiser les nouveaux champs dans l'une des formes auxquelles vous les avez appliqués, sélectionnez la forme, puis regardez dans la fenêtre **Données de forme**.

Ajouter des champs de données à une forme de base

Si vous souhaitez ajouter le même jeu de données de forme chaque fois que vous utilisez une forme particulière, gagnez du temps en ajoutant les champs de données à une copie de la forme de base. Par exemple, vous pouvez ajouter des champs de données tels que le nom et le matricule de l'employé à la forme de base de la forme d'une personne.

- Dans le gabarit de formes correspondant, effectuez un clic droit sur la forme de base à laquelle vous souhaitez ajouter des données de forme, choisissez **Ajoutez à Mes formes**, puis cliquez sur **Ajouter au nouveau gabarit**.
- Dans la boîte de dialogue **Enregistrer sous**, attribuez un nom au nouveau gabarit, puis cliquez sur **Enregistrer**.
- Dans le menu **Fichier**, choisissez **Formes**, puis **Mes formes**, et cliquez sur le gabarit qui contient la forme de base copiée.
- Effectuez un clic droit sur la barre de titre du nouveau gabarit, puis choisissez **Modifier le gabarit** dans le menu contextuel.
- Effectuez un clic droit sur la forme que vous venez d'ajouter au gabarit, choisissez **Modifier la forme de base**, puis à nouveau **Modifier la forme de base**.

- Dans la fenêtre de modification de la forme, cliquez avec le bouton droit sur la forme, pointez sur **Données**, puis cliquez sur **Données de forme**.
- Choisissez **Oui** au message de Visio vous demandant si vous souhaitez définir les données maintenant.
- Dans la boîte de dialogue **Définir les données de forme**, saisissez le libellé du champ et complétez les autres informations souhaitées.
- Cliquez sur le bouton **Créer** pour valider les propriétés.

  Procédez ainsi pour créer de nouvelles propriétés pour la forme sélectionnée.
- Confirmez par **OK** pour valider les propriétés définies pour la forme sélectionnée.

  *La boîte de dialogue **Données de forme** apparaît et affiche vos champs.*
- Pour fermer la fenêtre de modification de la forme, dans le menu **Fichier**, choisissez **Fermer**.
- Choisissez **Oui** au message de Visio vous demandant si vous souhaitez mettre à jour la forme.
- Si Visio vous demande si vous souhaitez enregistrer les modifications apportées au gabarit, choisissez **Oui**.

Améliorer l'affichage des données grâce aux graphiques de données

Visio met à disposition plusieurs graphiques de données qui constituent un ensemble d'améliorations graphiques applicables aux données de forme. Ces améliorations sont des éléments textuels, visuels, des indicateurs et des barres de progression.

Vous pouvez appliquer ces graphiques de données, les modifier ou encore créer des graphiques de données personnalisés.

Supposons par exemple qu'une forme contienne des informations sur les ventes de collaborateurs et que vous souhaitiez afficher ces informations de la manière suivante :

- **Nom**, sous forme de texte, affichant la valeur (**Caillet**),
- **Prénom**, sous forme de texte, affichant la valeur (**Elisabeth**),
- **Région**, sous forme de texte, affichant la valeur (**Ouest**),
- **Référence**, sous forme de texte, indiquant à la fois l'étiquette (**REF**) et la valeur (**122**),

- **Ventes**, sous forme de barre de progression, indiquant la valeur(**6000**),
- **Ventes**, sous forme de texte indiquant l'étiquette (**VENTES**),
- **Ventes**, sous forme de jeu d'icônes, le type d'icône variant selon les ventes réalisées.

Le graphique de données suivant affiche ces informations de façon plus explicite :

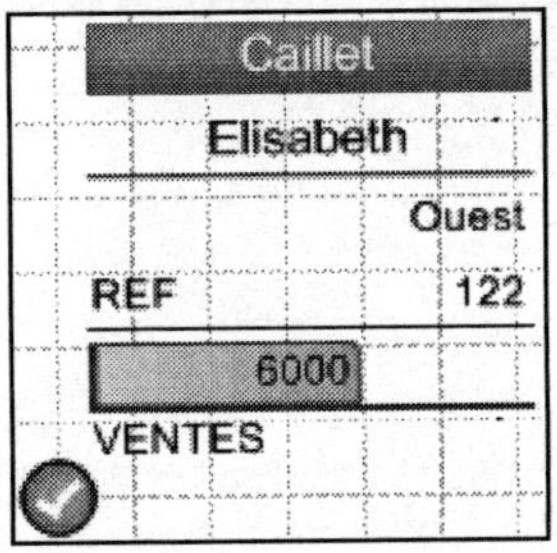

Le graphique de données une fois créé peut être appliqué à d'autres formes. Cette forme doit faire référence aux mêmes données.

Vous pouvez aussi modifier le graphique de données pour modifier automatiquement l'affichage des données auxquelles ce graphique de données est appliqué.

Afficher les données dans vos formes

Effectuez un clic droit sur la forme, choisissez **Données** dans le menu contextuel puis **Modifier le graphique de données**.

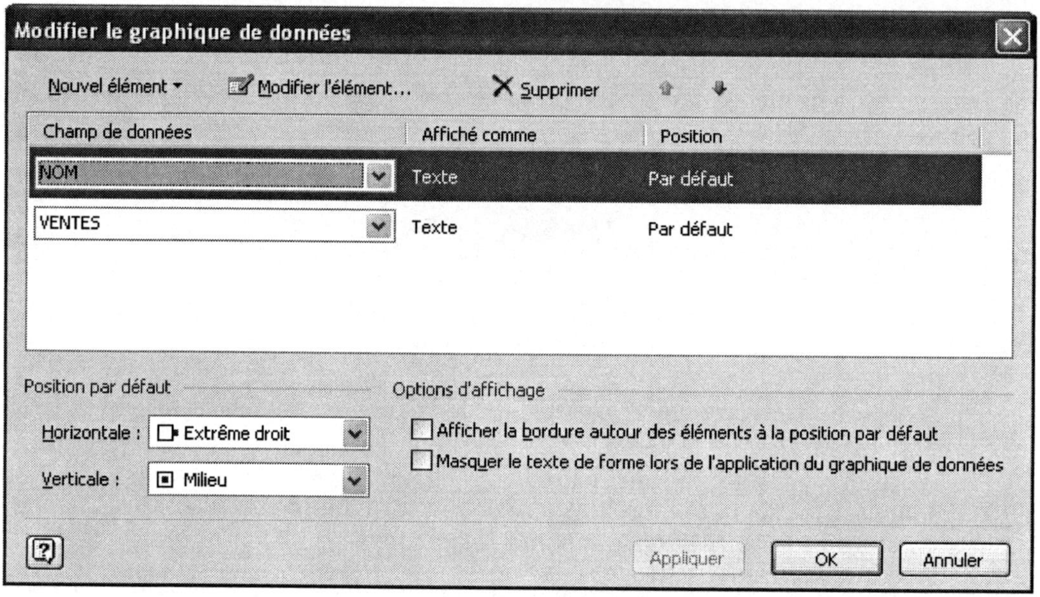

- Dans la boîte de dialogue **Modifier le graphique de données**, cliquez sur **Nouvel élément** pour définir les champs à ajouter dans les formes.

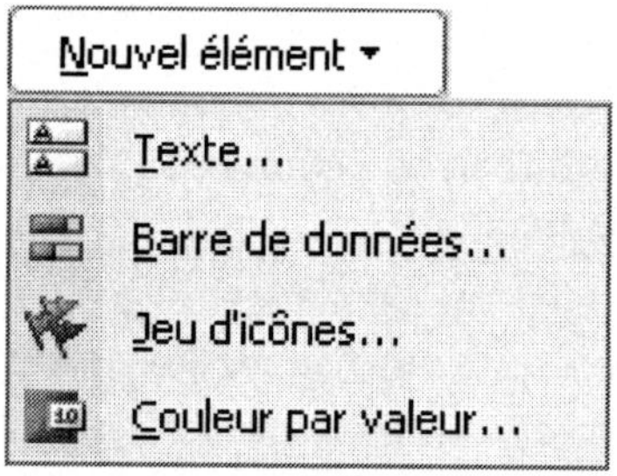

Ajouter du texte à un graphique de données

Plusieurs styles de champs de texte sont disponibles. Certains d'entre eux sont des légendes qui comportent le nom de la colonne (étiquette) ; d'autres sont des titres composés de la seule valeur de donnée.

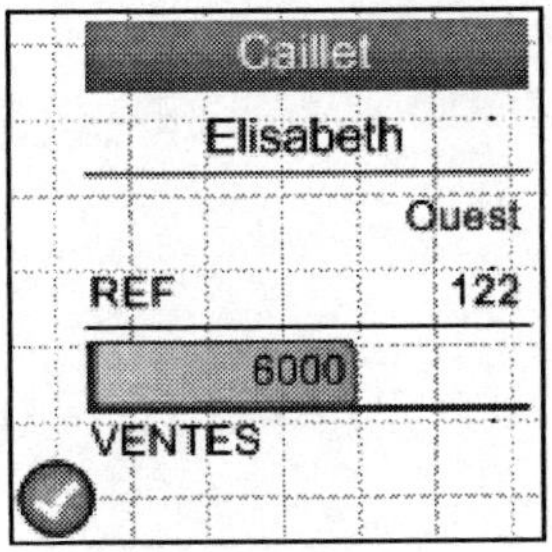

*Dans l'exemple ci-dessus, les trois premiers champs de texte affichent les seules valeurs **Caillet**, **Elisabeth** et **Ouest** qui correspondent aux étiquettes respectives **Nom**, **Prénom** et **Région**.*
*Le champ texte qui suit affiche l'étiquette **REF** et la valeur **122**.*
*Le dernier champ texte de cet exemple affiche l'étiquette **VENTES** seule.*

L'exemple affiche aussi une barre de progression et un jeu d'icônes.

- Dans la boîte de dialogue **Modifier le graphique de données**, cliquez sur **Nouvel élément**, puis sur **Texte**.
- Dans la boîte de dialogue **Nouveau texte**, cliquez sur **Champ de données** et sélectionnez un élément dans la liste.
- Cliquez sur **Légende** et sélectionnez un style de jeu d'icônes dans la liste.
- Sélectionnez la position de la légende d'une des manières suivantes :

  Sous **Position de la légende**, activez la case à cocher **Utiliser la position par défaut**. Désactivez la case à cocher **Utiliser la position par défaut**, pour accéder aux listes **Horizontal** et **Vertical** et y sélectionner des positions.
- Dans la rubrique **Détails**, sélectionnez les options pour choisir l'apparence de la légende ou du titre.

Ajouter une barre de données à un graphique de données

Les barres de données affichent vos données sous la forme de graphiques ou de schémas miniatures, comme des barres de progression, des évaluations (étoile), des thermomètres, des indicateurs de vitesse, histogrammes, etc.

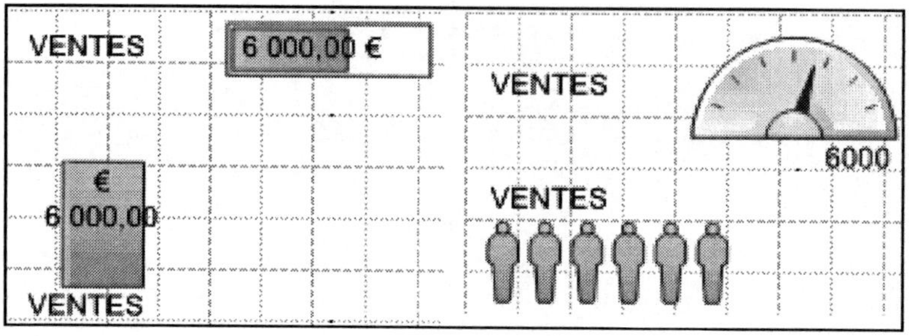

Dans la partie supérieure de l'exemple ci-dessus, on distingue une barre de progression et un indicateur de vitesse dans la partie supérieure (la valeur maximale étant située à 10000).
Dans la partie inférieure, une barre de données verticale et une classification de personnes.

Les étiquettes (VENTES) et les valeurs sont à chaque fois affichées.

- Dans la boîte de dialogue **Modifier le graphique de données**, cliquez sur **Nouvel élément**, puis sur **Barre de données.**
- Dans la boîte de dialogue **Nouvelle barre de données**, cliquez sur **Champ de données** et sélectionnez un élément dans la liste.
- Cliquez sur **Légende** et sélectionnez un style de jeu d'icônes dans la liste.
- Sélectionnez la position de la légende d'une des manières suivantes :

  Sous **Position de la légende**, activez la case à cocher **Utiliser la position par défaut**. Désactivez la case à cocher **Utiliser la position par défaut**, pour accéder aux listes **Horizontal** et **Vertical** et y sélectionner des positions.
  Sous **Détails**, sélectionnez les options pour choisir l'apparence de la barre de données.

Ajouter un jeu d'icônes à un graphique de données

Des jeux d'icônes permettent l'affichage de vos données avec des indicateurs, des feux de signalisation et des flèches tendance. Par exemple, des indicateurs peuvent comparer les ventes de l'année par rapport à celles de l'année précédente. Comme le montre l'exemple suivant, un indicateur bleu (drapeau) signale une augmentation considérable des ventes, un indicateur jaune signale une augmentation modérée et un indicateur rouge signale une baisse.

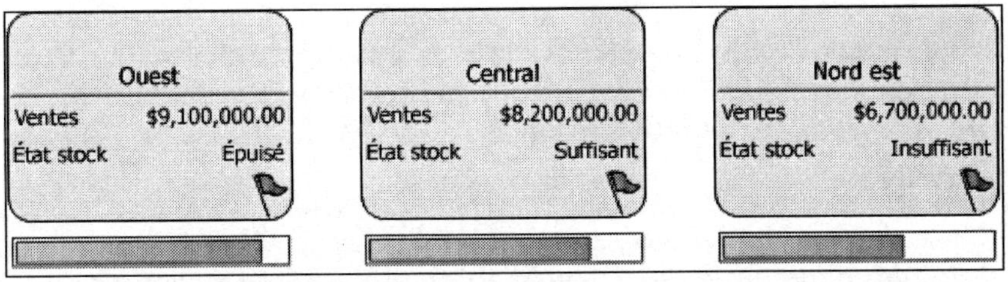

- Dans la boîte de dialogue **Modifier le graphique de données**, cliquez sur **Nouvel élément**, puis sur **Jeu d'icône**.
- Dans la boîte de dialogue **Nouveau jeu d'icônes**, cliquez sur **Champ de données** et sélectionnez un élément dans la liste.
- Cliquez sur **Légende** et sélectionnez un style de jeu d'icônes dans la liste.
- Sélectionnez la position de la légende d'une des manières suivantes :

  Sous **Position de la légende**, activez la case à cocher **Utiliser la position par défaut**. Désactivez la case à cocher **Utiliser la position par défaut**, pour accéder aux listes **Horizontal** et **Vertical** et y sélectionner des positions.
- Dans la rubrique **Règles d'affichage de chaque icône**, sélectionnez les valeurs que chaque icône doit représenter. Dans l'exemple précédent, la boîte de dialogue **Nouveau jeu d'icônes** serait semblable à la figure suivante :

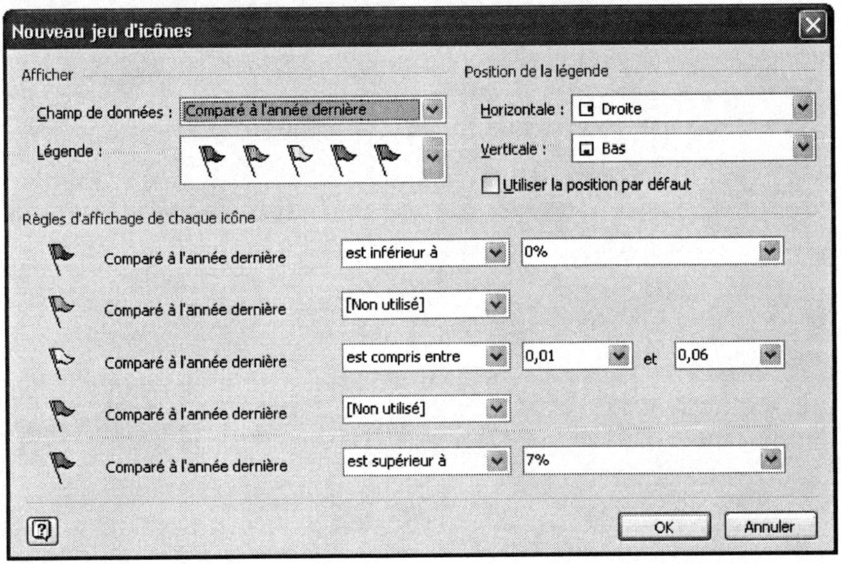

Ajouter de la couleur par valeur

La couleur permet l'affichage de vos données en faisant correspondre une couleur à une valeur unique (une couleur à toutes les formes de même valeur) ou à des plages de valeurs (une couleur à toutes les formes dont la valeur est située dans une plage).

Dans l'exemple ci-dessous, à chaque service correspond une couleur. Ainsi, toutes les formes du service Entrepôt sont affichées en vert, celles du service commercial en jaune et celles du service Comptabilité en rouge.

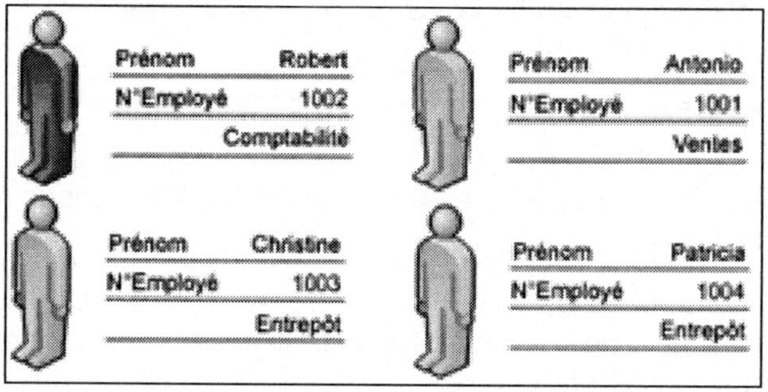

- Dans la boîte de dialogue **Modifier le graphique de données**, cliquez sur **Nouvel élément**, puis sur **Couleur par valeur**.
- Dans la boîte de dialogue **Nouvelle couleur par valeur**, dans la rubrique **Afficher**, sélectionnez un élément dans la liste **Champ de données**.

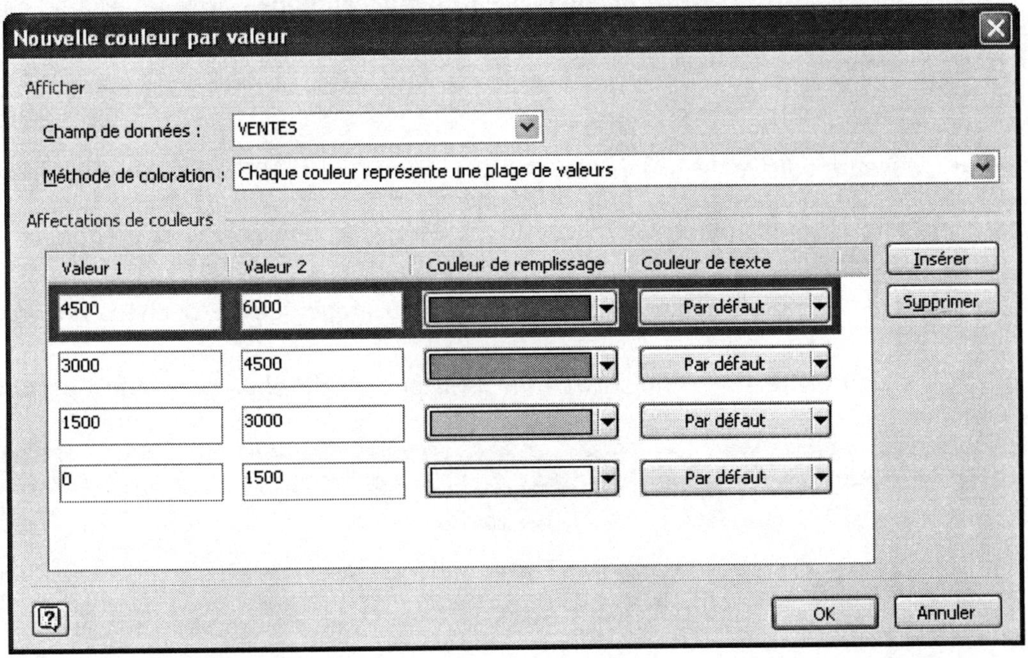

Dans la liste **Méthode de coloration**, sélectionnez l'un des choix suivants :

- **Chaque couleur représente une valeur unique** pour appliquer la même couleur à toutes les formes qui ont la même valeur,

La rubrique **Affectations de couleurs** répertorie toutes les valeurs disponibles et attribue une couleur de remplissage et une couleur de texte à chaque valeur. Pour changer ces couleurs, cliquez sur la flèche **Couleur de remplissage** ou **Couleur du texte.**

- **Chaque couleur représente une plage de valeurs** pour utiliser une plage de couleurs, de la plus vive à la plus claire, pour représenter une plage de valeurs.

La rubrique **Affectations de couleurs** répertorie les plages de valeurs possibles et attribue à chacune d'elles une couleur de remplissage et une couleur de texte. Tapez d'autres valeurs dans les zones **Valeur 1** et **Valeur 2** pour créer vos propres plages. Pour sélectionner d'autres couleurs pour le remplissage et le texte de chaque valeur, cliquez sur la flèche **Couleur de remplissage** ou **Couleur du texte.** Cependant, pour préserver l'effet d'atténuation des jeux de couleurs, choisissez plutôt une autre couleur uniquement pour le premier élément de la liste **Affectations de couleurs.**

- Cliquez sur **OK** dans la boîte de dialogue **Nouvelle couleur par valeur**, puis dans la boîte de dialogue **Modifier le graphique de données** pour appliquer les paramètres à des formes au dessin.

Modifier un graphique de données

Vous pouvez modifier le graphique de données pour modifier automatiquement l'affichage des données qui y font référence.
Les modifications s'appliquent à toutes les formes apparentées au graphique de données que vous adaptez.

- Effectuez un clic droit sur une forme associée au graphique de données que vous souhaitez modifier.
- Dans le menu contextuel, choisissez **Données**, puis **Modifier le graphique de données.**

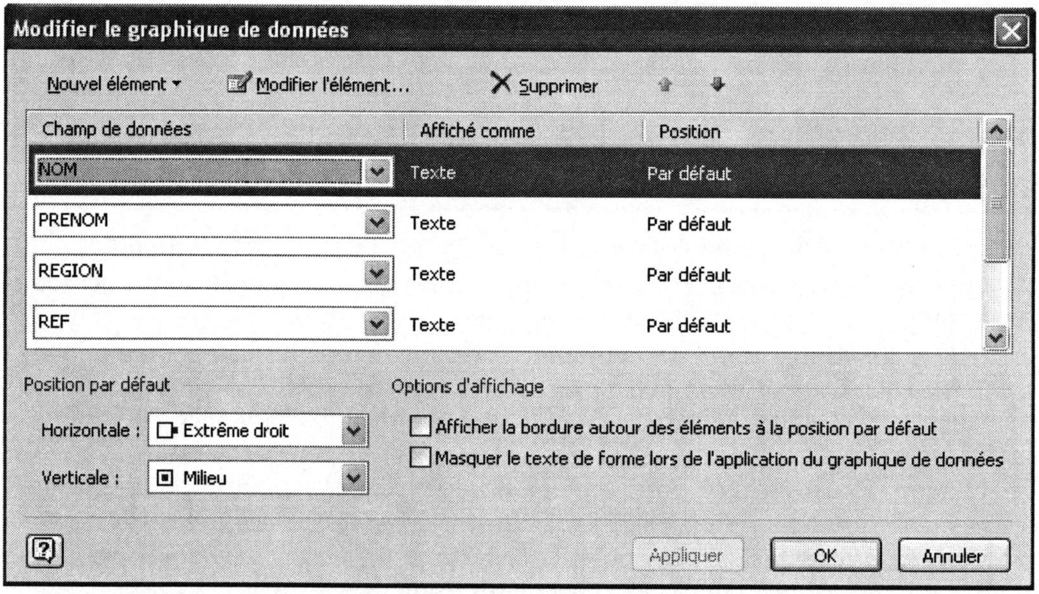

- Dans la liste **Champs de données**, sélectionnez le champ à modifier, puis cliquez sur **Modifier l'élément** pour accéder aux modifications.

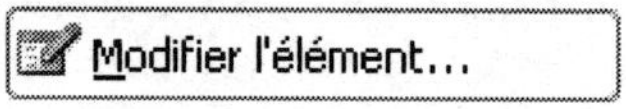

*Référez-vous au détail des modifications dans ce même chapitre au titre **Afficher les données dans vos formes** pour modifier l'affichage des champs **Texte, Barre de données, Jeu d'icônes** et **Couleur de Valeur**.*

- Utilisez le bouton **Supprimer** pour retirer une donnée du graphique.

- Agissez sur les boutons **Monter** et **Descendre** pour modifier l'ordre d'affichage des données sur le graphique de données.

- Dans la rubrique **Position par défaut**, agissez sur les listes **Horizontale** et **Verticale** pour définir les positions des données par défaut.
- Dans la rubrique **Options d'affichage**, cochez la case **Afficher la bordure autour des éléments à la position par défaut** pour encadrer les données du graphique.
- Dans la rubrique **Options d'affichage**, cochez la case **Masquer le texte de forme lors de l'application du graphique de données** pour masquer le texte de la forme. En effet, vous pouvez si nécessaire masquer le texte de la forme (celui que vous créez en effectuant un double clic sur la forme), de telle façon qu'il ne gêne pas la lecture des données du graphique de données.
- Cliquez sur **Appliquer** puis sur **OK** dans la boîte de dialogue **Modifier le graphique de données** pour appliquer les modifications à toutes les formes concernées, ainsi qu'au graphique de données.

Élaborer un nouveau graphique de données

- Dans le menu **Données**, puis sur **Afficher les données sur les formes**.

- Dans le volet **Graphiques de données**, dans la rubrique **Créer un graphique de données**, cliquez sur **Nouveau graphique de données.**

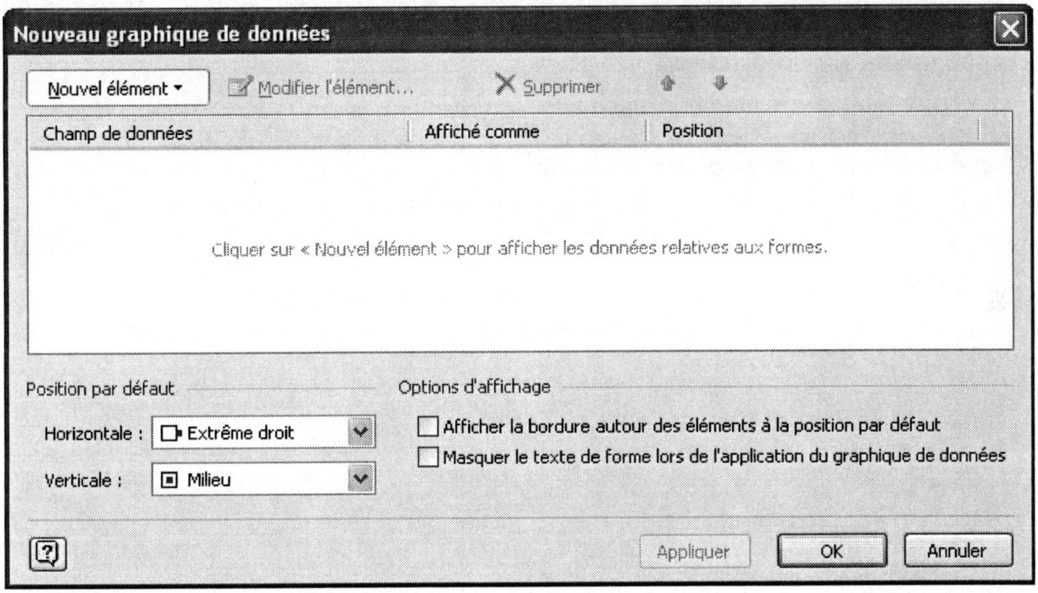

- Dans la boîte de dialogue **Nouveau graphique de données**, cliquez sur **Nouvel élément** pour définir les champs à ajouter dans les formes.

- Dans la liste **Champs de données**, sélectionnez le champ à modifier, puis cliquez sur **Modifier l'élément** pour définir les champs à ajouter dans les formes.

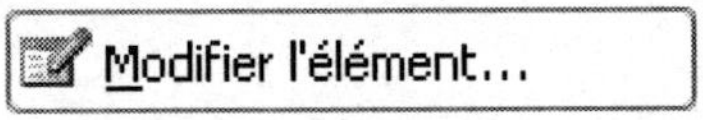

- Référez-vous au détail des modifications dans ce même chapitre au titre **Afficher les données dans vos formes** pour modifier l'affichage des champs **Texte, Barre de données, Jeu d'icônes** et **Couleur de Valeur**.

- Cliquez sur **Appliquer** puis sur **OK** dans la boîte de dialogue **Modifier le graphique de données** pour appliquer les modifications à toutes les formes concernées, ainsi qu'au graphique de données.

  *Le graphique de données apparaît maintenant dans la liste **Appliquer un graphique de données** dans le volet **Office - Graphique de données**. Vous pouvez l'appliquer aux formes de votre dessin.*

Exemples de diagrammes et dessins techniques

Visio 2007 permet la réalisation d'un grand nombre de diagrammes divers et plans techniques. Vous trouverez ci-après trois exemples très intéressants vous permettant de mieux comprendre l'utilisation des formes, leur positionnement ainsi que l'utilisation des assistants :

- Création de dessins mécaniques,
- Création de plans de bâtiment,
- Conception d'organigramme via l'assistant.

Dessin de pièces et d'assemblages mécaniques

- **Fichier**
  Nouveau
- Dans la catégorie **Ingénierie**, choisissez le modèle **Dessin de pièces et d'assemblage**.

Les gabarits suivants sont disponibles :

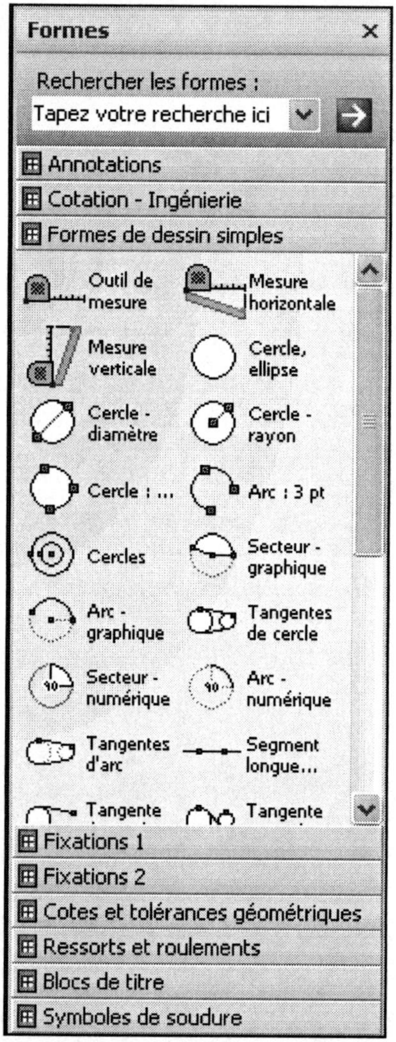

- Dans le gabarit **Formes de dessin simples**, glissez la forme **Cercle-rayon** sur la page de dessin.
- Faites glisser le point de fin (poignée verte déterminant le rayon) pour augmenter ou diminuer le rayon du cercle.

Il est possible d'agir sur la poignée jaune pour transformer le cercle en ellipse et orienter l'ellipse.

- Dans le gabarit **Formes de dessin simples**, glissez la forme **Rectangle** sur la page de dessin. Utilisez les poignées de contrôle pour redimensionner le rectangle, et disposez-le comme ci-dessous :

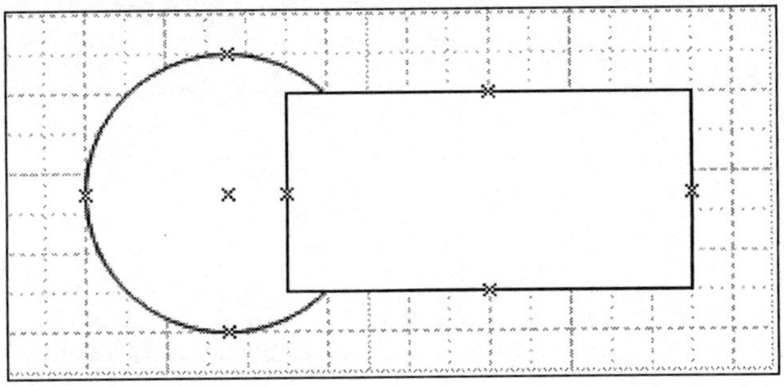

- À l'aide de l'**Outil Pointeur**  de la barre d'outils **Standard**, sélectionnez le rectangle.
- Dans le menu **Forme**, choisissez **Ordre** puis **Mettre à l'arrière-plan.**
- Dans le gabarit **Formes de dessin simples**, glissez la forme **Rectangle chanfreiné** sur la page de dessin.
- Dans le gabarit **Formes de dessin simples**, glissez la forme **Tangentes d'arc** sur la page de dessin. Utilisez les poignées de contrôle pour redimensionner le rectangle chanfreiné et le disposer comme ci-après. Utilisez les points de centre et les poignées de contrôle pour repositionner et redimensionner les arcs comme ci-après.

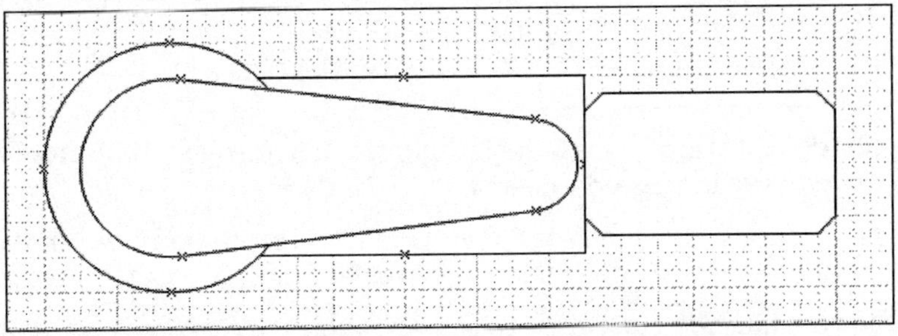

- Dans le gabarit **Fixations 1**, glissez la forme **Tête hex. haut** sur la page de dessin.

- À l'aide de l'**Outil Pointeur**  de la barre d'outils **Standard**, sélectionnez la forme (écrou à tête hexagonale).
- Effectuez un clic droit et choisissez **Définir les tailles standard.**

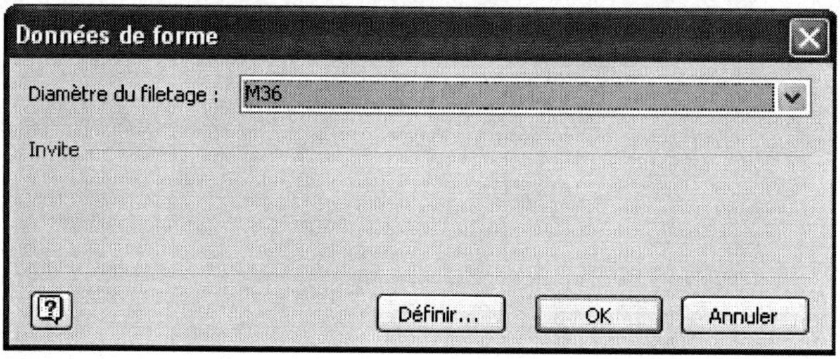

- La fenêtre **Données de forme** permet le choix d'un diamètre normalisé ; sélectionnez **M36** et confirmez par **OK.**
- Dupliquez cet écrou à l'aide d'un copier-coller par exemple et disposez ceux-ci comme sur la figure ci-après.

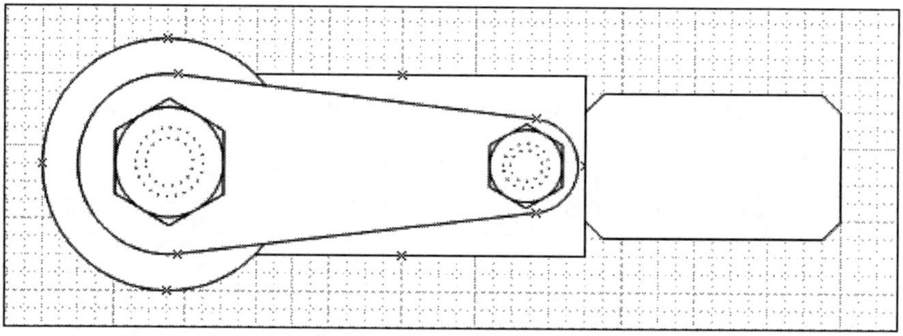

- Dans le gabarit **Cotation - Ingénierie**, glissez les formes **Diamètre extérieur** et **Rayon extérieur** sur la page de dessin.
- Utilisez les poignées de contrôle pour orienter les flèches et annotations avec symboles.
- Effectuez un double clic sur l'annotation (symbole+texte), puis un nouveau double clic sur le texte seul pour modifier la valeur. Cliquez à l'extérieur de la forme pour valider cette modification.

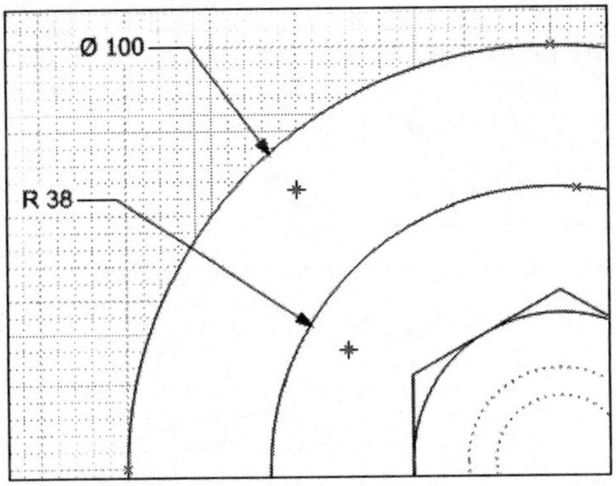

- Dans le gabarit **Cotation - Ingénierie**, glissez la forme **Lig. base horizontale** sur la page de dessin, dans la partie inférieure gauche.

  Une cote apparaît avec deux poignées de contrôle (vertes) et deux petits losanges jaunes.

- Effectuez un cliqué-glissé sur la poignée verte de gauche jusqu'au centre de l'écrou de gauche, et idem sur la poignée verte de droite sur le second écrou.
- Effectuez un cliqué-glissé sur le losange jaune situé sur la ligne de cote (au niveau de la pointe de flèche) pour un positionnement correct sur la partie inférieure du dessin comme ci-après.

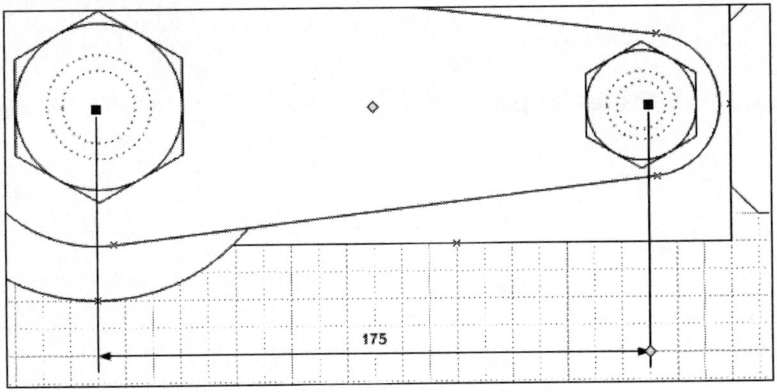

- Effectuez un cliqué-glissé sur le second losange jaune (situé au milieu) et placez-le sur le coin inférieur droit du rectangle. Répétez l'opération à partir du même losange pour le placer cette fois sur la partie inférieure du rectangle à chanfreins (au point le plus à droite).

  Vous obtenez le dessin ci-dessous :

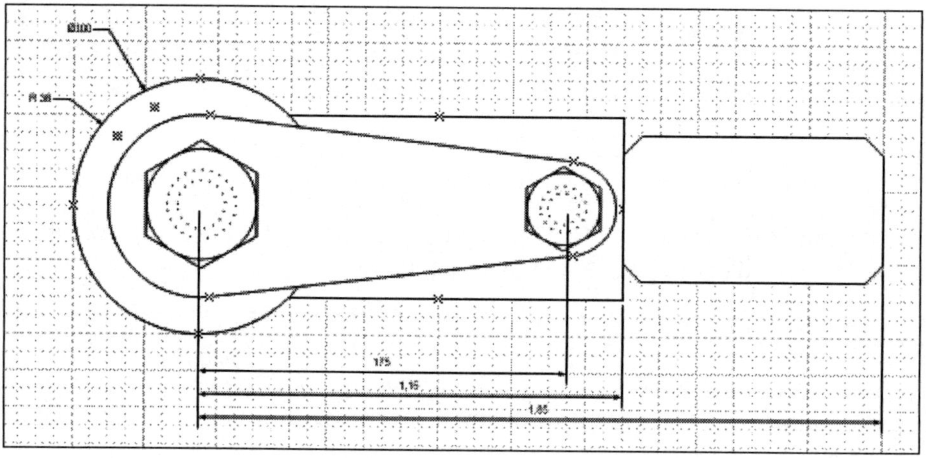

Plans de bâtiment

- **Fichier**
  Nouveau
- Dans la catégorie **Cartes et plans d'étage**, choisissez le modèle **Aménagement de bureau.**

Les gabarits suivants sont disponibles :

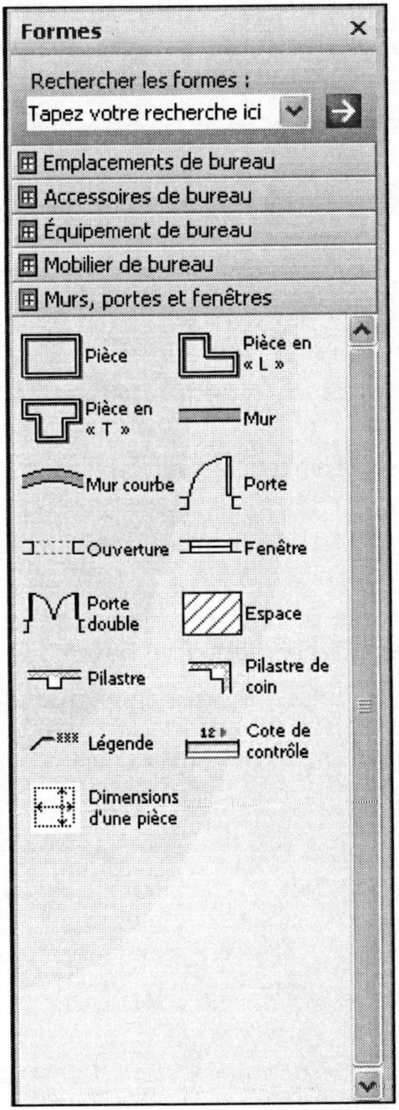

- Dans le gabarit **Murs, portes et fenêtres**, glissez la forme **Pièce** sur la page de dessin.

- Utilisez les poignées de contrôle pour dimensionner et positionner la forme sur la quasi-totalité du format A4 horizontal.
- Dans le gabarit **Murs, portes et fenêtres**, glissez la forme **Ouverture** sur le mur de droite.

  L'ouverture se positionne d'elle-même le long du mur, et une réelle ouverture est affichée.
- Utilisez les poignées rouges de l'ouverture pour la redimensionner en visualisant les dimensions affichées.

Un clic droit sur la forme ouverture placée sur la page de dessin donne accès au bouton **Définir les options d'affichage** et permet d'agir sur les paramètres d'affichage des murs, portes, fenêtres et espaces.

- Dans le gabarit **Murs, portes et fenêtres**, glissez la forme **Fenêtre** sur le mur inférieur.

  La fenêtre se positionne automatiquement le long du mur, et une ouverture est représentée.
- Utilisez les poignées rouges de l'ouverture pour la redimensionner en visualisant les dimensions affichées.
- Dans le gabarit **Murs, portes et fenêtres**, glissez la forme **Porte** sur le mur supérieur à gauche, en prenant la précaution de positionner la porte sur l'extérieur du mur.

  Une poignée rouge apparaît sur le mur, et la porte se positionne avec ouverture vers l'intérieur de la pièce. Une ouverture est affichée.
- Utilisez les poignées rouges de l'ouverture pour la redimensionner en visualisant les dimensions affichées.

- Disposez les formes comme sur la figure ci-dessous :

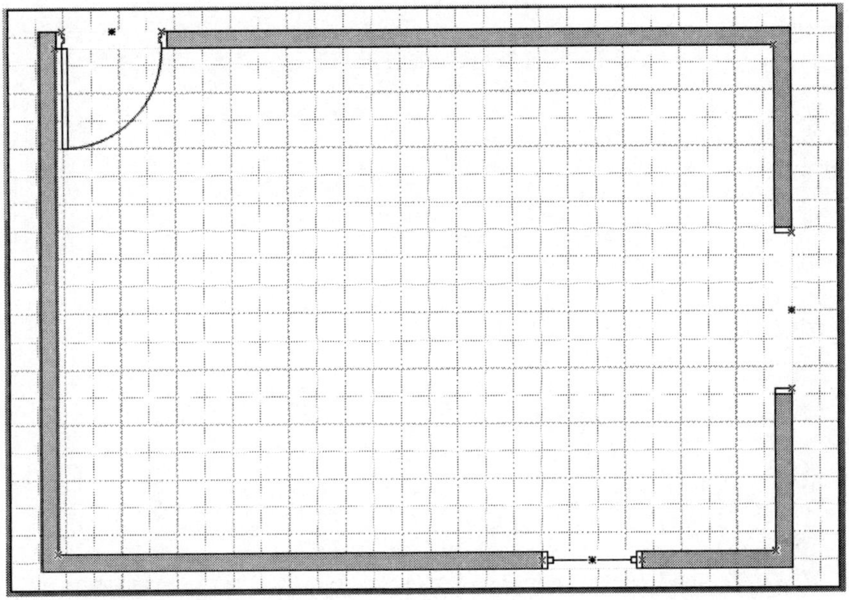

- Dans le gabarit **Emplacements de bureau**, glissez la forme **Station de travail en L** dans la partie inférieure gauche de la pièce.
- Effectuez un premier clic sur cette forme dans le dessin pour un redimensionnement éventuel en faisant glisser les poignées.
- Effectuez un second clic sur la ou les formes internes au poste de travail pour les repositionner ou les redimensionner.
- Dans le gabarit **Emplacements de bureau**, glissez la forme **Volet** sur la partie supérieure droite de la station de travail pour positionner un volet vertical, puis une seconde fois pour positionner un volet horizontal au-dessus de la station de travail (voir figure suivante).
- Dans le gabarit **Accessoires de bureau**, glissez la forme **Grande plante** dans le coin inférieur droit de la pièce.
- Utilisez les poignées de redimensionnement si nécessaire.
- Dans le gabarit **Mobilier de bureau**, glissez la forme **Angle arrondi** dans le coin supérieur droit de la pièce.

- Utilisez les poignées de redimensionnement si nécessaire pour obtenir le plan ci-dessous :

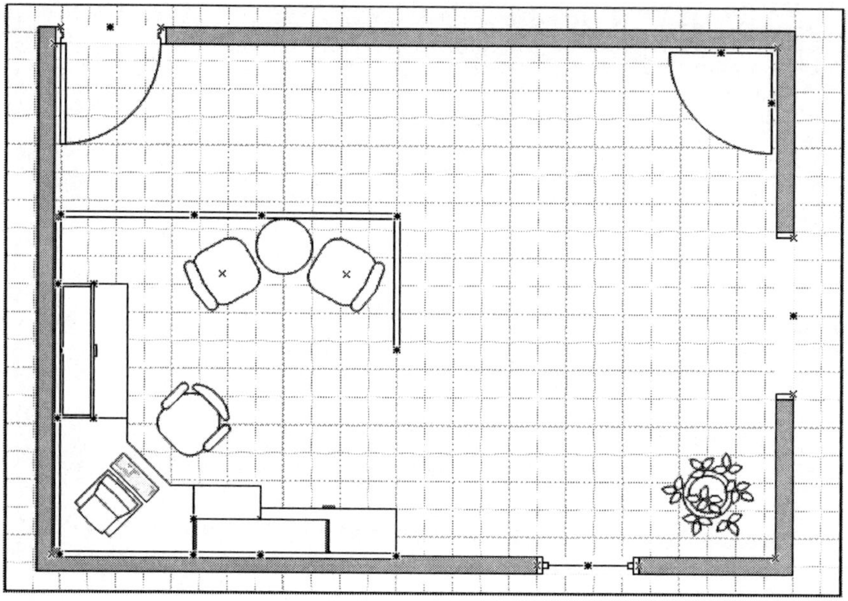

Organigramme via l'Assistant

Microsoft Visio 2007 met à disposition de l'utilisateur un ensemble de macros qui facilitent considérablement la conception, la disposition, la modification, la mise à jour de diagrammes évolués.

Ces macros constituent des méthodes complémentaires au glissement de formes contenues dans les gabarits. Ils permettent, grâce à une succession d'étapes progressives, de valider les contenus, formes et dispositions des diagrammes.

- **Outils**
  Modules complémentaires
  Professionnel
  Assistant Organigramme

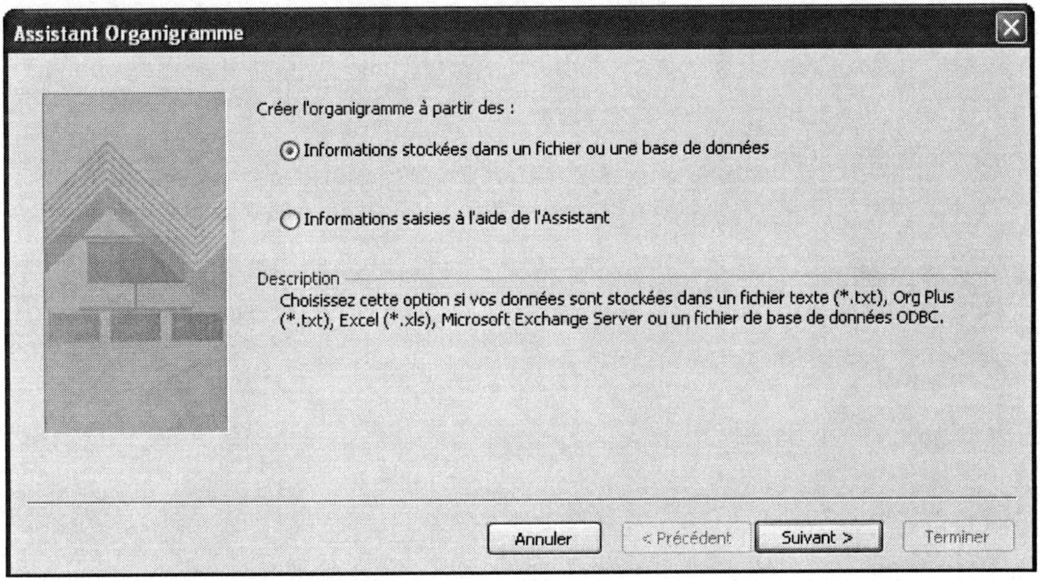

- Dans la fenêtre **Assistant Organigramme**, activez le bouton radio **Informations saisies à l'aide de l'Assistant** pour procéder à la saisie des données qui seront intégrées automatiquement dans l'organigramme.

  L'autre choix permet d'accéder à un fichier (ou base) déjà existant tel qu'un fichier texte, un fichier Excel, Exchange Server ou un fichier de base de données ODBC.

- Cliquez sur le bouton **Suivant**.

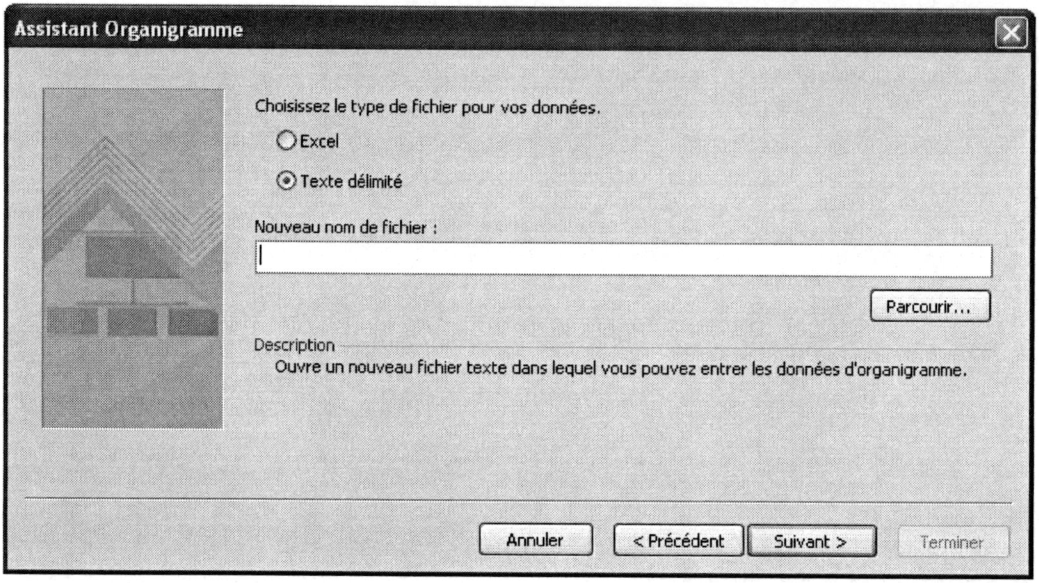

- Dans l'étape suivante, activez le bouton radio **Excel** pour favoriser une saisie dans le tableur Microsoft Excel.
- Si vous ne possédez pas Microsoft Excel sur votre poste de travail, vous avez la possibilité de procéder à une saisie enregistrée dans un fichier au format texte (TXT). Celui-ci doit être existant sur votre poste de travail.
- Cliquez sur le bouton **Parcourir** pour choisir l'emplacement voulu et indiquer le nom du fichier Excel à créer.
- Cliquez sur **Suivant**.

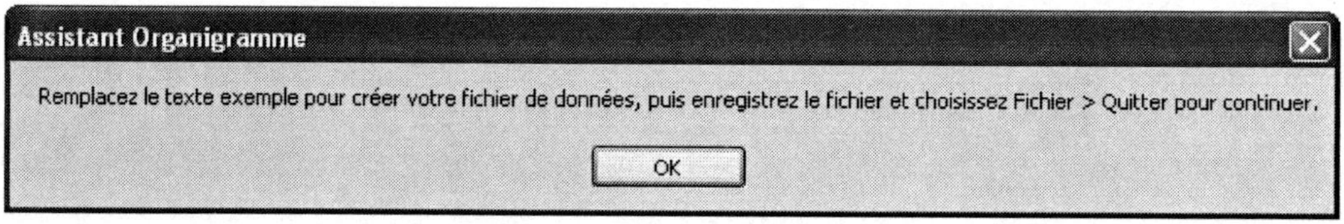

Visio vous invite à effectuer la saisie dans Microsoft Excel en remplaçant les textes en exemple, tout en respectant la structuration des colonnes.

- Effectuez votre saisie comme dans l'exemple ci-dessous :

	A	B	C	D	E	F
1	**Nom**	**Sup_hiearchique**	**Titre**	**Service**	**Téléphone**	
2						
3	Jacques DURAND		PDG	Direction	123456789	
4	Pierre MARTIN	Jacques DURAND	Chargé de communication	Communication	987654321	
5	Aline STARD	Pierre MARTIN	Assistante de communication	Communication	12345678	
6	Madeleine VIARGE	Jacques DURAND	Assitante de direction	Secrétariat	234567890	
7	Evelyne RICHARD	Jacques DURAND	Chargé de clientèle	Commercial	31645862	
8	Maurice LACROIX	Jacques DURAND	Chargé de clientèle	Commercial	31645863	
9	Paul POIRET	Jacques DURAND	Directeur technique	Technique	5656784	
10	Laurent PART	Paul POIRET	Technicien produits	Technique	35648712	
11	Thierry GOLOTOIT	Paul POIRET	Technicien de maintenance	Technique	268594756	
12	Vincent TYME	Paul POIRET	Développeur	Technique	265896412	
13						
14						
15						
16						

- Dans le menu **Fichier**, choisissez **Enregistrer**.
- Dans le menu **Fichier**, choisissez **Quitter**.

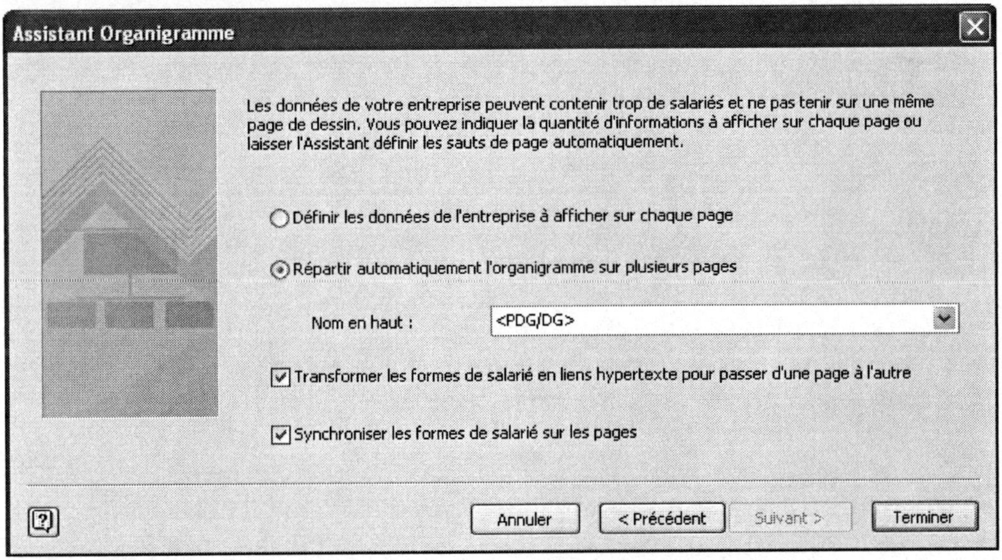

*Visio 2007 affiche à nouveau la fenêtre **Assistant Organigramme**.*

- Activez le bouton-radio **Répartir automatiquement l'organigramme sur plusieurs pages** pour laisser Visio effectuer une répartition des informations sur plusieurs pages en gérant automatiquement les sauts de page.

Visio permet également un autre choix autorisant la gestion de l'affichage d'informations sur chaque page. Lorsque les informations sont importantes, Visio procède à la synchronisation des informations sur les différentes pages ou intègre des liens hypertextes pour passer d'une page à l'autre.

- Cliquez sur **Terminer**.

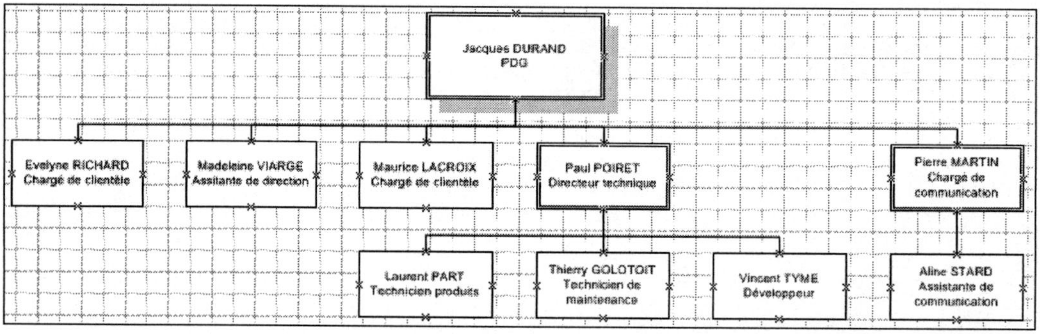

- Utilisez la barre d'outils **Organigramme** pour redisposer l'organigramme, si nécessaire, ou effectuez des modifications manuelles avec la souris.

De nombreuses options sont disponibles pour modifier les formes de la page de dessin. Sélectionnez la ou les formes, et effectuez un clic droit pour accéder à celles-ci.

Visualiser des informations complexes à l'aide des diagrammes croisés dynamiques (Visio Professional 2007 requis)

Visio 2007 permet un nouveau type de diagramme appelé le diagramme croisé dynamique. Les diagrammes croisés dynamiques affichent les données sous la forme d'une collection de formes organisées comme une structure en arbre pour faciliter l'analyse et la synthèse des données grâce à une représentation visuelle et facile à interpréter. Leur utilisation permet d'explorer visuellement vos données commerciales, de les analyser, de les détailler et de créer plusieurs vues de ces données afin de vous forger une compréhension plus approfondie.

Identifiez facilement les principaux problèmes, effectuez un suivi des tendances et marquez les exceptions à l'aide d'une bibliothèque de formes tout spécialement conçues pour le suivi des données. Vous pouvez même insérer un diagramme croisé dynamique dans n'importe quel autre diagramme Visio pour offrir une vue complémentaire des données.

Catégories, niveaux et nœuds

Afin de comprendre les concepts de catégorie, de niveau et de nœud, il faut appréhender chaque élément dans le contexte de votre source de données :

- Chaque colonne de la source de données est soit de type numérique, soit de type non numérique.
- Les colonnes non numériques constituent des catégories (par exemple, un trimestre, un vendeur ou un numéro de téléphone). Chacune peut devenir un niveau sous le nœud supérieur. Il faut noter que les valeurs d'une colonne, comme des numéros de téléphone, bien qu'ils soient des nombres ne peuvent pas être additionnés ou synthétisés par le biais de calculs pour autant.
- Les colonnes numériques contiennent quant à elles des données telles que des nombres ou des devises qui peuvent faire l'objet d'une addition ou du calcul d'une moyenne, ou comportant des valeurs minimale ou maximale.
- Chaque nœud peut être vu comme un groupe de lignes provenant de la source de données et possédant une valeur commune pour une colonne précise. Par exemple, toutes les lignes mentionnant « TRIM4 » peuvent être regroupées dans la catégorie « Trimestre » en un seul nœud.

Sources de données

Vous pouvez utiliser les sources de données suivantes pour créer un diagramme croisé dynamique :

- Classeur Microsoft Office Excel

- Base de données Microsoft Office Access
- Liste Microsoft Office SharePoint
- Base de données Microsoft SQL Server
- Services d'analyse Microsoft SQL Server
- Autre source de données OLEDB ou ODBC

Éléments d'un diagramme croisé dynamique

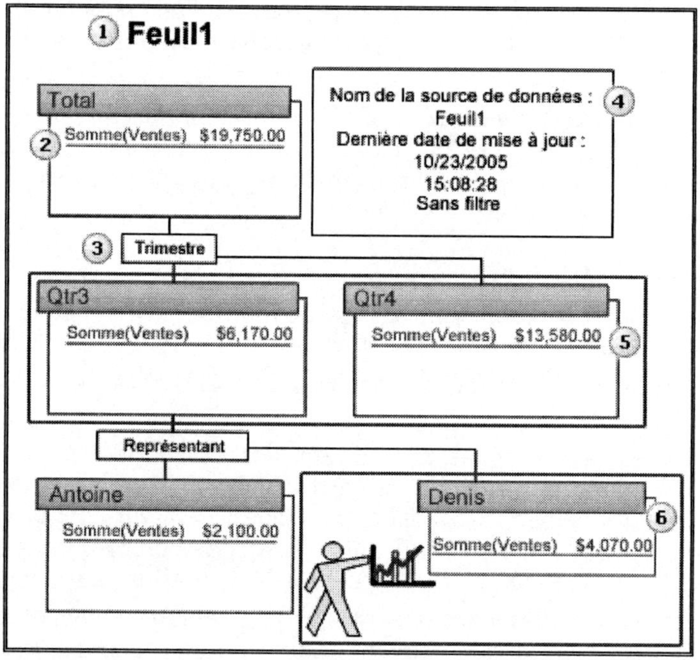

1 : Nom du diagramme croisé dynamique
2 : Nœud supérieur du diagramme croisé dynamique
3 : Forme de répartition
4 : Légende de données
5 : Les formes Trim3 et Trim4 regroupées correspondent à un niveau.
6 : Nœud incluant une forme appliquée pour ajouter de l'impact visuel

Exemple de scénario

Supposons une feuille de calcul Excel contenant des informations sur les ventes de deux lots de produits sur les régions Centre, Nord, Ouest et Est comme ci-dessous.

NOM	REGION	PRODUITS	VENTES
Martin	Centre	Lot 1	4 500,00 €
Martin	Centre	Lot 2	4 000,00 €
Durand	Nord	Lot 1	5 000,00 €
Durand	Nord	Lot 2	4 800,00 €
Caillet	Ouest	Lot 1	6 000,00 €
Caillet	Ouest	Lot 2	5 800,00 €
Léger	Est	Lot 1	3 000,00 €
Léger	Est	Lot 2	2 750,00 €

Ce que nous recherchons à déterminer :

- Quel chiffre d'affaires a généré chaque lot ?
- Quel bénéfice a été généré chaque région ?
- Quel bénéfice a été généré par chaque vendeur ?

Un diagramme croisé dynamique permet d'afficher vos données organisées en trois vues arborescentes différentes répondant à ces trois questions.

La figure ci-après illustre trois méthodes pour afficher vos données sources et répondre ainsi à ces questions.

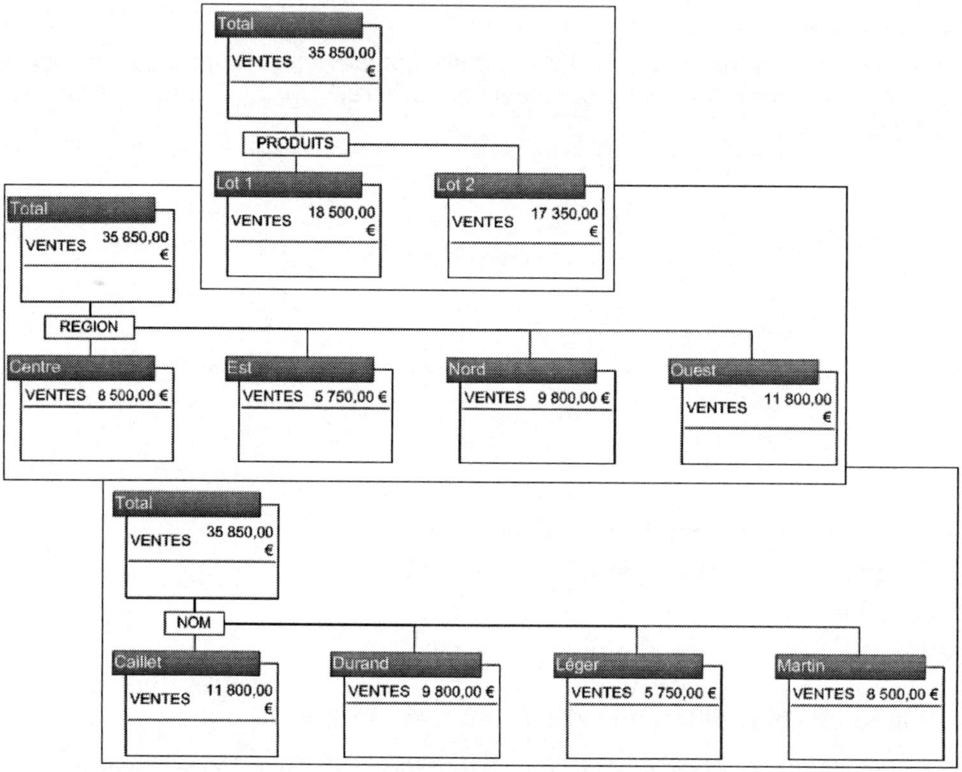

Créer un diagramme croisé dynamique

Pour créer un diagramme croisé dynamique, vous pouvez utiliser le modèle **Diagramme croisé dynamique** ou insérer une forme **Nœud** du tableau croisé dynamique dans n'importe quel diagramme Visio Professional 2007. Cette rubrique illustre par l'utilisation du modèle **Diagramme croisé dynamique** la création d'un seul diagramme croisé dynamique.

Lorsque vous créez un diagramme croisé dynamique, l'Assistant **Sélecteur de données** vous permet de sélectionner une source de données. Ces données sont ensuite importées dans le nœud supérieur d'un diagramme croisé dynamique placé sur votre dessin. Vous pouvez alors développer ce nœud supérieur pour afficher les données à analyser.

Il est recommandé de s'assurer que la cellule supérieure de chaque colonne d'une feuille de calcul Excel correspond à un en-tête de colonne plutôt qu'à une ligne de données. Les en-têtes ne sont pas requis mais ils facilitent grandement la compréhension du diagramme croisé dynamique terminé.

Dans le menu **Fichier**, choisissez **Nouveau** et **Professionnel** puis **Diagramme croisé dynamique**.

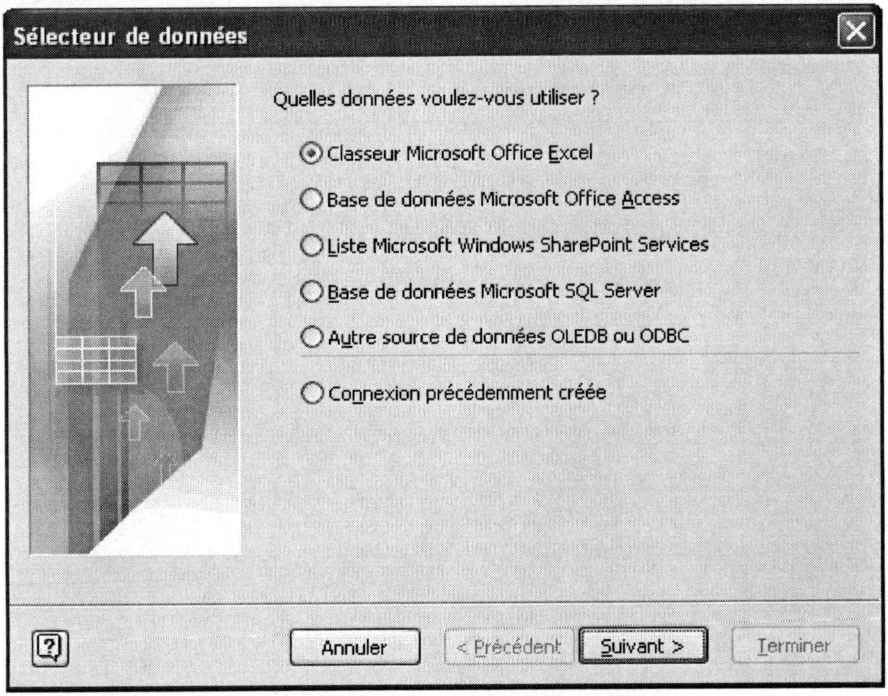

Suivez les étapes proposées par l'Assistant **Sélecteur de données.**

Cliquez sur **Terminer** pour valider la sélection de la source de données et quitter l'assistant.

Les trois formes suivantes apparaissent sur la page de dessin comme ci-dessous :

- une légende de données contenant les informations sur la source de données ;
- une zone de texte indiquant le nom du diagramme croisé dynamique (feuille Excel) ;
- le nœud supérieur qui contient le jeu de données importé.

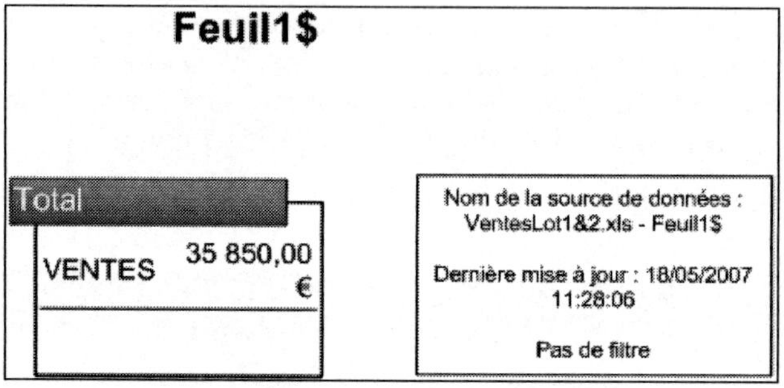

Visio met à disposition la fenêtre Diagramme croisé dynamique suivante :

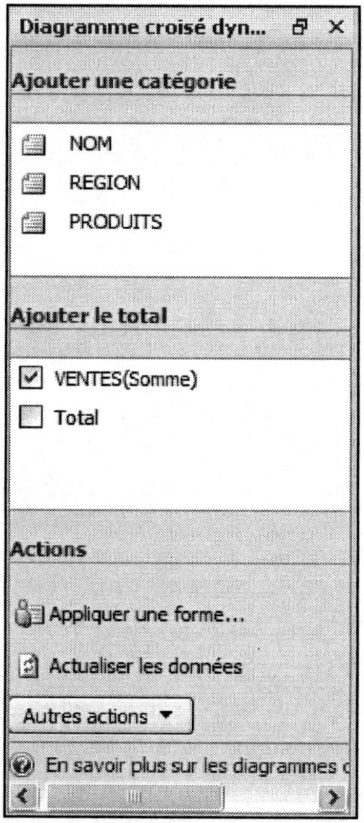

Cliquez sur le nœud supérieur dans la page de dessin.

- Dans la fenêtre **Diagramme croisé dynamique**, sous la rubrique **Ajouter une catégorie**, cliquez sur la catégorie (généralement une colonne de la source de données) par laquelle vous souhaitez grouper vos données.
- Pour développer les nouveaux sous-nœuds afin d'exposer davantage de niveaux, procédez de la même façon en cliquant sur le sous-nœud à développer dans la page de dessin.

Actualiser des données d'un diagramme croisé dynamique

Visio 2007 vous permet de mettre à jouer les données d'un diagramme croisé dynamique existant. Si votre dessin contient plusieurs diagrammes croisés dynamiques, vous pouvez les actualiser indépendamment ou en même temps.

Actualiser un seul diagramme croisé dynamique

- Sélectionnez le diagramme croisé dynamique dans le dessin.
- Dans la fenêtre **Diagramme croisé dynamique**, sous la rubrique **Actions**, cliquez sur **Actualiser les données.**
- Pour actualiser tous les diagrammes croisés dynamiques d'un dessin, dans la fenêtre **Diagramme croisé dynamique**, sous **Actions**, cliquez sur **Autres actions**, puis sur **Actualiser tout.**

Actualiser tous les diagrammes croisés dynamiques

- Dans la fenêtre **Diagramme croisé dynamique**, sous la rubrique **Actions**, cliquez le bouton-liste Autres actions, puis **Actualiser tout.**

Filtrer les données d'un diagramme croisé dynamique

Chaque nœud d'un niveau de diagramme croisé dynamique représente un groupe de lignes de la source de données partageant une valeur commune. Un nœud correspondant à la région Ouest (Ouest) contiendrait par exemple toutes les données numériques des lignes mentionnant « Ouest » dans la colonne REGION.

Vous pouvez utiliser des filtres pour choisir les nœuds à afficher dans un niveau donné. Si les données pour une région sont devenues inutiles, vous pouvez par exemple masquer le nœud Centre :

- Dans la fenêtre **Diagramme croisé dynamique**, sous la rubrique **Ajouter une catégorie**, effectuez un clic droit sur les données à filtrer, puis sélectionnez **Configurer la colonne dans le menu contextuel.**

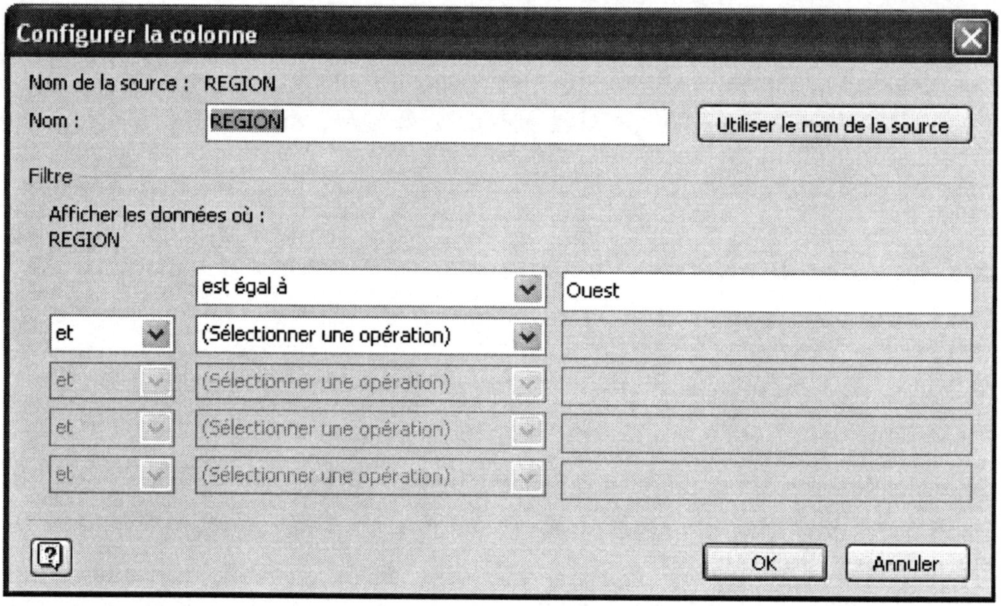

- Dans la boîte de dialogue **Configurer la colonne**, dans la rubrique **Filtre**, sous **Afficher les données où** nom de la catégorie (REGION), sélectionnez les opérations dans la colonne de gauche et tapez les valeurs dans la colonne de droite pour indiquer les données que vous voulez utiliser.
- Confirmez par **OK** pour valider le tri.

  Seuls les nœuds qui contiennent des informations satisfaisant les critères sélectionnés apparaissent sur le dessin. Dans l'exemple ci-dessus, la sélection de **est égal à** dans la colonne de gauche et la saisie **Ouest** dans la colonne de droite imposent un tri sur les ventes de la région Ouest.
- Pour supprimer le filtre, dans la rubrique **Afficher les données où**, choisissez dans la liste la valeur **Sélectionner une opération**.

Personnaliser les données des nœuds d'un diagramme croisé dynamique

Lorsque vous développez un nœud du diagramme croisé dynamique, un jeu de données s'affiche par défaut dans chaque nœud. Vous pouvez choisir d'autres données numériques, modifier leur nom et la méthode de synthèse des données.

Afficher ou masquer des données spécifiques

Lorsque vous affichez ou masquez les données numériques (généralement une colonne de la source de données), la modification s'applique à tous les nœuds du diagramme croisé dynamique sélectionné.

- Sélectionnez un nœud du diagramme.
- Dans la fenêtre **Diagramme croisé dynamique**, sous la rubrique **Ajouter le total**, activez ou désactivez les cases à cocher correspondant aux données à afficher ou à masquer.

Changer le mode de synthèse des données numériques

*Les données affichées par défaut dans un nœud de diagramme croisé dynamique correspondent à la somme de la première colonne de la source de données. Vous pouvez modifier la fonction de synthèse (par défaut, **Somme**) en choisissant **Moyenne**, **Min**, **Max** ou **Nb**.*

- Dans la fenêtre **Diagramme croisé dynamique**, sous la rubrique **Ajouter le total**, effectuez un clic droit sur l'élément à changer, pour afficher le menu contextuel suivant :

- Choisissez la fonction de synthèse (ou type de calcul) à appliquer.

Modifier les noms des éléments issus des listes Ajouter une catégorie et Ajouter le total

- Dans la fenêtre **Diagramme croisé dynamique**, dans la rubrique **Ajouter une catégorie** ou **Ajouter le total**, effectuez un clic droit sur l'élément à modifier, puis cliquez sur **Configurer la colonne**.

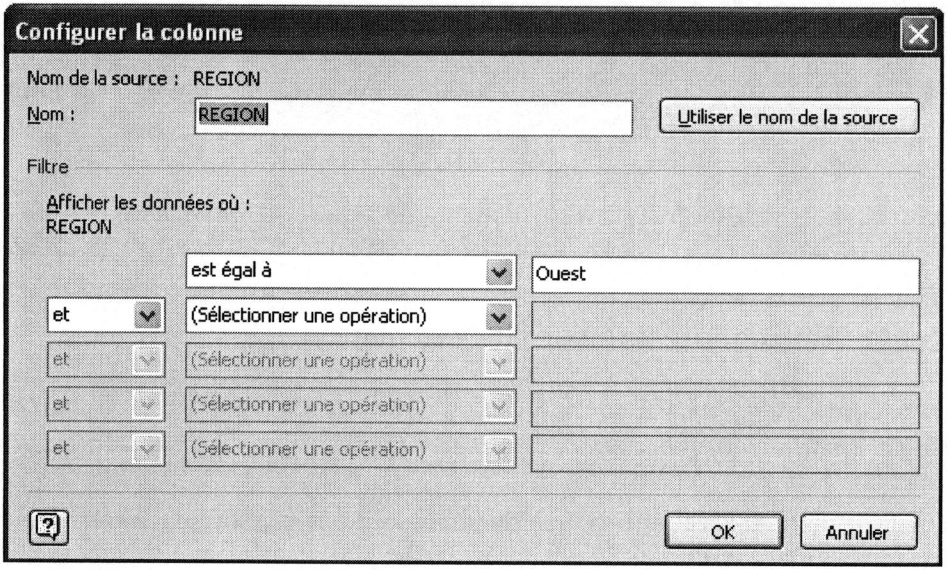

- Dans la zone **Nom** de la boîte de dialogue **Configurer la colonne**, tapez un nouveau nom.
- Si vous souhaitez rétablir le nom d'origine, cliquez sur **Utiliser le nom de la source**.
- Confirmez par **OK**.

Limiter le nombre de nœuds dans les niveaux

Vous pouvez choisir le nombre de nœuds à afficher dans un seul niveau ou pour tous les niveaux du diagramme croisé dynamique.

Ceci est notamment utile dans le cas de données (feuilles de calcul, tables) volumineuses, ou vous n'avez pas besoin de consulter toutes les données détaillées.

Vous pouvez par exemple n'afficher que les cinq premiers nœuds d'un niveau de représentants ou les vingt premiers nœuds d'un niveau de commandes.

Limiter le nombre de nœuds affichés dans tous les niveaux

- Cliquez sur le nœud supérieur du diagramme croisé dynamique à modifier.
- Dans le menu **Diagramme croisé dynamique**, choisissez **Options**.

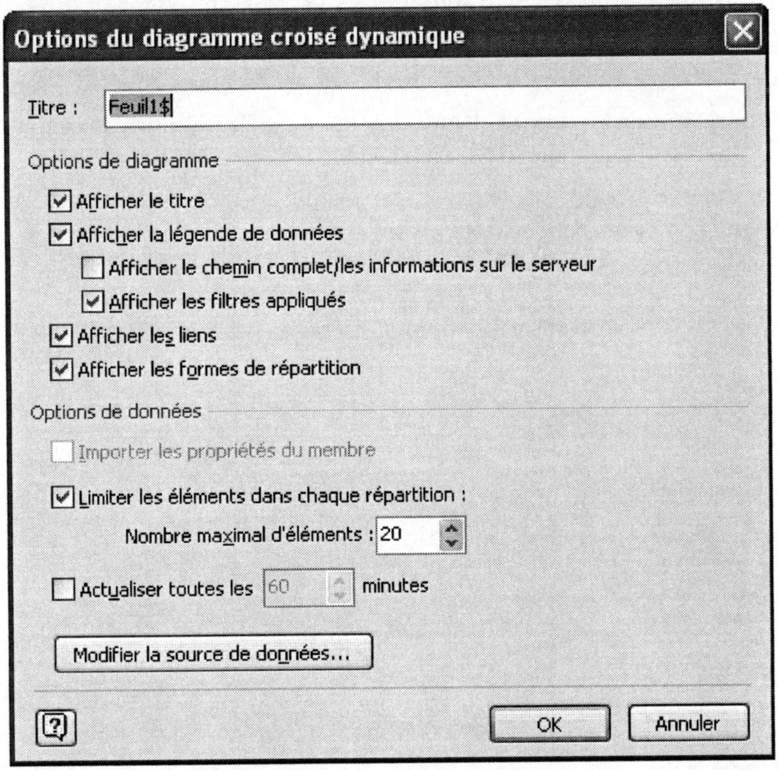

- Dans la boîte de dialogue **Options du diagramme croisé dynamique**, dans la rubrique **Options de données**, activez la case à cocher **Limiter les éléments dans chaque répartition.**
- Dans la zone **Nombre maximal d'éléments**, tapez le nombre maximal de nœuds à afficher.

  Un nouveau nœud avec des points de suspension (...) dans sa barre de titre apparaît pour chaque niveau dans le diagramme croisé dynamique. Ces formes contiennent les nœuds masqués pour chaque niveau.

Limiter le nombre de nœuds affichés dans un seul niveau

- Dans le diagramme, sélectionnez la forme de répartition (forme placée le long du connecteur entre un nœud parent et les enfants de ce nœud) du niveau dont vous souhaitez limiter le nombre de nœuds.

- Dans le menu **Diagramme croisé dynamique**, choisissez **Trier.**
- Dans la boîte de dialogue **Options de répartition**, dans la rubrique **Afficher**, activez la case à cocher **Limiter les éléments dans chaque répartition.**
- Dans la zone **Nombre maximal d'éléments**, tapez le nombre maximal de nœuds à afficher.

  Un nouveau nœud, avec des points de suspension (...) dans sa barre de titre, s'affiche dans votre diagramme croisé dynamique. Cette forme contient les données masquées de ce niveau.

Les révisions

Microsoft Office Visio propose la fonction **Suivi des révisions** pour apporter et visualiser facilement des modifications proposées dans un dessin. Les modifications ou marques de révision se distinguent par des onglets de différentes couleurs pour chaque utilisateur ou relecteur ouvrant le dessin :

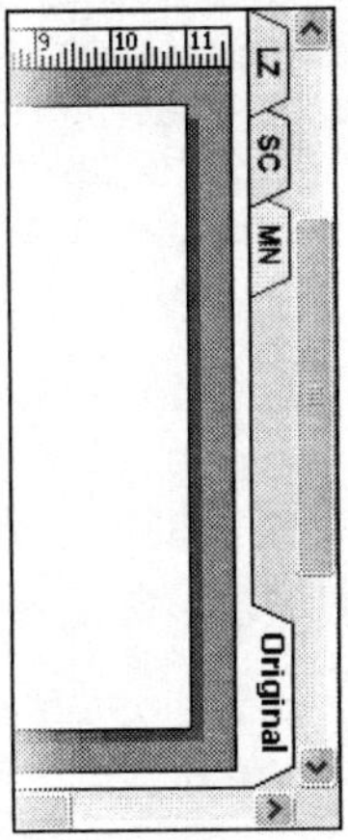

Lorsque le **Suivi des révisions** est activé, les formes, les formes d'encre, les commentaires, ajoutés par chaque utilisateur, sont repérés grâce aux marques de révision superposées sans modifier l'original.
Ainsi chaque utilisateur visualise le dessin original, les modifications apportées par chaque utilisateur ainsi que diverses versions du dessin issues du dessin original telles que présentées sur le schéma ci-dessous :

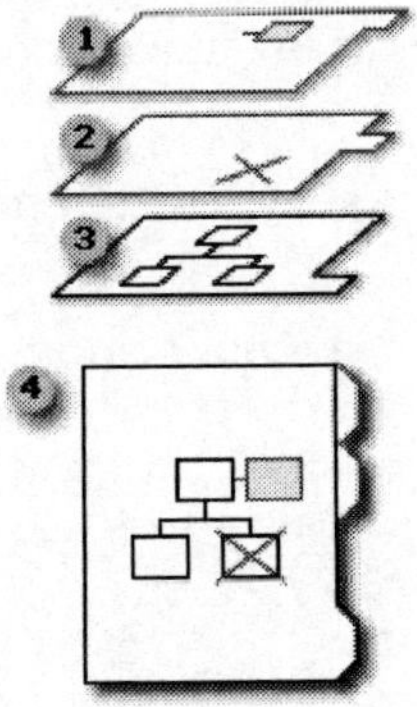

*Un premier utilisateur crée une marque de révision **1** et un second utilisateur crée une marque de révision **2**. Le dessin original **3** n'est pas modifié et la superposition **4** affiche les marques de révision effectuées par deux utilisateurs différents.*

Microsoft Visio 2007 permet le partage d'une copie distincte d'un dessin avec chaque utilisateur (l'original est disponible à un groupe d'utilisateurs) grâce à l'enregistrement du dessin sur un partage réseau, en le publiant sur un site intranet ou en créant un espace de travail de documents. À l'aide d'un partage réseau, d'un site intranet, d'un espace de travail de documents ou d'un autre emplacement central accessible, vous pouvez accéder aux marques de révision de tous les utilisateurs.

Pour l'utilisation des marques de révision, chaque utilisateur doit utiliser Microsoft Office Visio 2007.

Ajouter une marque de révision à un dessin

*Vous pouvez ajouter une marque de révision à un document pour lequel l'option **Suivi des révisions** est activée. Pour activer le suivi des révisions, procédez comme suit :*

- Dans le menu **Outils**, choisissez **Suivi des révisions.**

  *Le volet **Révision** et la barre d'outils **Révision** s'affichent et une superposition de marques de révision est créée.*

- Pour ajouter une forme, faites-la glisser d'un gabarit vers la superposition de marques de révision ou utilisez la barre d'outils **Dessin** pour créer une forme.
- Pour ajouter un commentaire, cliquez sur le bouton **Insérer un commentaire** de la barre d'outils **Révision.**
- Pour ajouter de l'encre, cliquez sur l'**Outil Encre** de la barre d'outils **Révision.**
- Pour terminer, cliquez sur n'importe quel autre outil, comme l'**Outil Pointeur** de la barre d'outils **Standard.**
- Enregistrez le document.

Lorsque vous ajoutez des marques de révision, les formes, l'encre et les commentaires ajoutés sont de la même couleur translucide que la bordure située autour de la page du dessin. Ces modifications n'apparaissent pas tant qu'une forme n'est pas copiée d'une superposition de marques de révision sur une page de dessin.

Dans la barre d'outils **Révision**, activez le bouton **Afficher/masquer les marques de révision** pour visualiser ou cacher les marques de révision.

Modifier le nom ou les initiales utilisés dans les marques de révision

- Dans le menu **Outils**, cliquez sur **Options**, activez l'onglet **Général**.
- Sous **Informations relatives à l'utilisateur**, saisissez dans les zones correspondantes le nom et les initiales à utiliser dans vos marques de révision. Confirmez par **OK**.

Si vous avez déjà ajouté des marques de révision à un dessin avant de modifier votre nom ou vos initiales, à la prochaine ouverture du dessin pour ajout d'une marque de révision, une nouvelle superposition de marques de révision est créée et une nouvelle couleur vous est attribuée.

Supprimer des marques de révision

- Affichez le volet **Révision** en cliquant sur l'outil **Volet Révision** de la barre d'outils **Révision**.
- Si le texte dans la partie supérieure du volet **Révision** indique **Relecteur actuel**, arrêtez le suivi des révisions en cliquant sur le bouton Suivi des révisions situé au bas du volet.
- Sous **Afficher les superpositions de marques de révision**, vérifiez que la case à cocher correspondant au nom de chaque relecteur dont vous souhaitez supprimer les marques de révision est désactivée.

Si vous ne voyez le nom d'aucun relecteur, activez la commande **Marque de révision** dans le menu **Affichage**.

- Pour supprimer certaines marques de révision, dans la liste des marques de révision, sélectionnez celle que vous souhaitez supprimer en cliquant dessus.

*Les outils **Marque de révision précédente** et **Marque de révision suivante** permettent de faire défiler toutes les marques de révision.*

- Cliquez sur **Supprimer la marque de révision** ou tapez [Suppr].
- Pour supprimer toutes les marques de révision du document, dans la barre d'outils **Révision**, ouvrez la liste associée au bouton **Supprimer la marque de révision** et choisissez **Supprimer les superpositions de marques de révision du document.**
- Pour supprimer toutes les marques de révision de la page active, dans la barre d'outils **Révision**, ouvrez la liste associée au bouton **Supprimer la marque de révision**, choisissez **Supprimer les superpositions de marques de révision de la page active** puis choisissez **Toutes les marques de la page active.**

  Vous pouvez aussi choisir le nom du relecteur pour supprimer les marques qui lui sont propres.

Pour supprimer vos propres marques de révision pendant que vous relisez le document et que l'option **Suivi des révisions** est activée, sélectionnez la marque de révision à supprimer dans la liste du volet **Révision** puis appuyez sur [Suppr].

Importer une image

Visio permet l'importation de très nombreux formats d'image (bitmap et vectoriel).

- **Insertion**
  Image
  A partir du fichier
- Dans la liste déroulante **Type**, choisissez si nécessaire, le format de l'image à importer.

  Ceci limitera l'affichage au type de format choisi. Par défaut, tous les types de format sont affichés.

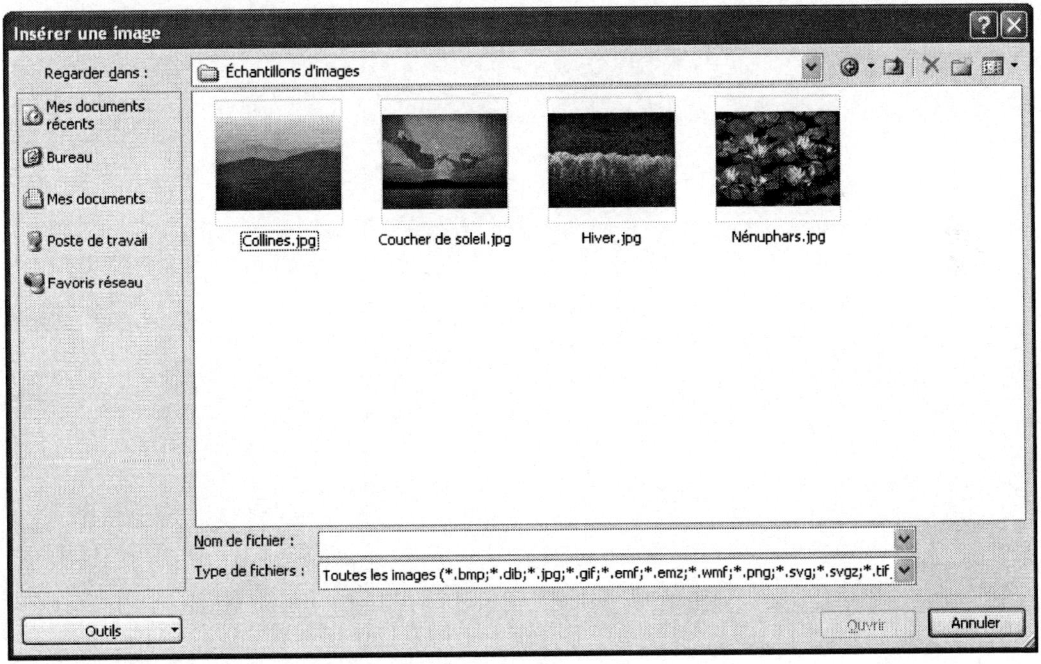

- Effectuez le choix du dossier contenant l'image.
- Sélectionnez l'image apparaissant dans la liste.
- Cliquez sur le bouton **Ouvrir**.

  L'image apparaît sur la page de dessin. Vous pouvez la redimensionner et la redisposer.

Le traditionnel copier-coller permet également de copier une image partielle ou entière depuis une application quelconque vers Visio 2007.

Importer une image Clip Art

Visio permet l'importation de nombreuses images Clip Art. Ces images peuvent être classées par catégories. Il est possible de créer ses propres catégories et d'y ajouter des images.

Insertion
Image
Images clipart

- Dans la partie inférieure de la fenêtre **Images clipart**, sélectionnez **Organiser les clips** pour autoriser Visio 2007 à classer les collections d'images et clips présents sur votre poste de travail.

  Lorsque Visio 2007 a terminé son classement, la fenêtre suivante est affichée :

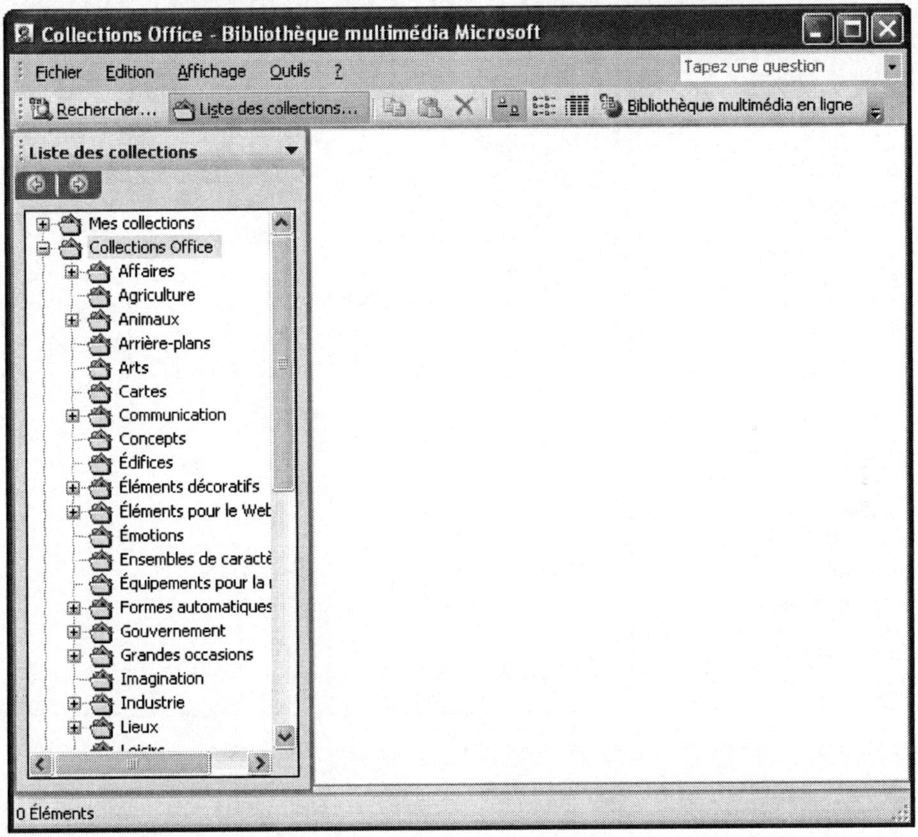

- Dans la liste des collections, déroulez **Collections Office** pour afficher les diverses catégories.
- Choisissez une catégorie pour accéder aux images (**Affaires** dans l'exemple ci-après).

- Sélectionnez l'image voulue, et glissez celle-ci vers le dessin.

Constatez la disponibilité des menus contextuels propres aux cliparts. Un clic droit sur un clipart permet d'insérer, de copier, de supprimer un clipart ou encore d'accéder à ses propriétés...

Importer un dessin CAO

L'importation de dessins CAO (Conception ou Dessin Assisté par Ordinateur) est très intéressant pour la récupération de plans techniques. Ces dessins ont la particularité de bénéficier d'une grande précision. Un des formats standards internationaux est le DWG d'AutoCAD.

- **Insertion**
  Dessin CAO
- Dans la liste **Type**, choisissez le format DWG (AutoCAD) ou DXF (standard d'échange).

  Les formats DWG 2000, 2001 ou 2002 sont pris en charge.

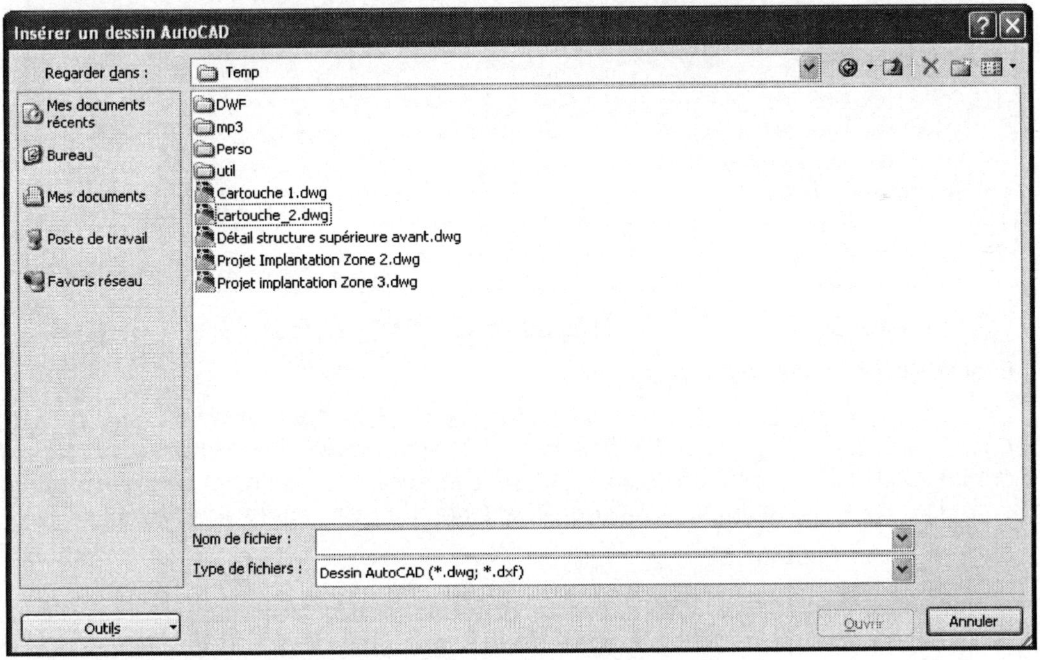

- Effectuez le choix du dossier contenant le dessin CAO.
- Sélectionnez le fichier dessin apparaissant dans la liste.

  *Une prévisualisation est possible si la case à cocher **Aperçu du fichier** est activée. La zone **Description** fournit des indications de taille, de date de modification...*

- Cliquez sur le bouton **Ouvrir**.

La boîte de dialogue suivante apparaît :

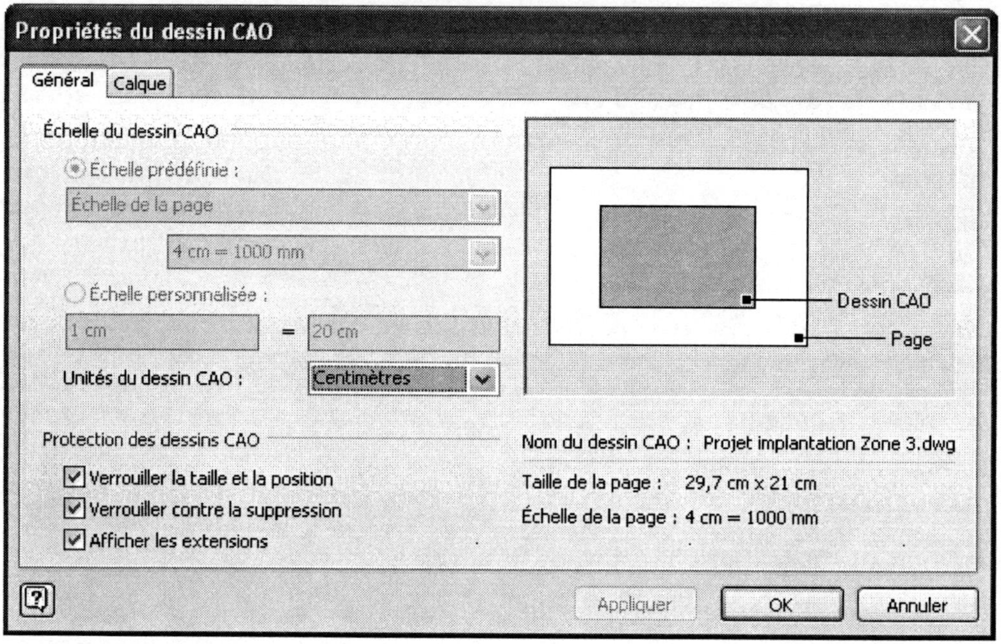

- Dans la boîte de dialogue **Propriétés du dessin CAO**, activez l'onglet **Général**.
- Réglez l'échelle du dessin à insérer.

Un aperçu indique clairement la répartition du dessin CAO et de la page. L'onglet ***Calque*** *permet d'agir sur l'affichage ou le masquage de certaines parties du dessin CAO ; en effet les dessins CAO se composent de calques (permettant une organisation structurée du dessin) qu'il est possible de rendre invisibles.*

- Cliquez sur le bouton **OK**.

Une fois le dessin CAO inséré sur la page de dessin Visio, un double clic sur celui-ci permet de réafficher la boîte de dialogue **Propriétés du dessin CAO**.

Ouvrir un dessin externe bitmap ou vectoriel

Visio permet l'ouverture de très nombreux formats de fichiers de type bitmap et vectoriel.

- **Fichier**
  Ouvrir
- Dans la liste **Type**, choisissez le format bitmap parmi les standards BMP, TIF, GIF, JPEG... ou le format vectoriel parmi les standards DWG, WMF, DXF...

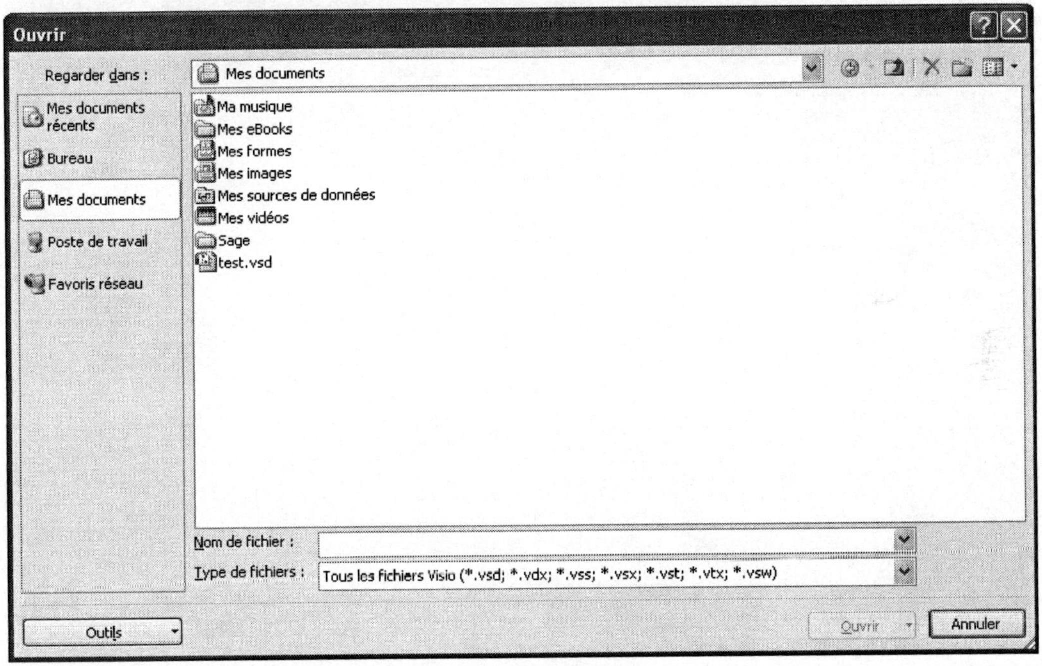

- Effectuez le choix du dossier contenant le fichier.
- Sélectionnez un fichier apparaissant dans la liste.

  *Une prévisualisation est possible si la case à cocher **Aperçu du fichier** est activée. La zone **Description** fournit des indications de taille, de date de modification...*
- Cliquez sur le bouton **Ouvrir**.

  L'image ou le dessin apparaît sur la page de dessin Visio. Dans certains cas (notamment pour certains formats vectoriels), Visio vous propose des étapes intermédiaires pour adapter l'échelle du dessin à celle de la page Visio.

Exporter un dessin au format bitmap ou vectoriel

Visio permet l'exportation vers de nombreux formats de fichiers de type bitmap et vectoriel.

- **Fichier**
  Enregistrer sous
- Dans la liste **Type**, choisissez le format bitmap parmi les standards BMP, TIF, GIF, JPEG... ou le format vectoriel parmi les standards DWG, DXF...

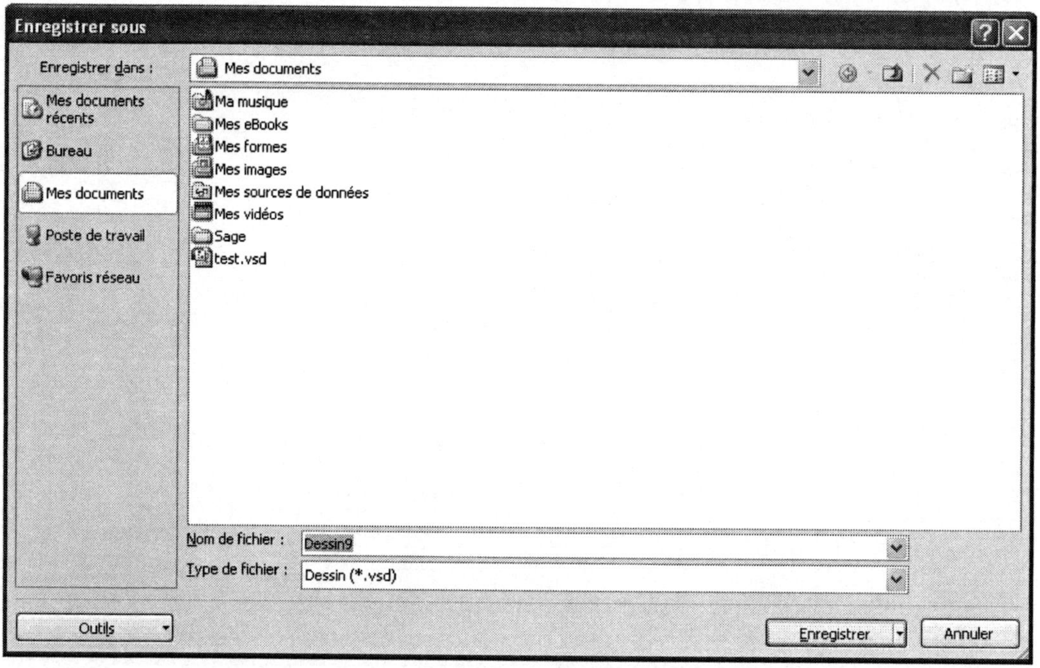

- Effectuez le choix du dossier devant contenir le fichier.
- Saisissez un **Nom de fichier**.
- Cliquez sur le bouton **Enregistrer**.

Incorporer un nouveau dessin Visio dans une application Microsoft Office

Selon l'application Microsoft choisie (Word, Excel, Access, PowerPoint...), la progression ci-dessous peut différer légèrement.

- Dans l'application Microsoft Office, utilisez la commande :

  Insertion
  Objet

- Activez l'onglet **Nouvel objet.**

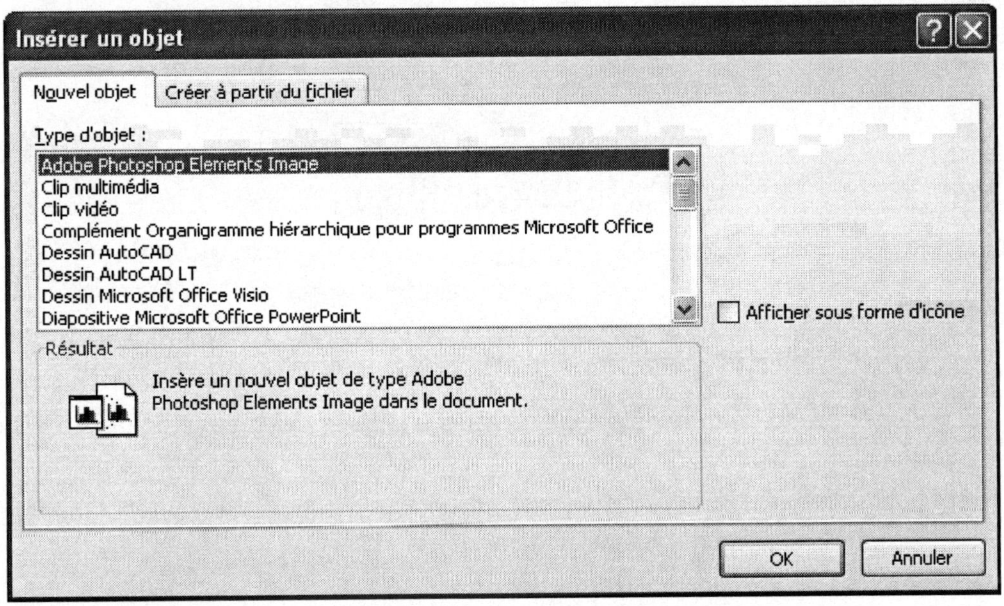

- Dans la liste **Type d'objet**, choisissez **Dessin Microsoft Office Visio.**
- Cliquez sur **OK.**

  L'application Visio est lancée.

- Choisissez une catégorie, un modèle et confirmez par **OK.**

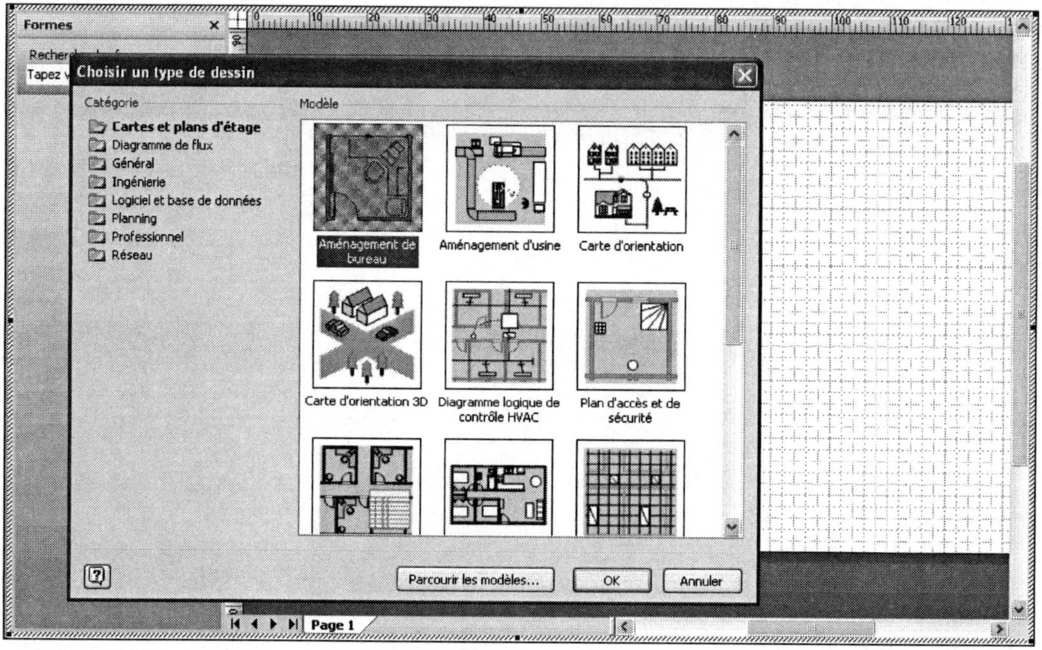

Une fenêtre Visio est alors affichée. Vous pouvez la redimensionner, si nécessaire.
Les gabarits propres au modèle sont affichés à gauche de la page de dessin Visio.

- Choisissez le gabarit.
- Depuis les gabarits de formes, glissez les formes souhaitées et éditez celles-ci pour obtenir le diagramme ou dessin voulu.
- Cliquez dans l'application source.

Le dessin Visio réalisé est affiché dans le document de l'application source. Il est redimensionnable et vous pouvez le déplacer dans le document.

Incorporer un dessin Visio existant dans une application Microsoft Office

Selon l'application Microsoft choisie (Word, Excel, Access, PowerPoint...), la progression ci-dessous peut différer légèrement.

- Dans l'application Microsoft Office, utilisez la commande :

  Insertion
  Objet

- Activez le bouton radio **Créer à partir d'un fichier**.

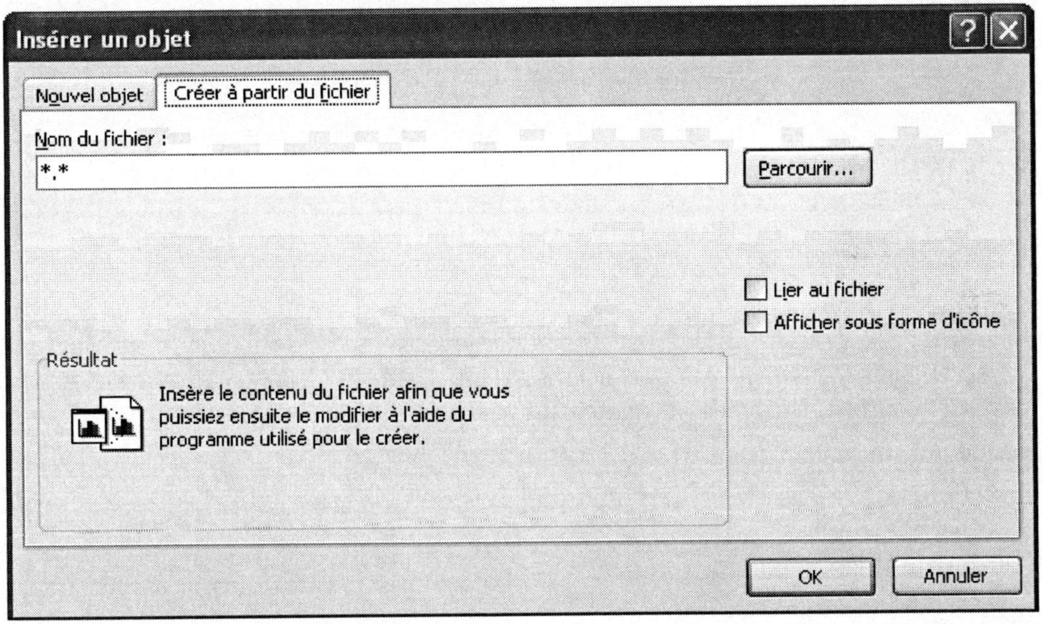

- Cliquez sur le bouton **Parcourir**.

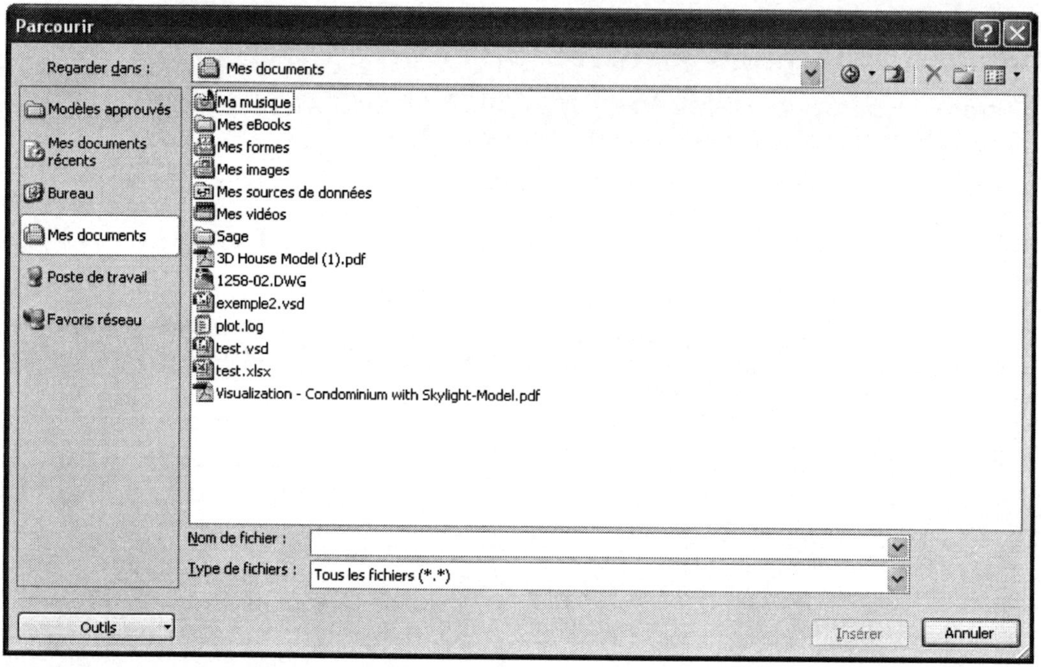

- Dans la boîte de dialogue **Parcourir**, accédez au dossier contenant le fichier Visio. Par défaut, tous les types de fichiers sont affichés.
- Dans la liste, sélectionnez le fichier à incorporer.
- Cliquez sur le bouton **Insérer**.

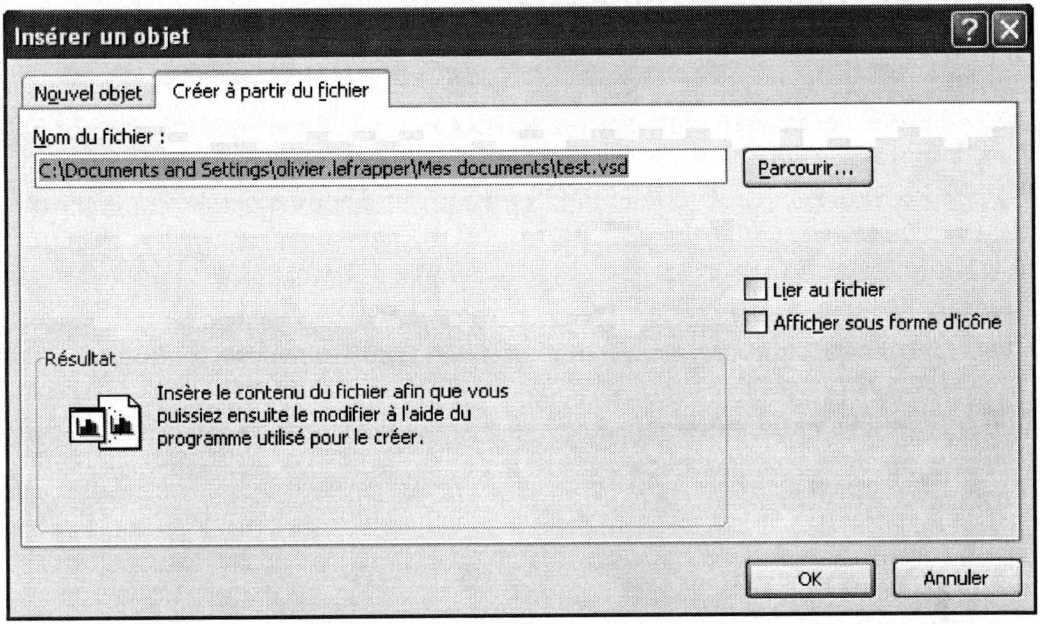

- Dans la boîte de dialogue **Insérer un objet**, activez l'option **Lier au fichier** si vous désirez conserver une liaison avec le dessin Visio original.

  Ainsi, si le dessin Visio original a été modifié, la prochaine ouverture du document Office comportera les dernières modifications.

- Activez l'option **Afficher sous forme d'icône** pour réduire l'affichage du dessin Visio dans le document à une simple icône.

- Cliquez sur **OK**.

  Le dessin Visio est affiché dans le document Office.

Dans l'application Office, un double clic sur le dessin permet sa modification dans l'application Visio.

Insérer un objet externe dans Visio

- **Insertion**
  Objet
- Pour insérer un nouvel objet, activez le bouton-radio **Créer**, sélectionnez le **Type de l'objet** puis cliquez sur **OK**.

  Un nouvel objet apparaît à l'écran : les menus et barres d'outils de l'application ont remplacés ceux de Visio.

  Créez l'objet à l'aide des menus et outils disponibles. Pour retrouver l'environnement de travail de Visio, cliquez en dehors de l'objet.

  Vous retrouvez alors les menus et outils de Visio ; un double clic sur l'objet permet de le modifier.
- Pour insérer un objet existant, activez le bouton-radio **À partir d'un fichier**.

  Cliquez sur le bouton **Parcourir** pour sélectionner le fichier correspondant.

  Activez l'option **Lier au fichier** pour établir une liaison entre ce fichier et le fichier Visio.

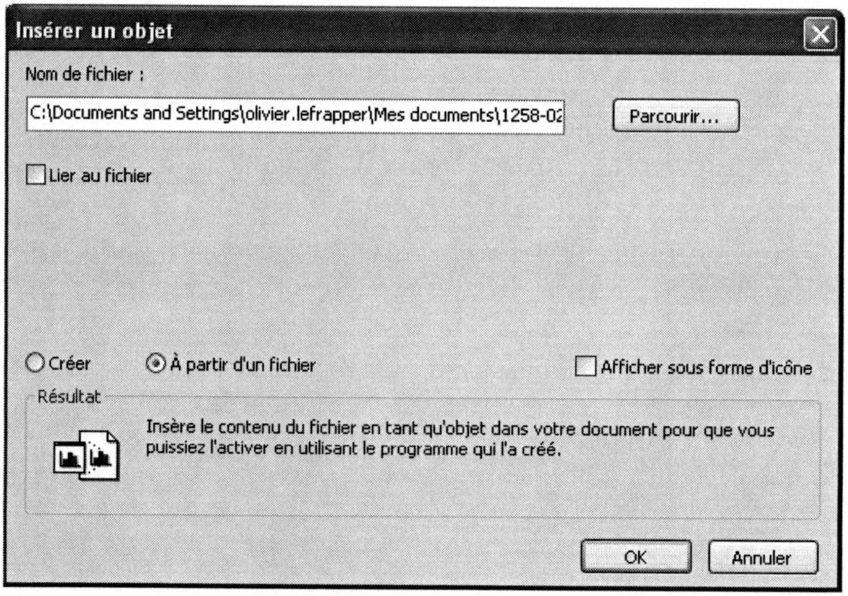

- Cliquez sur **OK**.

  Le document apparaît à l'écran.

- Pour modifier l'objet, modifiez le document d'origine (par défaut, la mise à jour de l'objet dans Visio se fera automatiquement) ou faites un double clic sur l'objet.

  Le document d'origine apparaît dans la fenêtre de l'application serveur.

  Effectuez les modifications, enregistrez le fichier puis refermez la fenêtre.

  La mise à jour se fait automatiquement dans le fichier Visio.

La commande **Edition - Liaisons** permet de gérer la liaison entre l'objet externe et le fichier Visio (vous pouvez, entre autres, rendre la mise à jour manuelle).

Envoyer un dessin Visio par messagerie électronique

- **Fichier**
  Envoyer vers
  Destinataire du message (en tant que pièce jointe)

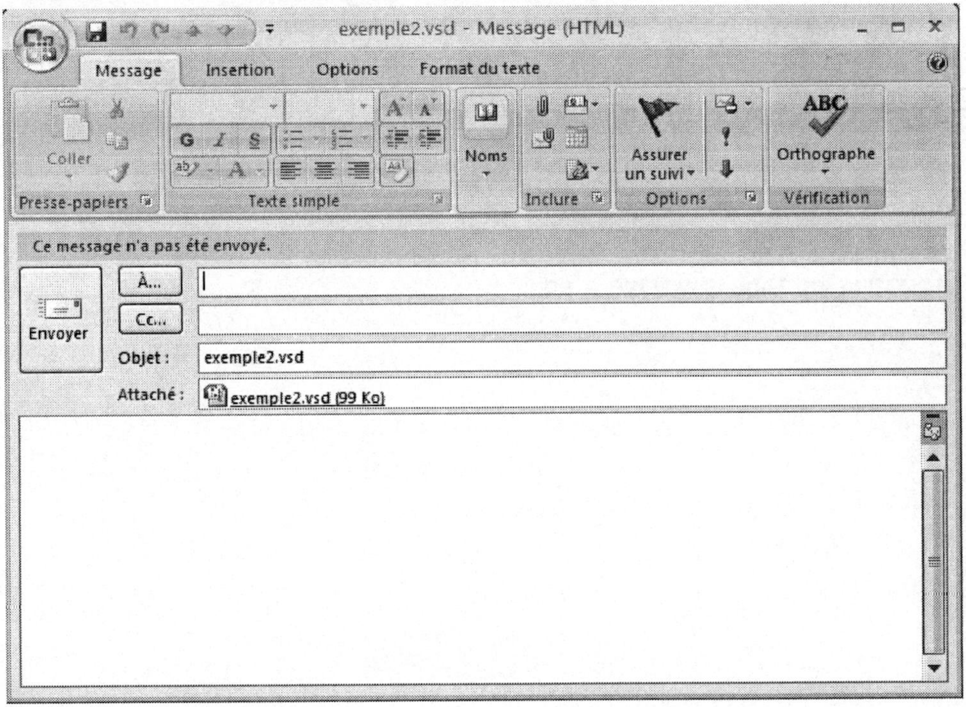

Une fenêtre, qui peut varier selon le type de messagerie configurée, est affichée. Le fichier Visio est automatiquement associé et l'objet du message intègre par défaut le nom du fichier Visio.

- Dans la zone de texte **À :**, précisez le ou les destinataires (adresse électronique ou E-mail). Cliquez sur le carnet d'adresses pour choisir une adresse électronique enregistrée.
- Dans la zone de texte **Cc :**, précisez le ou les destinataires en copie. Cliquez sur le carnet d'adresses pour choisir une adresse électronique enregistrée.
- Dans la zone de texte **Cci :**, précisez le ou les destinataires en copie invisible. Cliquez sur le carnet d'adresses pour choisir une adresse électronique enregistrée.

  Selon la configuration de votre messagerie, cette zone peut être indisponible.
- Cliquez sur le bouton **Envoyer**.

Exporter un diagramme en tant que page Web

Les dessins Visio peuvent être enregistrés au format HTML de façon à ce qu'ils soient visualisés par un navigateur Web. Ainsi, lorsqu'un diagramme Visio est enregistré sous forme de page Web HTML, les différentes personnes d'une même entreprise partageant un intranet peuvent accéder à cette page, ainsi que n'importe quelle personne utilisant Internet.

- Ouvrez le diagramme à partir duquel vous souhaitez créer une page Web.
- **Fichier**
  Enregistrer en tant que page Web

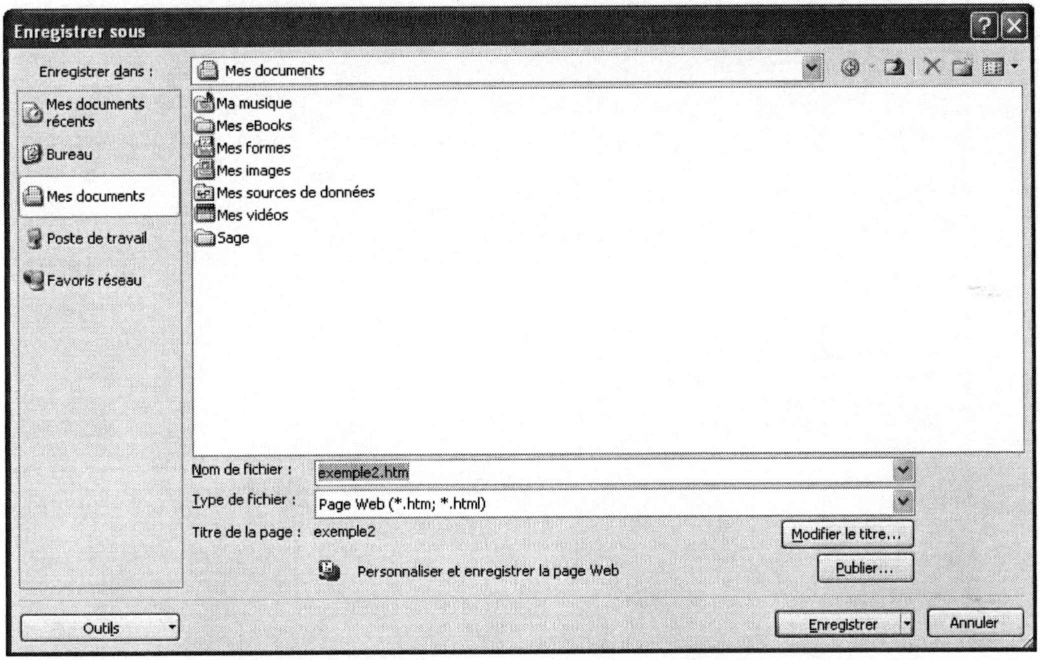

- Dans la liste **Type de fichier**, choisissez le format **Page Web (*.htm; *.html)**.
- Choisissez le dossier devant contenir le fichier HTML.
- Saisissez un nom de fichier dans la zone de texte **Nom de fichier**.
- Cliquez sur le bouton **Modifier le titre** pour affecter un nom à la page Web.

  Ce titre apparaîtra dans la barre de titre du navigateur Web. Par défaut, le nom du titre est identique au nom de la page Web.

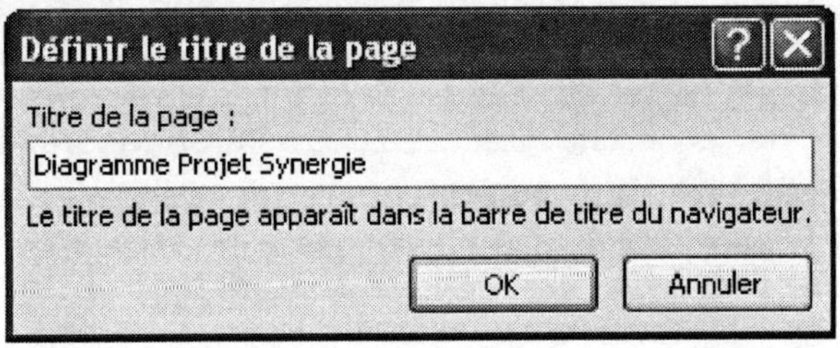

- Cliquez sur **OK**.
- Cliquez sur le bouton **Publier** pour personnaliser la page Web.

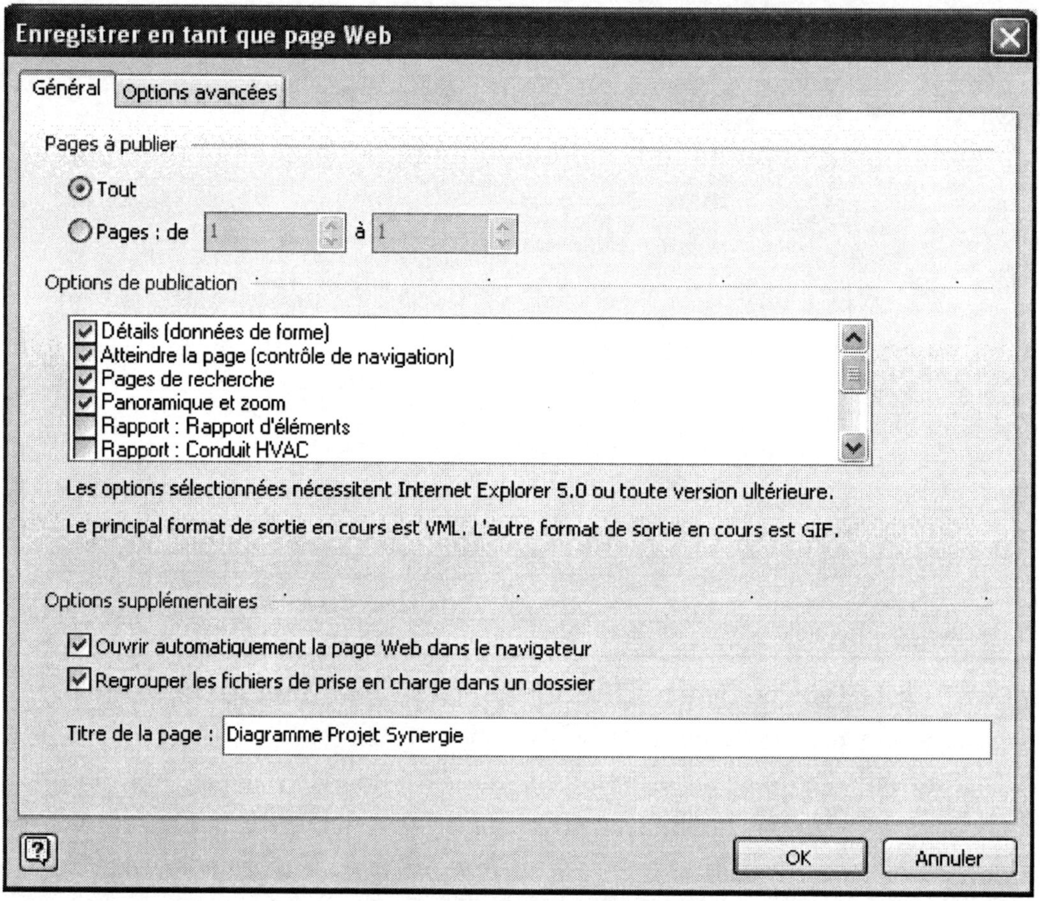

- Dans l'onglet **Général**, choisissez les **Pages à publier** ou le **Document Visio complet**. Dans la zone **Options de publication**, choisissez les caractéristiques à inclure dans la page Web telles que les propriétés de forme, le contrôle de navigation et de pages de recherche, l'accès aux zoom et panoramique...

  La case à cocher **Ouvrir automatiquement la page Web dans le navigateur** permet de lancer le navigateur et d'afficher la page Web après validation de cette boîte de dialogue.

Dans l'onglet **Options avancées**, indiquez le type de sortie moniteur (résolution graphique ou nombre de pixels), ainsi qu'une page hôte (page Web existante) de référence. La valeur par défaut est **Aucun**, mais vous pouvez choisir un thème simple ou personnalisé en choisissant, grâce au bouton **associé** [...], le fichier HTML de votre choix.

- Confirmez par **OK**.
- Cliquez sur **Enregistrer**.

Votre navigateur est lancé et la page Web générée apparaît :

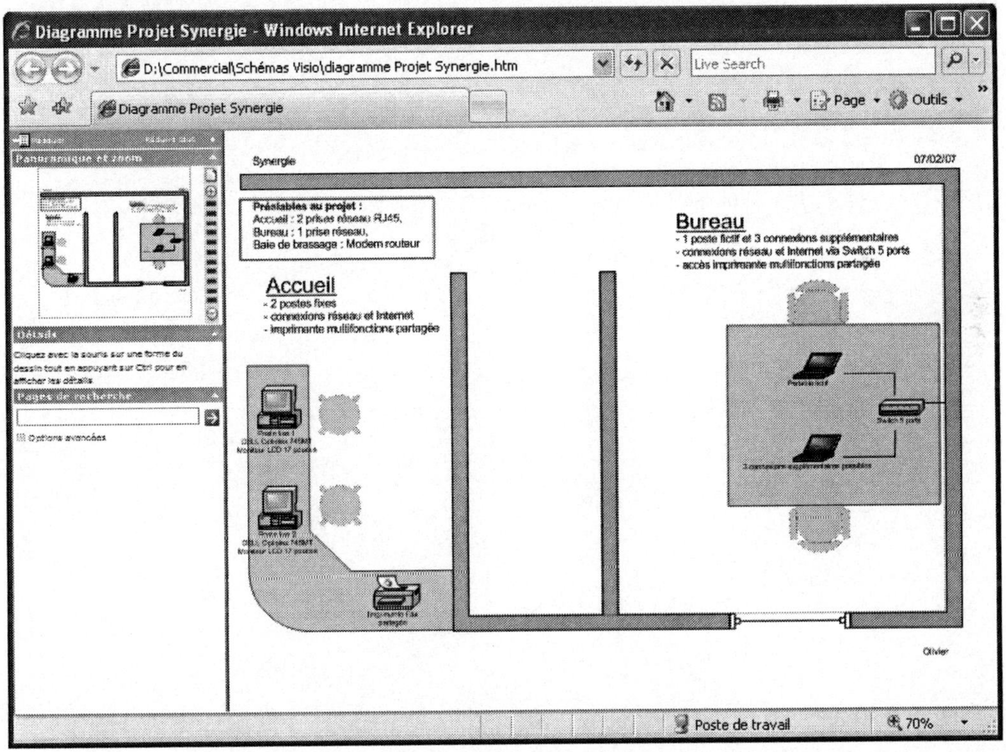

Remarquez le nom de la page Web dans la barre de titre, le contenu sur la partie droite dont vous pouvez modifier l'affichage avec la liste ***Ajuster à la fenêtre****. Notez que la partie gauche donne accès aux caractéristiques choisies lors de la génération de la page Web (options de publication) tels que les outils zoom et panoramique ainsi que les détails sur les formes du dessin Visio.*

- Quittez le navigateur pour revenir dans l'application Visio.

  Le fichier HTML généré est directement lu par le navigateur Web de votre choix. À tout moment, l'Explorateur Windows permet d'y accéder à l'aide d'un double clic (lancement automatique du navigateur), ou encore par le biais d'une ouverture classique depuis le navigateur.

Généralités

Dans certains cas, il peut être nécessaire de préparer l'impression en définissant les marges, la zone à imprimer, l'échelle...

Visio gère l'impression des diagrammes de petites et grandes dimensions ; ces derniers sont répartis sur plusieurs pages si nécessaire. L'aperçu avant impression permet de vérifier la disposition et la répartition des différentes pages.
À l'inverse, les diagrammes ou dessins de petites dimensions peuvent être positionnés précisément, centrés ou encore réduits ou agrandis sur une ou plusieurs pages.

Pour chaque impression de diagramme, vous réglez :

- le papier : une taille de papier d'impression, une orientation, une échelle d'impression.
- la page de dessin : une taille de page adaptée au papier, standard ou personnalisée.
- l'échelle du dessin : une échelle prédéfinie selon les standards métriques, architecturaux ou une échelle personnalisée.

Définir les paramètres de l'impression

Configurer l'impression

- **Fichier**
  Mise en page
- Activez, si besoin, l'onglet **Configuration**.
- Dans la zone **Papier de l'imprimante**, sélectionnez la taille de papier idéale dans la liste déroulante.
- Dans cette même zone, choisissez l'orientation **Portrait** ou **Paysage**.
- Dans la zone **Zoom d'impression**, ouvrez la liste **Imprimer à** pour fixer un pourcentage d'agrandissement ou de réduction (la valeur par défaut est 100%).
  ou
  activez le bouton radio **Ajuster sur** pour adapter l'impression à une ou plusieurs pages en largeur et en hauteur (jusqu'à 50 pages).

  La zone de droite affiche un aperçu de la page de dessin sur le papier de l'imprimante.

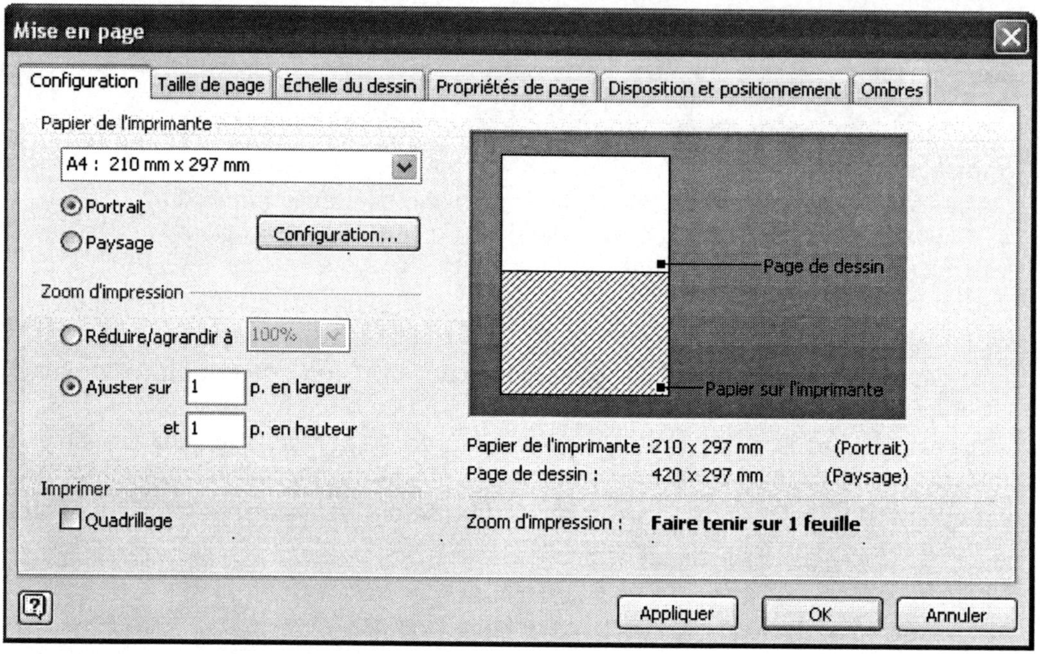

- Cliquez sur le bouton **OK**.

Remarquez le bouton **Configuration** qui permet l'accès aux propriétés de l'imprimante (taille de papier, orientation, marges, centrage vertical et horizontal du dessin, ajustement de la zone d'impression).

Configurer la page de dessin

- **Fichier**
  Mise en page
- Activez l'onglet **Taille de la page**.
- Dans la zone **Taille de la page**, choisissez la taille de page souhaitée.

  Celle-ci peut être fidèle au format prédéfini de l'imprimante, choisie dans une liste de formats prédéfinis (aux normes ISO, ANSI...), personnalisée, ou encore adaptée au dessin réalisé.
- Dans la zone **Orientation de la page**, choisissez l'orientation adéquate : **Portrait** ou **Paysage** (disponible selon la taille de page choisie).

Notez l'importance de l'aperçu, principalement lorsque les tailles de papier et pages de dessin sont différentes.

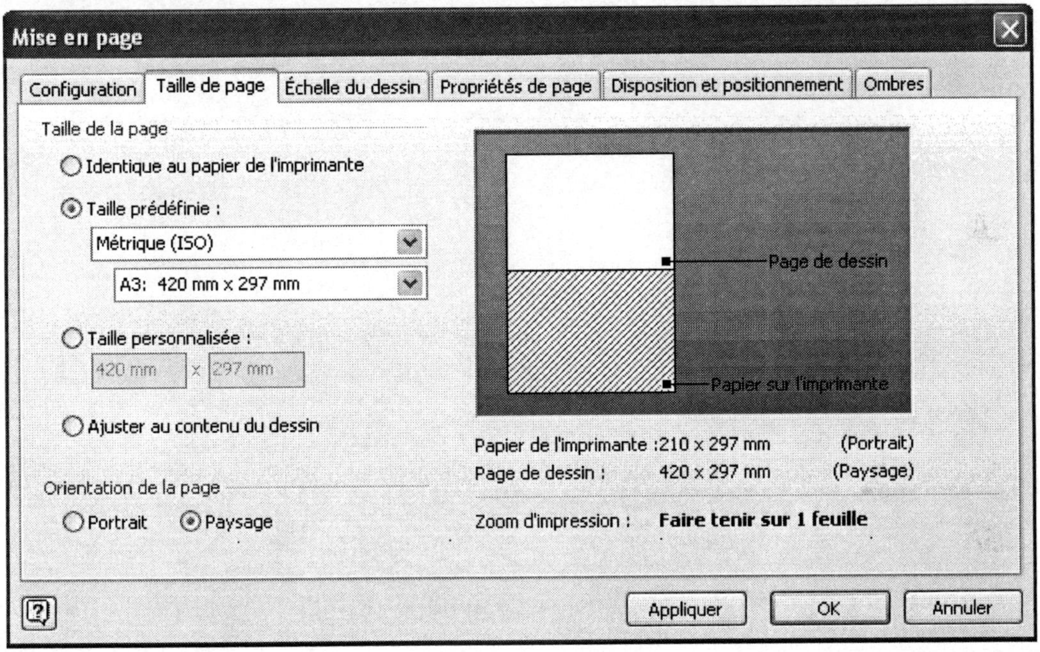

Cliquez sur le bouton **OK**.

Ces paramètres sont seulement valables pour la page courante, et pas pour le fichier.

Le format personnalisé peut être également défini en effectuant un Ctrl clic sur le bord de la page de dessin ; cette technique permet de réduire ou d'augmenter rapidement les dimensions de la page sans modifier l'échelle du dessin.

Définir l'échelle du dessin

Fichier
Mise en page

Activez l'onglet **Échelle du dessin**.

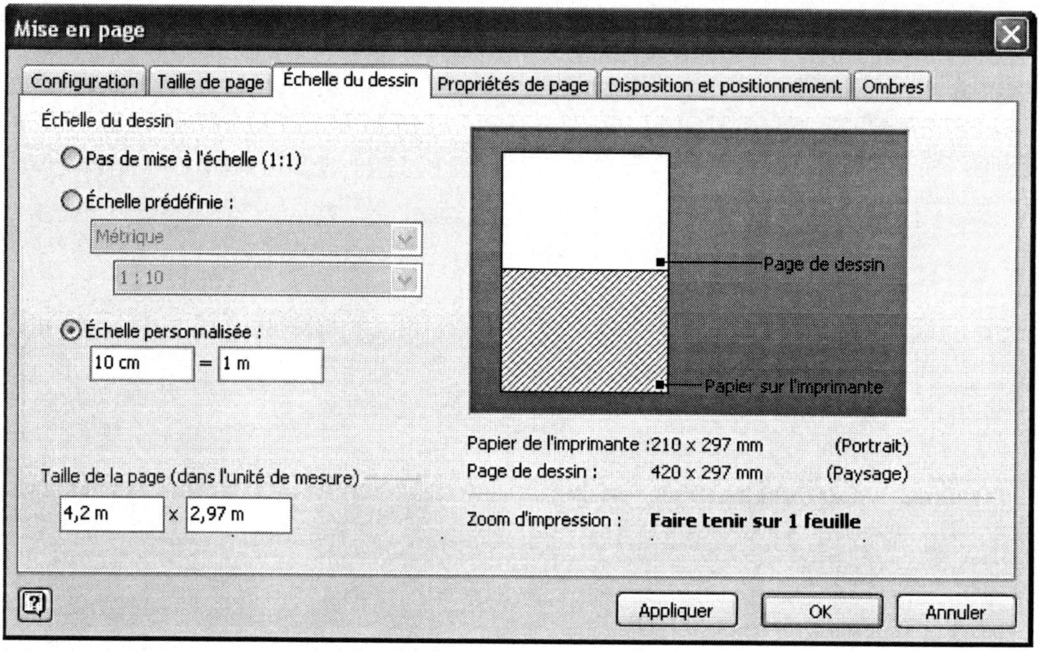

- Dans la zone correspondante, définissez l'**Échelle du dessin**. Elle peut être égale à 1 (pas de mise à l'échelle), prédéfinie selon les standards métriques, architecturaux... ou encore personnalisée (ex. 1/4).

  L'échelle personnalisée tient compte des unités précisées.

- Cliquez sur le bouton **OK**.

Afficher un aperçu avant impression

Il est souvent très important d'obtenir une prévisualisation du diagramme avant de l'imprimer. L'aperçu avant impression est réaliste et tient compte de tous les réglages effectués précédemment dans la configuration de l'impression.

- **Fichier**
  Aperçu avant impression 

  Vous pouvez alors vérifier la mise en page.

- Pour les diagrammes occupant plus d'une page, utilisez les boutons de la barre d'outils **Aperçu avant Impression.**

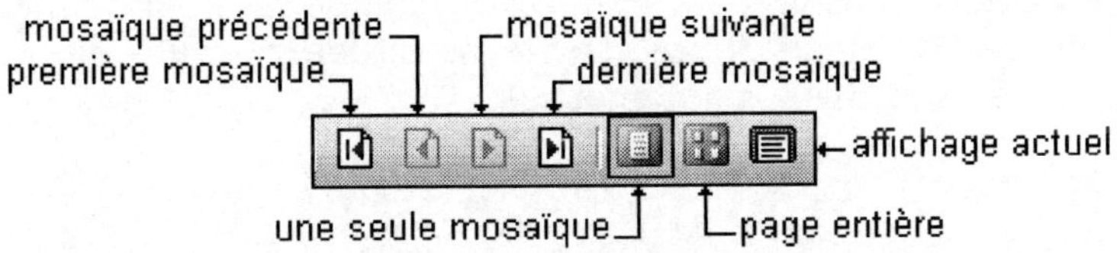

La notion de mosaïque est propre à l'affichage des diagrammes de plus d'une page. Visio 2007 permet la répartition des différentes pages du diagramme sur plusieurs feuilles. Et dans l'aperçu avant impression, les boutons de mosaïque permettent de présenter les pages du diagramme isolées ou les unes à côté des autres.

- Sélectionnez les boutons **Zoom avant** et **Zoom arrière** pour une meilleure prévisualisation.
- Cliquez sur le bouton **Fermer** pour revenir à l'affichage normal.

Définir les en-tête et pied de page

Les en-tête et pied de page prennent place dans les marges et sont affichés sur toutes les pages. Bien que vous puissiez créer vos propres en-tête et pied de page, Visio 2007 propose l'insertion de champs automatiques comme le nom du fichier, le numéro de la page, le nombre total de pages, la date, l'heure...

- **Affichage**
  En-tête et pied de page

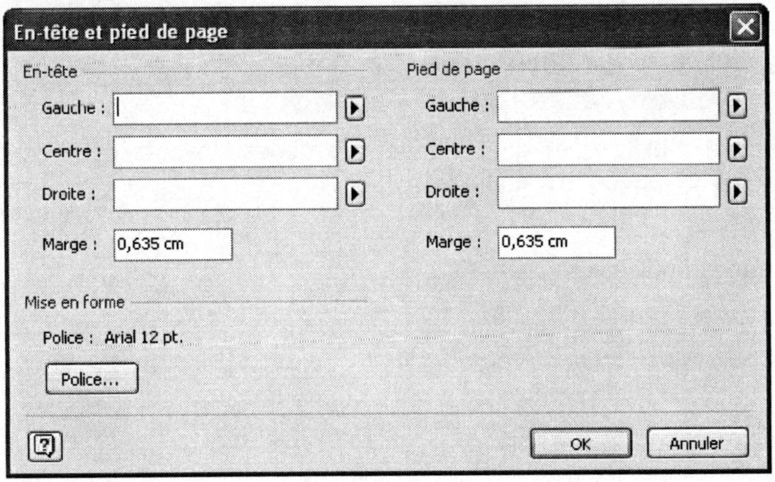

- Dans la zone **En-tête**, saisissez les en-têtes personnalisées (jusqu'à 128 caractères) de gauche, du centre et de droite. La flèche située à droite de chaque zone de saisie donne accès aux champs automatisés.

- Dans la zone de texte **Marge**, indiquez la valeur séparant le haut du texte du bord de la page.
- Dans la zone **Pied de page**, saisissez les pieds de page personnalisés (jusqu'à 128 caractères) de gauche, du centre et de droite. La flèche située à droite de chaque zone de saisie donne accès aux champs automatisés.

  Dans la zone de texte **Marge**, indiquez la valeur séparant le bas du texte du bord de la page.
- Dans la zone **Mise en Forme**, cliquez sur le bouton **Police** pour définir les polices, styles, tailles, effets et couleurs de texte affectés aux en-têtes et pieds de page.

Utiliser les codes de formatage pour créer des en-têtes/pieds de page

- Il est possible d'utiliser et de combiner les codes suivants pour générer des en-têtes et pieds de page personnalisés :

Numéro de page	&p
Total de pages imprimées	&P
Nom de la page	&n
Heure actuelle	&t ou &T

Date actuelle	&d (forme abrégée) et &D (forme complète)
Nom et extension de fichier	&f&e
Nom de fichier	&f
Extension de fichier	&e
Esperluette (caractère &)	&&

Par exemple, si vous souhaitez un résultat de type **Page 1/20**, saisissez **Page &p/&P** ; si vous voulez un résultat de type **Le 29 janvier 2001**, saisissez **Le &d**.

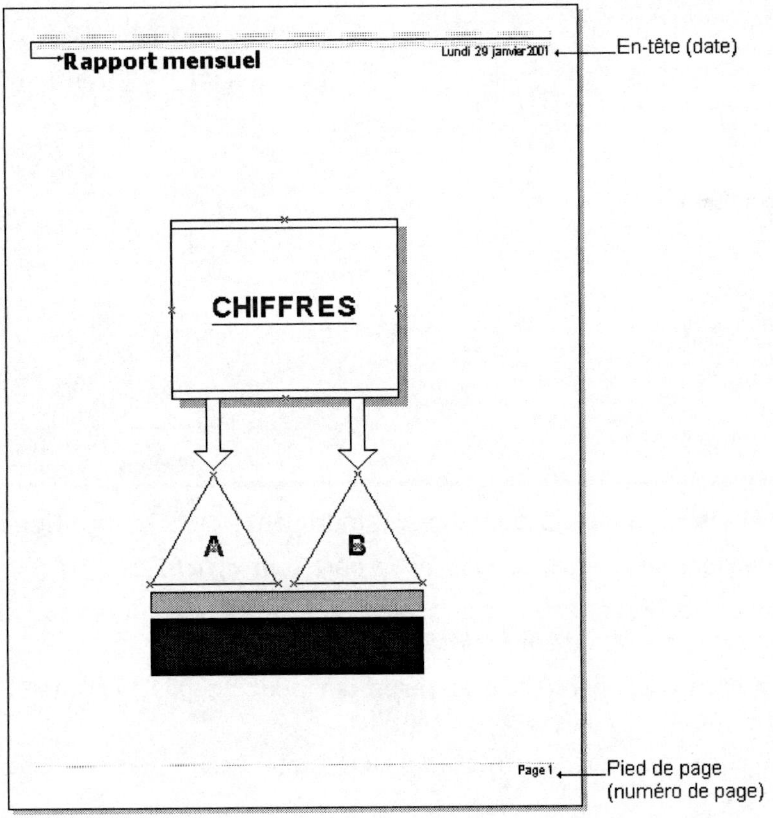

Imprimer un dessin

- **Fichier**
  Imprimer

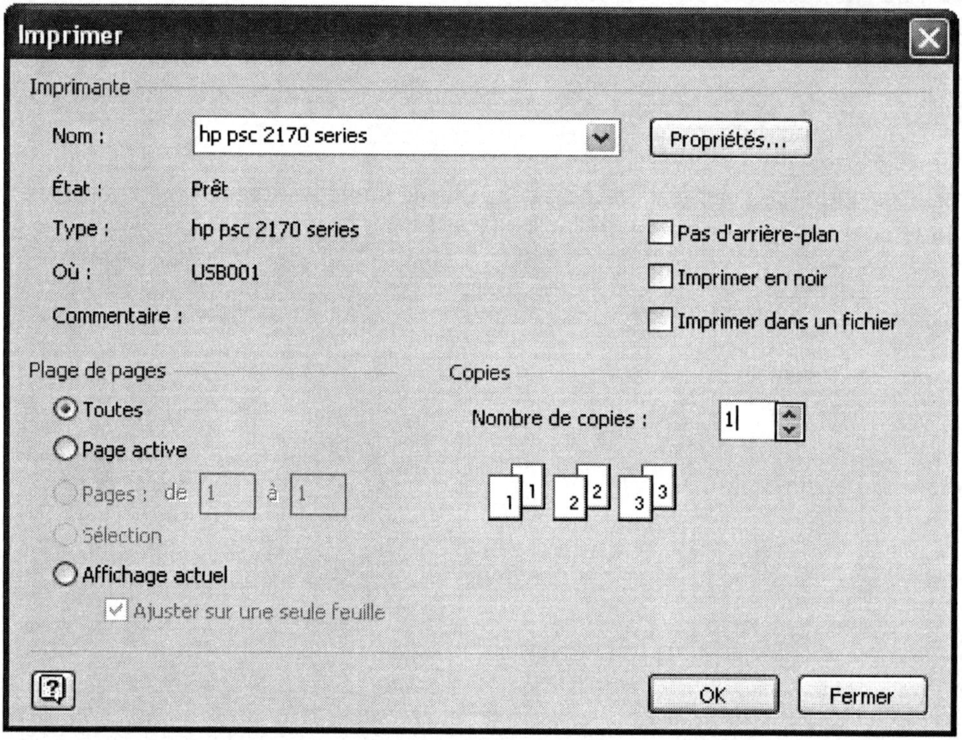

- Dans la zone **Imprimante**, sélectionnez l'imprimante dans la liste **Nom**.

  Les informations sur l'état, le type et le port sont affichées.

  *Le bouton **Propriétés** donne accès aux propriétés spécifiques de l'imprimante (identique au panneau de configuration de Windows).*

- Activez la case à cocher **Pas d'arrière-plan** pour ne pas imprimer l'arrière-plan qui est présent sur vos pages de dessin Visio.
- Activez la case à cocher **Imprimer en noir** pour imposer une impression monochrome.

- Activez la case à cocher **Imprimer dans un ficher** pour diriger l'impression vers un fichier (nom et extension à fixer) qui pourra être imprimé ultérieurement à partir de n'importe quel ordinateur connecté à une imprimante.
- Dans la zone **Plage de pages**, choisissez une option pour les pages à imprimer :

Tout	pour imprimer l'ensemble des pages du diagramme.
Page en cours	pour imprimer la page à l'écran.
Pages	pour imprimer les pages indiquées dans les zones **de** et **à**.
Sélection	pour imprimer les formes sélectionnées.

*Si vous avez choisi **Page en cours** et si une page de premier plan est affichée, celle-ci est imprimée avec son arrière-plan et les calques d'arrière-plan suivants. Si un arrière-plan est affiché, celui-ci est imprimé avec les pages d'arrière-plan suivantes. Si vous imprimez à partir de la fenêtre **Aperçu avant impression** alors que la page de dessin est présentée sous forme de mosaïque (sur plusieurs pages imprimées), la mosaïque affichée est imprimée.*

- Dans la zone **Copies**, fixez le nombre de copies à imprimer.
- Cliquez sur le bouton **OK**.

Généralités

Visio met à votre disposition de nombreux modèles. Chaque modèle dispose de gabarits de formes, de styles de trait, de styles de texte, de paramètres de mise en page. Bien que variés, les modèles fournis par Visio peuvent ne pas suffire aux besoins spécifiques d'un utilisateur ou d'une entreprise.

Aussi, Visio permet la création de modèles personnalisés intégrant tous les éléments que l'on utilise régulièrement. Il est possible de créer de nouveaux modèles ou de modifier les modèles existants.

Un modèle personnalisé peut intégrer :

- Une ou plusieurs pages de dessin, avec ou sans arrière-plan.
- Un ou plusieurs gabarits composés des formes de base les plus couramment utilisées.
- Une grille et un système de mesure approprié.
- Des styles de texte, de trait et de remplissage.
- Une mise en page.

Les modèles fournis par Visio sont placés dans le dossier réservé /Visio/1036. Ils portent l'extension .VST. Les modèles personnalisés peuvent être stockés au même endroit ; mais si vous souhaitez ne pas les mélanger, il est possible de créer un dossier personnel (ex. : /Visio/1036/Personnel). Ce nouveau dossier ainsi que les modèles enregistrés dans ce dossier apparaîtront automatiquement dans le menu **Fichier - Nouveau.**

Notez que n'importe quel diagramme Visio existant peut servir de base pour la création d'un nouveau modèle.

Créer un modèle personnalisé

La première technique consiste à utiliser un modèle existant proche du modèle à créer. La deuxième technique consiste à créer un nouveau dessin.

- **Fichier**
  Nouveau
  Mise en route
- Choisissez une catégorie puis le modèle voulu et cliquez sur **Créer**.
  ou
  Fichier
  Nouveau
  Nouveau dessin

Si un modèle est déjà ouvert, le nouveau diagramme est basé sur ce modèle et les paramètres associés sont disponibles (gabarits, styles...).

- Ouvrez les gabarits supplémentaires intéressants pour le modèle personnalisé.
- Disposez les gabarits tels que vous souhaitez les voir affichés dans le modèle.
- Modifiez, si nécessaire, les paramètres de mise en page, de propriétés de page de dessin, les styles de texte, les styles de remplissage...
- Si nécessaire, placez ou supprimez des formes sur la page de dessin, suivant l'affichage souhaité dans le modèle.
- **Fichier**
  Enregistrer sous

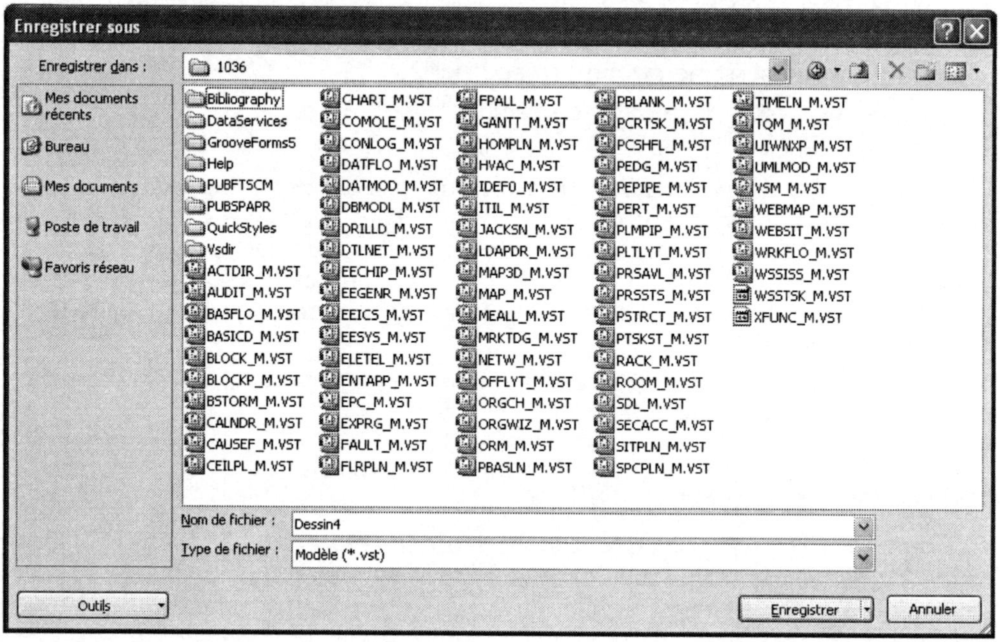

- Dans la liste **Type de fichier**, choisissez **Modèle (*.VST)** pour l'enregistrement du modèle Visio 2007.
- Choisissez l'emplacement dans la liste **Enregistrer dans**.

  Pensez à créer un dossier personnalisé pour vos propres modèles.
- Dans cette même liste, activez l'option **Lecture seule** si vous souhaitez protéger le nouveau modèle de modifications accidentelles.

- Dans la zone de texte **Nom de fichier**, précisez le nom du modèle (sans extension).
- Cliquez sur le bouton **Enregistrer**.
- Cliquez sur **OK**.

Il est aussi possible de créer un modèle personnalisé à partir d'un modèle existant. Dans la fenêtre de **Mise en route**, accédez aux documents récents ou à la rubrique **Modèles récents**. Dans ce cas, vous créez un nouveau modèle qui s'inspire du modèle choisi.

Utiliser un modèle personnalisé

- **Fichier**
  Nouveau
  Nouveau dessin à partir d'un modèle
- Dans la boîte de dialogue **Nouveau dessin à partir d'un modèle**, choisissez le modèle.

  Si le modèle contient des formes, l'aperçu les affiche.
- Cliquez sur **Ouvrir**.

  Le nouveau diagramme est conforme au modèle personnalisé choisi.

Modifier un modèle personnalisé

- **Fichier**
  Ouvrir 
- Dans la liste **Type de fichier**, sélectionnez **Modèle (*.VST)**.
- Accédez au dossier contenant le modèle à modifier dans la liste **Regarder dans**.
- Sélectionnez le modèle à modifier.
- Dans la liste **Ouvrir**, choisissez l'option **Ouvrir l'original**. Ceci permet d'accéder au modèle initial.

  *L'option **Ouvrir en tant que copie** permet l'accès à une copie conforme du modèle, alors que l'option **Ouvrir en Lecture seule** permet l'accès au modèle sans autoriser la modification.*

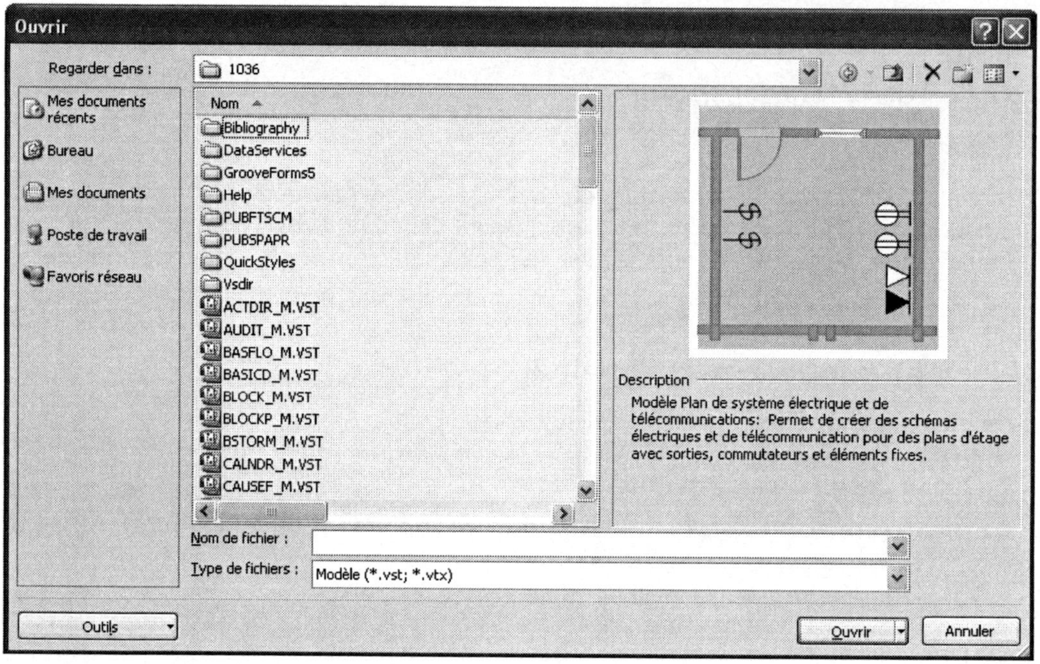

*Un **Aperçu** du modèle est affiché et la zone **Description** rappelle les descriptions propres au modèle.*

- Cliquez sur le bouton **Ouvrir**.
- Effectuez les modifications nécessaires (paramètres de mise en page, de propriétés de page de dessin, styles de texte, styles de remplissage...).
- **Fichier**
  Enregistrer 

Les modèles Visio intègrent des gabarits proposant des formes de base multiples dans diverses catégories. Bien que nombreuses, ces formes ne suffisent pas toujours à l'utilisateur qui peut avoir besoin de formes personnalisées.

Visio permet la création et la modification de formes variées. Il est possible d'unir, de combiner, de soustraire des formes pour obtenir des formes complexes. Il est aussi possible d'utiliser les outils de dessin de Visio comme les traits, arcs, rectangles, ellipses, cercles ou splines pour créer des formes personnalisées.

Fusionner les formes

Cette méthode permet de constituer des formes complexes à partir de formes géométriques simples. Les opérations d'union, de combinaison, de soustraction et d'intersection s'appliquent aux formes fermées (formes 2D).
Les opérations de fragmentation, de coupure, de jointure, de décalage de lignes et de courbes parallèles s'appliquent principalement aux traits et courbes (formes 1D).

<u>Unir des formes fermées</u>

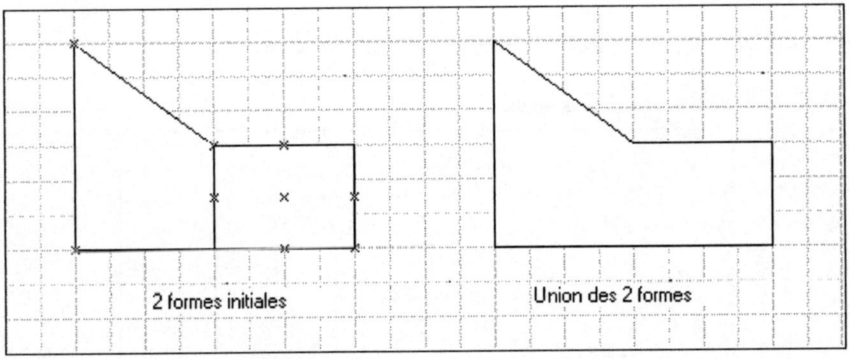

- Sélectionnez les formes à unir.

  Le formatage de la première forme sélectionnée sera affectée à la forme résultante.

- **Forme**
  Opérations
  Union

Combiner des formes

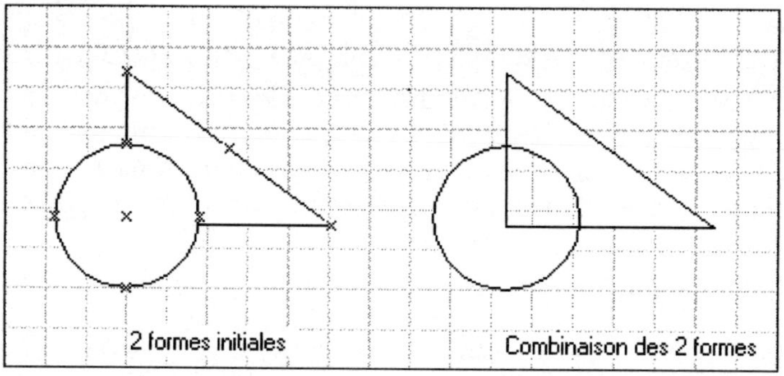

- Sélectionnez les formes à combiner.

  Le formatage de la première forme sélectionnée sera affectée à la forme résultante.

- **Forme**
  Opérations
  Combinaison

  La combinaison supprime les intersections de formes.

Soustraire une forme à une autre

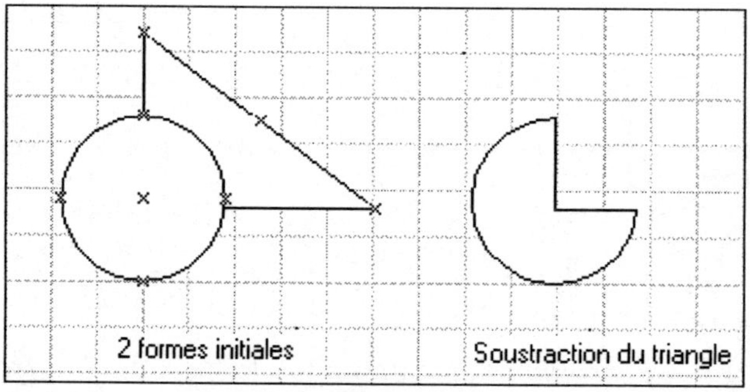

- Sélectionnez la forme à laquelle vous souhaitez soustraire une autre forme.
- À l'aide de la touche [Shift], sélectionnez la ou les formes à soustraire.
- **Forme**
  Opérations
  Soustraction

Créer une intersection de formes

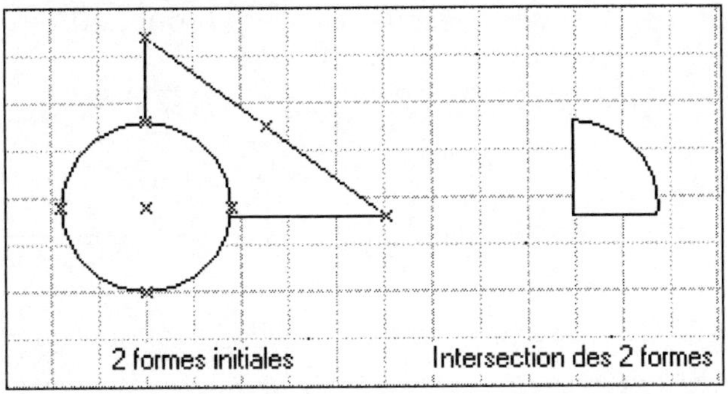

- Sélectionnez les formes concernées.
- **Forme**
  Opérations
  Intersection

Fragmenter une forme à l'intersection de trait ou de courbe

Cette technique permet de décomposer une forme 2D en plusieurs parties distinctes, par rapport à un ou plusieurs traits ou courbes.

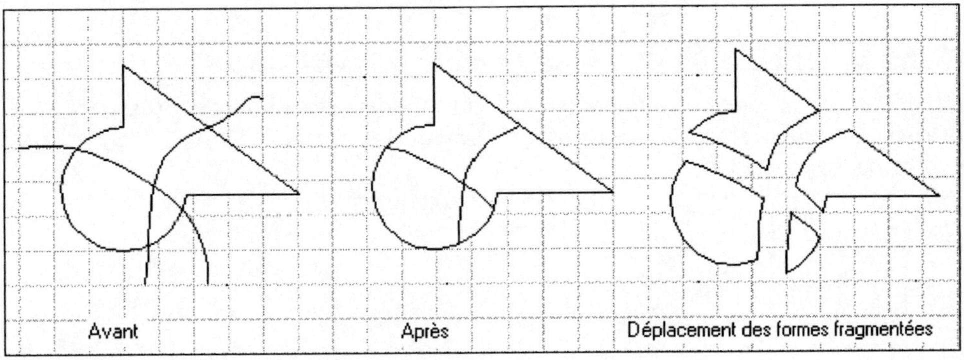

- Sélectionnez les formes concernées.
- **Forme**
  Opérations
  Fragmentation

Vous pouvez déplacer ou supprimer les formes indésirables.

Fragmenter une forme à partir de formes superposées

Cette technique permet de décomposer une forme 2D en plusieurs parties distinctes à partir des zones superposées ou non.

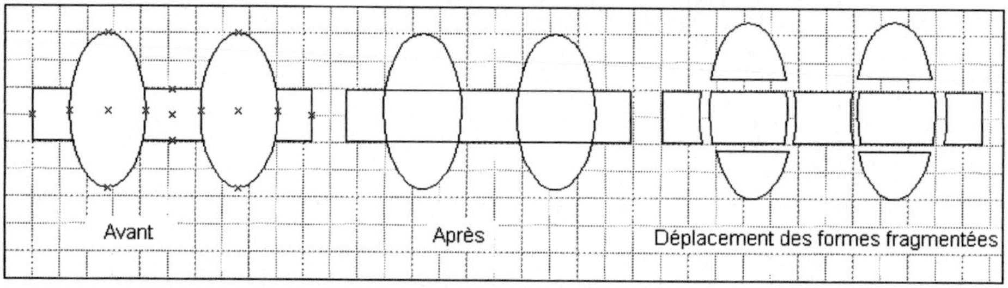

- Sélectionnez les formes à fragmenter.

  Le formatage de la première forme sélectionnée sera affecté aux formes fragmentées.

- **Forme**
  Opérations
  Fragmentation

Vous pouvez déplacer ou supprimer les formes indésirables.

Créer une forme 2D à partir de traits ou de courbes

Cette technique permet de constituer des formes à partir de plusieurs traits ou courbes sécantes. Il est possible de mélanger les formes 1D et 2D pour créer des formes de cette façon.

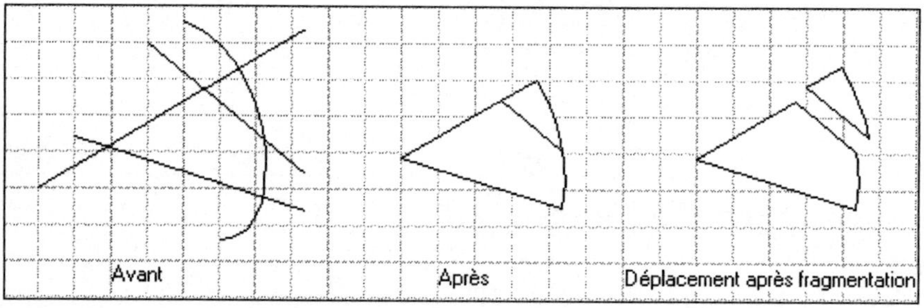

- Sélectionnez les formes 1D ou 2D à fragmenter.

  Le formatage de la première forme sélectionnée sera affecté aux formes fragmentées.

- **Forme**
  Opérations
  Fragmentation

Vous pouvez déplacer ou supprimer les formes indésirables.

Découper des formes

Cette technique permet de couper des formes 1D et 2D par rapport à leurs intersections.

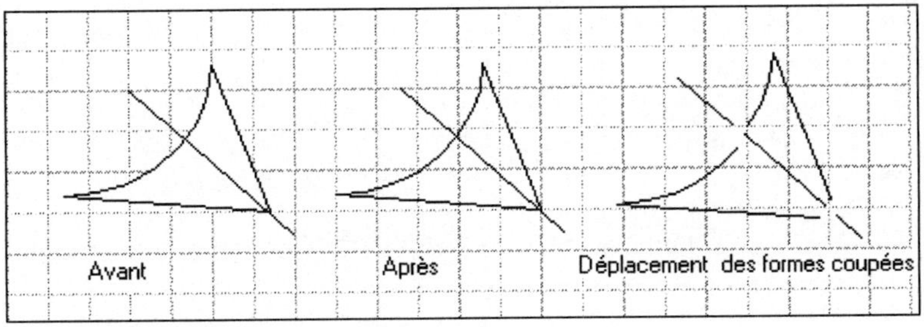

- Sélectionnez les formes 1D ou 2D à couper.

- **Forme**
  Opérations
  Coupure

Vous pouvez déplacer ou supprimer les formes indésirables.

Les formes fermées perdent leur remplissage.

Joindre des formes 1D

Cette technique permet de joindre des formes 1D bout à bout pour la constitution d'une seule forme 1D ou 2D.

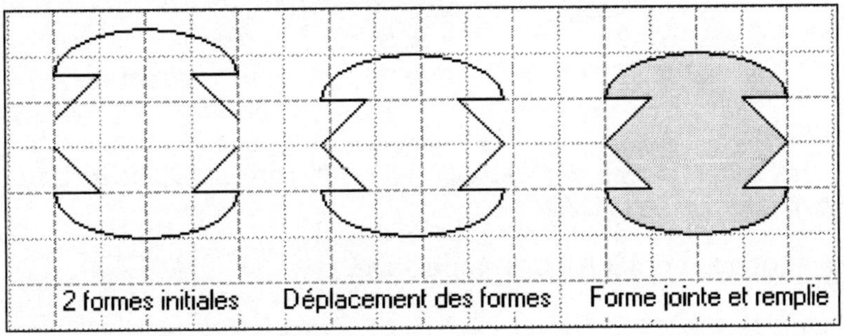

- Sélectionnez les formes 1D ou 2D à joindre.
- **Forme**
  Opérations
  Jonction

Une forme jointe fermée peut être remplie.

Décaler des formes

Cette technique permet de créer des parallèles de formes 1D ou 2D de part et d'autre de la forme originale.

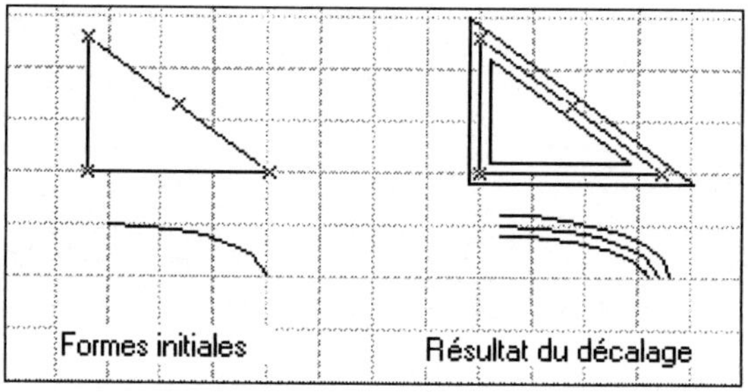

- Sélectionnez les formes 1D ou 2D à décaler.
- **Forme**
  Opérations
  Décalage

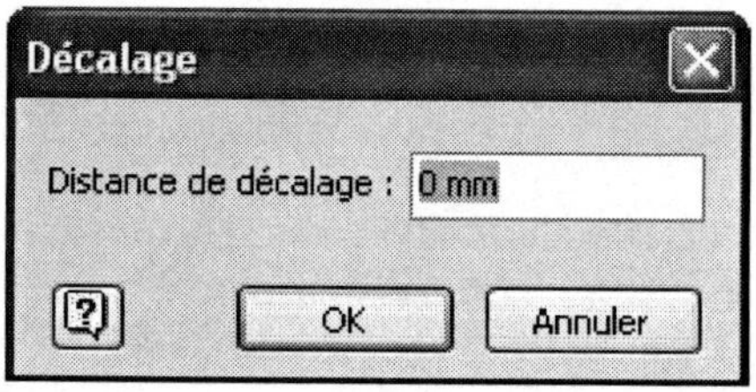

- Dans la boîte de dialogue **Décalage**, fixez la distance de décalage.
- Cliquez sur **OK.**

Les parallèles sont placées des deux côtés de la forme 1D, et à l'intérieur comme à l'extérieur pour la forme 2D.

Les formes fermées perdent leur remplissage.

Modifier les formes

La modification de formes permet de transformer, d'étirer, de courber les formes, d'ajouter, de déplacer ou de supprimer des segments...
Vous pouvez également modifier les formes de base fournies dans les gabarits Visio, en passant par l'assistant.

<u>Protéger les formes</u>

Il est intéressant lors de la réalisation de formes personnalisées de verrouiller certaines manipulations telles que le redimensionnement en X ou en Y, la rotation... Vous agissez de cette façon sur le comportement de la forme. Certaines formes de base fournies par Visio sont protégées et réagissent de manière spécifique.

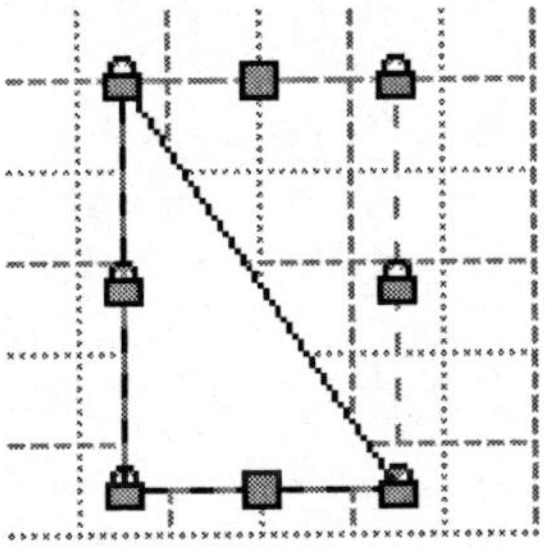

- Sélectionnez la ou les formes pour lesquelles vous souhaitez modifier la protection.
- **Format**
  Protection

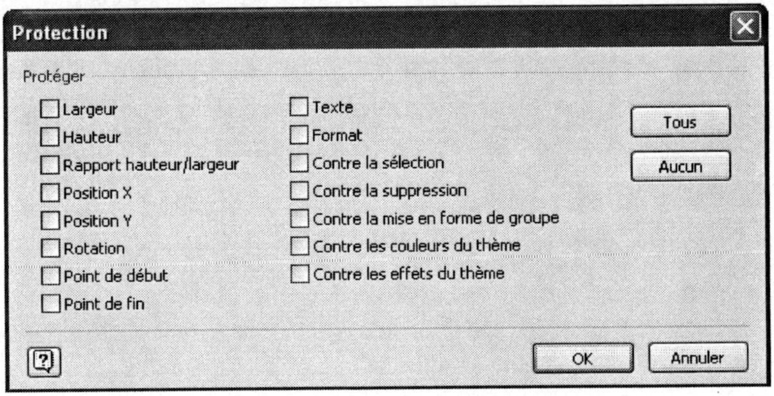

- Activez ou désactivez le verrouillage des comportements de forme suivants :

Largeur	Verrouille la modification de la forme en largeur.
Hauteur	Verrouille la modification de la forme en hauteur.
Rapport hauteur/largeur	Impose un redimensionnement uniforme en hauteur et largeur.
Position X	Empêche le déplacement de la forme en X.
Position Y	Empêche le déplacement de la forme en Y.
Rotation	Empêche la rotation de la forme.
Point de début	Verrouille le point de départ d'une forme 1D.
Point de fin	Verrouille le point de fin d'une forme 1D.
Texte	Empêche la modification du texte de la forme
Format	Empêche les modifications de la mise en forme (trait, remplissage, texte, ombre, arrondi de coin, transparence) de la forme.
Contre la sélection	Empêche la sélection de la forme. Cette protection est prise en compte quand la protection du document est activée avec l'option **Formes** dans l'explorateur de dessins.
Contre la suppression	Empêche la suppression de la forme.
Contre la mise en forme de groupe	Verrouille la mise en forme (couleur, remplissage, trait et ombre) des sous-formes de sorte qu'elle ne change pas si la forme groupée est mise en forme. Il reste possible de changer la mise en forme d'une sous-forme en la sélectionnant.
Contre les douleurs du thème	Empêche l'application de couleur d'un thème.
Contre les effets du thème	Empêche l'application d'effet d'un thème.
Tous	Active toutes les options de protection.
Aucun	Désactive toutes les options de protection.

- Cliquez sur **OK**.

Si vous tentez certaines manipulations rendues impossibles comme la suppression d'une forme par exemple, Visio affiche le message suivant :

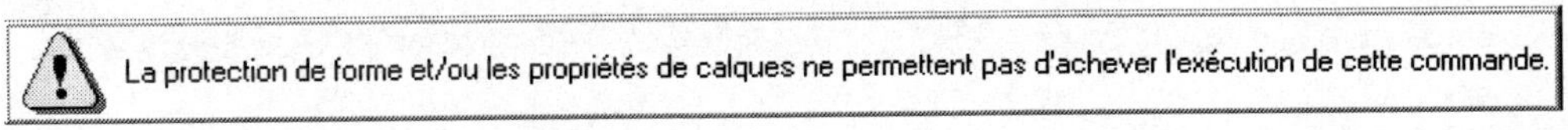

Note ! Les poignées de la forme deviennent grises lorsque la forme est protégée.

Activer des protections supplémentaires à l'aide de feuille de calcul ShapeSheet

*Visio permet des protections supplémentaires non disponibles dans la boîte de dialogue **Protection** précédente.*

Chaque forme Visio est décrite dans une feuille de calcul spécifique appelée ShapeSheet qui contient des informations sur sa géométrie et ses diverses caractéristiques (dimensions, position des sommets...). Les informations relatives aux formes sont des valeurs fixes ou encore des formules intégrant des opérateurs mathématiques, des fonctions trigonométriques, statistiques...

*La section **Protection** de la feuille de calcul ShapeSheet inclut des options de protection empêchant le découpage, la modification avec tout outil de dessin, la modification et le formatage de texte, la modification des groupes...*

- Sélectionnez la forme.
- **Fenêtre**
  Afficher la feuille ShapeSheet

  Une fenêtre spécifique ou feuille de calcul ShapeSheet est affichée en mosaïque, permettant la visualisation de la page de dessin.
- Dans la fenêtre spécifique, affichez la section **Protection**.

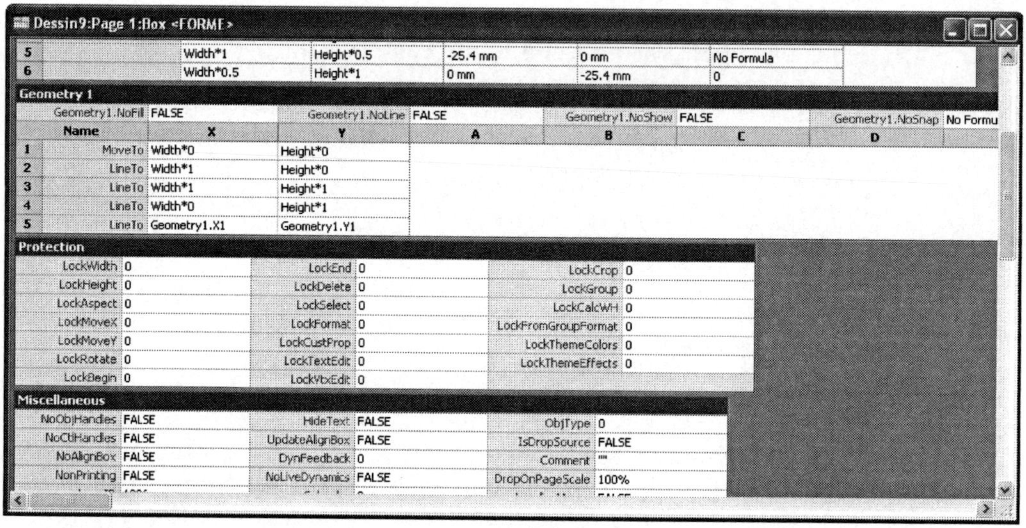

- Affectez la valeur 1 pour activer le verrouillage voulu.
- Appuyez sur [Entrée] pour valider la nouvelle valeur.

  Le résultat est immédiat dans la page de dessin.
- Fermez la fenêtre Feuille de calcul **ShapeSheet**.

Les segments (trait, arc, courbe) joints peuvent constituer une forme personnalisée.

Il peut être pratique d'utiliser les lignes de la grille, les repères, le collage et le magnétisme (cf. Formes - Alignement et collage).

Créer un trait droit

- Dans la barre d'outils **Standard**, cliquez sur **Outils de dessin** pour afficher la barre d'outils **Dessin**.
- Dans la barre d'outils **Dessin**, choisissez l'**Outil Trait**.
- Effectuez un cliqué-glissé pour définir le trait depuis son point de départ vers son point final. Avec la touche [Shift], vous imposez les orientations 0, 45, 90, 135, 180, 225, 270, 315 et 360 degrés.

  Les coordonnées X et Y de la ligne s'affichent dans la barre d'état.

Une seconde possibilité permet de dessiner un trait :

- Dans la barre d'outils **Dessin**, choisissez l'**Outil Crayon**.
- Effectuez un cliqué-glissé pour définir le trait depuis son point de départ vers son point final. Attention, cette technique permet alternativement de définir un arc ou un trait.
- Avec la touche Shift, vous imposez les orientations 0, 45, 90, 135, 180, 225, 270, 315 et 360 degrés.

Les coordonnées X et Y de la ligne s'affichent dans la barre d'état.

Plusieurs segments successifs peuvent constituer une même forme.

Créer un arc

*Deux outils permettent la création d'arc. L'**Outil Crayon** définit la création d'arcs standards. L'outil **Arc** définit des arcs standards ainsi que des arcs elliptiques.*

- Dans la barre d'outils **Dessin**, choisissez l'**Outil Crayon**.
- Effectuez un cliqué-glissé pour définir l'arc depuis son point de départ vers son point final. Attention, cette technique permet alternativement de définir un trait ou un arc.

Les coordonnées X et Y des extrémités de l'arc s'affichent dans la barre d'état.

Plusieurs segments successifs peuvent constituer une même forme.

Créer un arc elliptique

- Dans la barre d'outils **Dessin**, choisissez l'**Outil Arc**.
- Effectuez un cliqué-glissé pour définir le trait depuis son point de départ vers son point final.

Les coordonnées X et Y des extrémités de l'arc s'affichent dans la barre d'état.

Plusieurs segments successifs peuvent constituer une même forme.

Créer une courbe (ou spline)

- Dans la barre d'outils **Dessin**, choisissez l'**Outil forme libre** .
- Effectuez un cliqué-glissé pour définir la courbe. Relâchez pour valider la création de la courbe.

  Remarquez les coordonnées X et Y des divers points de passage de la courbe dans la barre d'état.

Il est possible de modifier les points de passage ainsi que la courbure de la spline.

Plusieurs segments successifs peuvent constituer une même forme.

Créer un rectangle

- Dans la barre d'outils **Dessin**, choisissez l'**Outil Rectangle** .
- Effectuez un cliqué-glissé pour définir les deux coins du rectangle. La touche Shift permet la création d'un carré.

  Les largeur et hauteur du rectangle s'affichent dans la barre d'état.

Créer une ellipse/un cercle

- Dans la barre d'outils **Dessin**, choisissez l'**Outil Ellipse** .
- Effectuez un cliqué-glissé pour tracer l'ellipse. Pour tracer un cercle, appuyez sur la touche Shift et maintenez-la enfoncée pendant le cliqué-glissé.

  Les largeur et hauteur de l'ellipse ou du cercle s'affichent dans la barre d'état.

Créer une forme à partir de segments joints

Considérons un segment de type trait, arc ou courbe déjà dessiné.

- Sélectionnez le segment auquel vous souhaitez ajouter un nouveau segment.
- Dans la barre d'outils **Dessin**, choisissez **Outil Trait**, **Outil Arc**, **Outil Crayon** ou **Outil forme Libre** selon le type de segment que vous souhaitez ajouter.
- Placez ce nouveau segment sur la poignée de fin du segment déjà dessiné, et définissez le nouveau segment en effectuant un cliqué-glissé.

  Celui-ci est automatiquement joint au précédent, et les deux segments constituent une nouvelle forme.

- Renouvelez l'opération pour ajouter d'autres segments droits ou courbes.

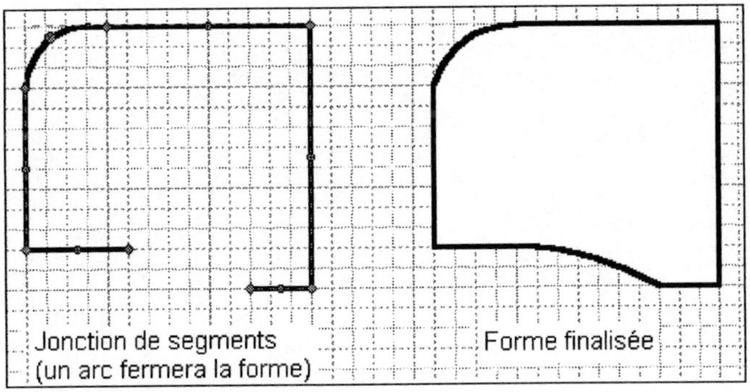

Formes empilables et formes extensibles

Certains gabarits de Visio comme **Formes marketing** (dans la catégorie **Professionnel**), modèle **Graphiques et diagrammes marketing** contiennent des formes empilables ou extensibles. Ces formes “intelligentes” ont la particularité de réagir de façon particulière lors du redimensionnement. Pour les formes extensibles, seule une partie de la forme est étirée (allongée ou écourtée). Pour les formes empilables, un redimensionnement en largeur ou hauteur engendre une duplication.

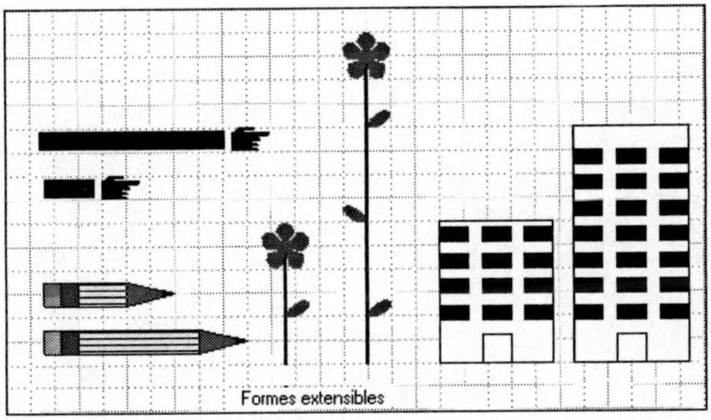

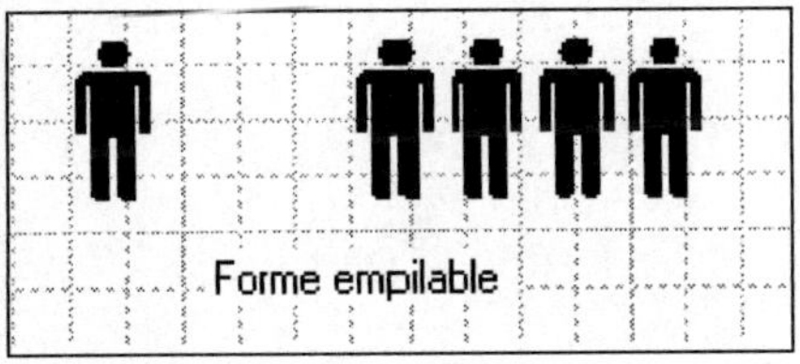

Généralités

Les modèles Visio intègrent de nombreux gabarits prédéfinis. Chaque gabarit propose des formes de base facilitant la réalisation d'un type de diagramme spécifique. Visio permet la création de gabarits personnalisés ; ils regroupent des formes de base existantes ou/et des formes personnalisées et permettent de mieux répondre aux besoins spécifiques de l'utilisateur.

Les gabarits sont par défaut ouverts en lecture seule. Si un gabarit Visio existant doit servir de référence pour la création d'un nouveau gabarit, il est conseillé d'en ouvrir une copie.

Visio distingue deux types de gabarit : le **gabarit de document** et le **gabarit autonome**.

Le **gabarit de document** peut être défini à partir de n'importe quel dessin, dès lors que des formes de base sont insérées sur la page de dessin. Les formes du gabarit de document ne sont utilisables que dans le dessin en cours. Il est toutefois possible de l'enregistrer ensuite en gabarit autonome.

Le **gabarit autonome** est un fichier gabarit portant l'extension .VSS. Il peut être ouvert par l'intermédiaire d'un modèle ou séparément. Les formes de ce gabarit sont utilisables dans tous les dessins.

Les gabarits fournis par Visio sont placés dans le dossier réservé /Visio/1036. Ils portent l'extension .VSS. Les gabarits personnalisés peuvent être stockés au même endroit ; mais si vous souhaitez ne pas les mélanger, il est préférable de créer un dossier personnel (par exemple : /Visio/1036/Gabarits personnalisés). Ce nouveau dossier ainsi que les gabarits enregistrés dans ce dossier apparaîtront automatiquement dans le menu **Fichier - Ouvrir un gabarit**.

Notez que n'importe quel gabarit Visio existant peut servir de base pour la création d'un nouveau gabarit.

Créer un gabarit personnalisé

Fichier
Formes
Nouveau gabarit

Fichier
Formes
Ouvrir un gabarit

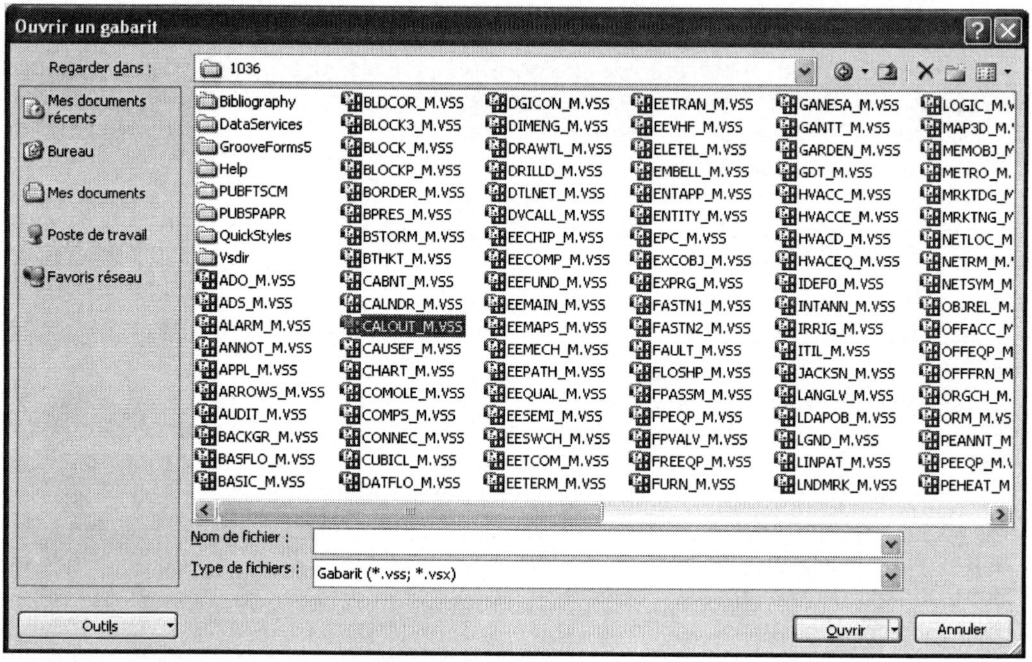

- Dans la fenêtre **Ouvrir un gabarit**, choisissez le ou les fichiers gabarits .VSS (sélection multiple à l'aide de la touche Ctrl). Utilisez l'aperçu pour bénéficier d'une description du gabarit.
- Dans la liste **Ouvrir**, activez l'option **Ouvrir en tant que copie.**

L'environnement ressemble à celui présenté ci-après.

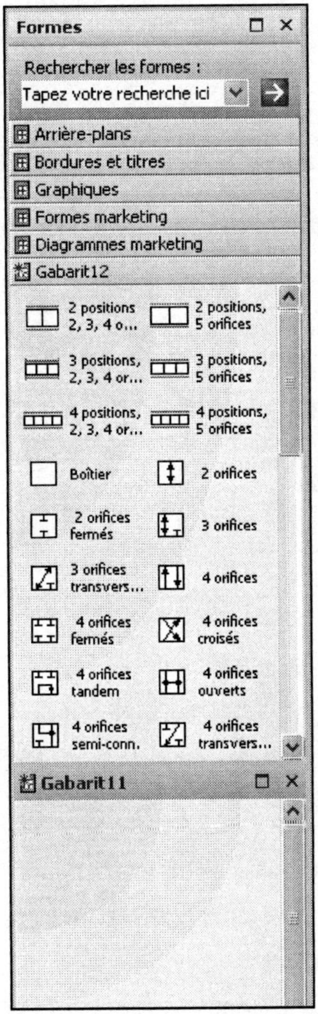

Les menus et barres d'outils affichés sont propres à la création des gabarits.

- Depuis les copies de gabarits existants, faites glisser les formes voulues dans le nouveau gabarit.

Le positionnement des formes est automatique dans le gabarit mais un glissement des formes permet un repositionnement.

- Activez la fenêtre du nouveau gabarit en cliquant sur la barre de titre, si nécessaire.
- **Fichier**
  Enregistrer

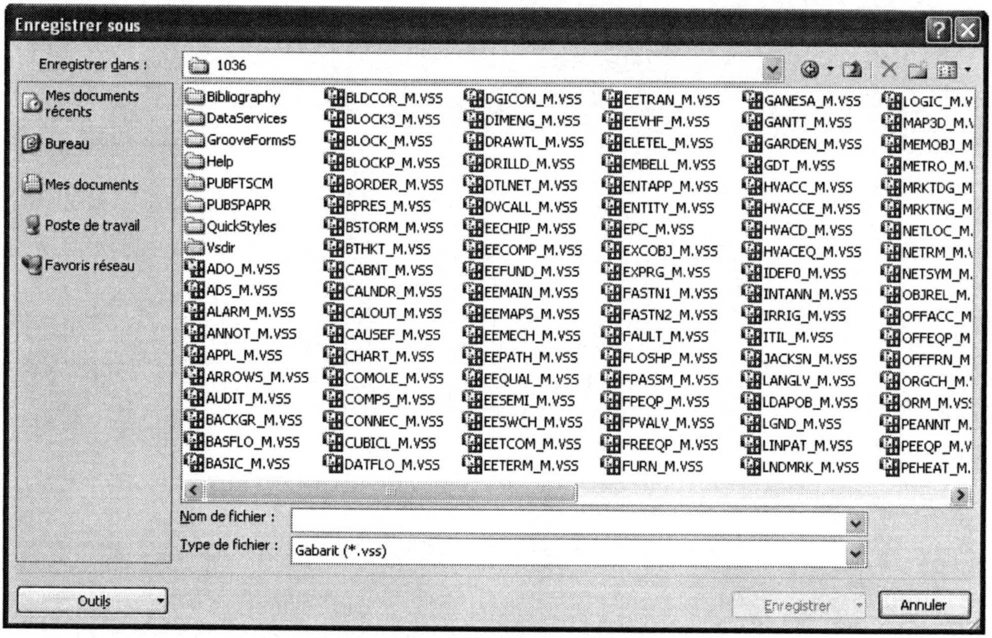

*Dans le dossier **Visio/1036**, il est conseillé de créer un dossier personnalisé (ex : Gabarits personnalisés) qui contiendra vos propres gabarits.*

- Accédez au dossier qui contiendra le nouveau gabarit.
- Dans la zone de texte **Nom de fichier**, saisissez le nom du nouveau gabarit.
- Cliquez sur le bouton **Enregistrer**.
- Complétez le résumé du gabarit dans la fenêtre **Propriétés** accessible via **Fichier - Propriétés**, si nécessaire.
- Cliquez sur **OK**.

Échanger des formes entre gabarits

Copier une forme de base d'un gabarit à un autre

- **Fichier**
  Formes
  Ouvrir un gabarit
- Accédez au dossier voulu et sélectionnez le gabarit qui recevra la ou les formes.
- Dans la liste **Ouvrir**, activez l'option **Ouvrir l'Original**.
- **Fichier**
  Formes
  Ouvrir un gabarit
- Accédez au dossier voulu et sélectionnez le gabarit à partir duquel vous souhaitez faire glisser les formes.
- Dans la liste **Ouvrir**, activez l'option **Ouvrir en Lecture seule**.

  Les gabarits sont positionnés l'un sous l'autre.
- Sélectionnez la ou les formes à l'aide de la touche Shift dans le gabarit contenant les formes à insérer.
- Faites glisser les formes sélectionnées vers le second gabarit.
- **Fichier**
  Enregistrer ou Enregistrer sous pour procéder à l'enregistrement du gabarit sous un nom différent.

Copier une forme de base de la page de dessin vers le gabarit

- **Fichier**
  Ouvrir
- Accédez au dossier voulu et sélectionnez le diagramme à partir duquel vous souhaitez faire glisser la ou les formes.
- **Fenêtres**
  Mosaïque

  Le gabarit et la page de dessin doivent être affichés l'un à côté de l'autre.
- Depuis la page de dessin, sélectionnez la forme à copier (une à la fois) et faites-la glisser vers le gabarit.

- Activez la fenêtre du nouveau gabarit en cliquant sur la barre de titre, si nécessaire.
- **Fichier**
  Enregistrer

  Le gabarit comporte désormais la nouvelle forme insérée.

Créer et modifier des formes de base

Modifier les propriétés d'une forme de base

Vous pouvez changer les propriétés d'une forme de base d'un gabarit ouvert dans sa version originale : Nom, alignement, icône, type de mise à jour, info-bulle...

- **Fichier**
  Formes
  Ouvrir un gabarit
- Accédez au dossier voulu et sélectionnez le gabarit à partir duquel vous souhaitez modifier les propriétés de la forme.
- Dans la liste **Ouvrir**, activez l'option **Ouvrir l'Original.**
- Dans le gabarit, sélectionnez l'icône de la forme dont vous souhaitez modifier les propriétés.
- Faites un clic droit et choisissez **Modifier la forme de base** puis **Propriétés de la forme de base.**

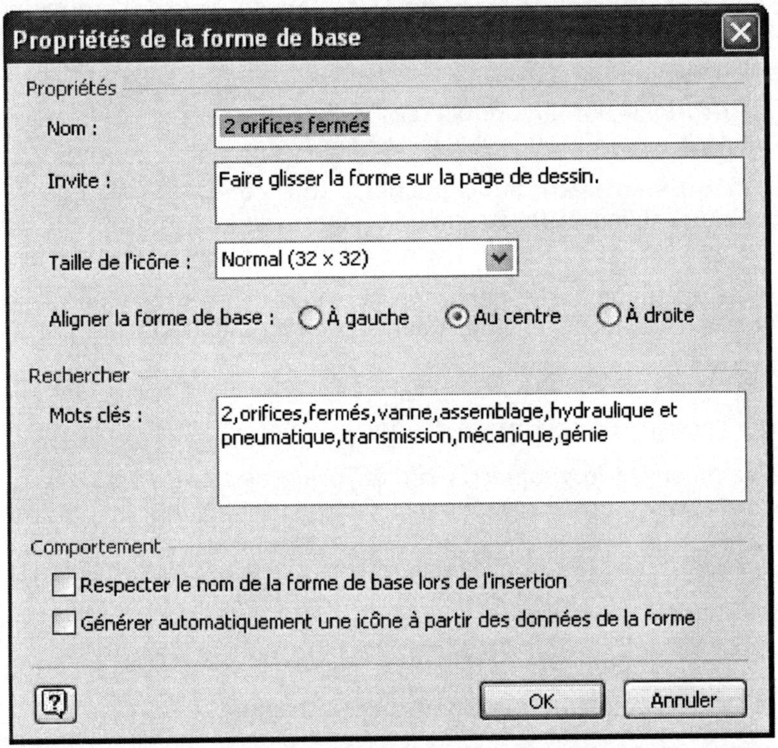

- Dans la zone de texte **Nom**, modifiez si besoin le nom de la forme tel qu'il apparaît dans le gabarit (31 caractères maximum sont autorisés).
- Dans la zone de texte **Invite**, modifiez si nécessaire le commentaire associée à la forme.

  Ce commentaire est affiché lorsque le pointeur de la souris est positionné sur l'icône de la forme dans le gabarit.
- Dans la liste **Taille de l'icône**, choisissez la taille d'affichage de l'icône dans le gabarit : **Normal**, **Haut**, **Large** ou **Double**.
- Au regard de **Aligner la forme de base**, activez le bouton-radio **À gauche**, **Au centre** ou **À droite** correspondant à l'alignement du nom de la forme par rapport à l'icône dans le gabarit.

- Activez la case **Respecter le nom de la forme de base lors de l'insertion** pour imposer une mise à jour du formatage entre la forme insérée et les formes de base du gabarit.

  Si des modifications ont été apportées sur la forme de base, les formes de la page dessin sont automatiquement modifiées.

- Activez la case **Générer automatiquement une icône à partir des données de la forme** pour que l'icône affichée dans le gabarit reflète toujours le dessin modifié de la forme de base.
- La zone **Mots clés** comporte une liste de mots clés utilisés par la recherche de formes obtenus avec la commande **Rechercher** du menu **Edition** par exemple.
- Cliquez sur **OK**.

Modifier la géométrie d'une forme de base

Vous pouvez modifier la géométrie d'une forme de base d'un gabarit ouvert dans sa version originale.

- **Fichier**
  Formes
  Ouvrir un gabarit
- Accédez au dossier voulu et sélectionnez le gabarit contenant la forme à modifier.
- Dans la liste **Ouvrir**, activez l'option **Ouvrir l'Original**.
- Dans le gabarit, sélectionnez l'icône de la forme que vous souhaitez modifier.
- Faites un clic droit et choisissez **Modifier la forme de base** puis **Modifier la forme de base** (ou faites un double clic sur l'icône).

  Visio affiche une page de dessin contenant la forme.

- Effectuez les modifications sur la forme (géométrie, couleur, épaisseur et motif de trait, remplissage...).
- Cliquez sur le bouton de fermeture de la fenêtre de modification de forme.

  La modification de la forme est prise en compte et les éventuelles copies de la page de dessin sont mises à jour. (Voir aussi la mise à jour de formatage et d'icône au titre précédent Modifier les propriétés d'une forme de base).

- **Fichier**
  Enregistrer

Créer une forme de base

- **Fichier**
  Formes
  Ouvrir un gabarit
- Accédez au dossier voulu et sélectionnez le gabarit devant contenir la nouvelle forme.
- Dans la liste **Ouvrir**, activez l'option **Ouvrir l'Original**.
- Dans le gabarit, effectuez un clic droit et choisissez **Nouvelle forme de base**.

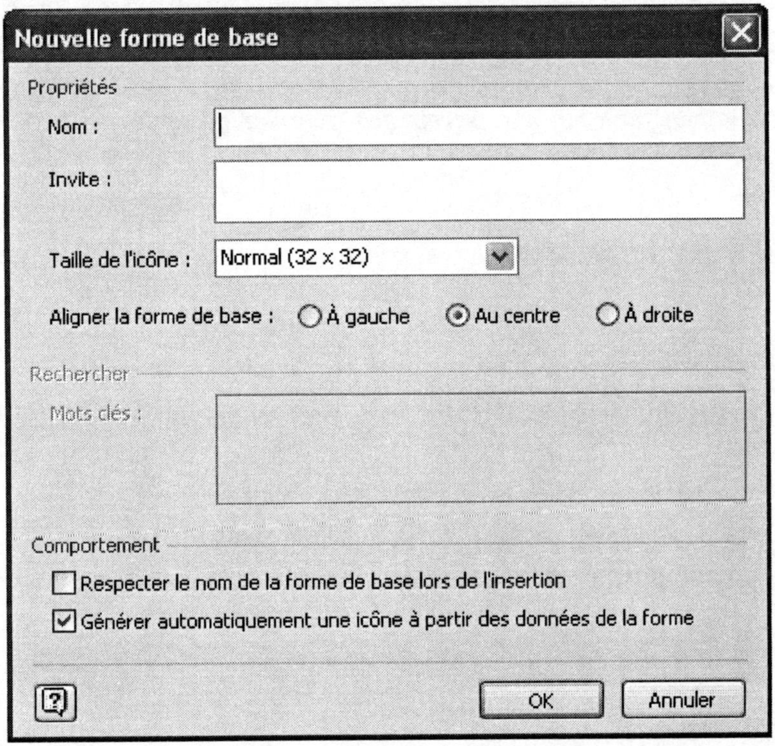

- Renseignez les nom, invite, taille d'icône, alignement et comportement (cf. Modifier les propriétés d'une forme de base dans ce même chapitre).
- Cliquez sur **OK**.

  Dans le gabarit, une icône vierge apparaît avec le nom indiqué.

- Effectuez un clic droit sur l'icône et choisissez **Modifier la forme de base** puis **Modifier la forme de base** (ou faites un double clic sur l'icône).

  La page de dessin permettant la création de forme est affichée.

- Créez la nouvelle forme ou ouvrez un gabarit pour vous appuyer sur une forme existante.
- Cliquez sur le bouton de fermeture du document courant.

  Visio demande la confirmation de mise à jour de la forme.

- Confirmez par **Oui**.

  *L'icône dans le gabarit doit refléter les caractéristiques de la forme. Si cela n'est pas le cas, sélectionnez l'icône, effectuez un clic droit et choisissez **Modifier la forme de base** puis **Propriétés de la forme de base** ; cochez la case **Générer automatiquement une icône à partir des données de la forme**.*

- **Fichier**
  Enregistrer

Supprimer une forme de base

- **Fichier**
  Formes
  Ouvrir un gabarit
- Accédez au dossier voulu et sélectionnez le gabarit contenant la forme à supprimer.
- Dans la liste **Ouvrir**, activez l'option **Ouvrir l'Original**.
- Dans le gabarit, sélectionnez l'icône de la forme à supprimer.
- Effectuez un clic droit et choisissez **Supprimer la forme de base**.
- **Fichier**
  Enregistrer

Modifier l'icône d'une forme de base

- **Fichier**
  Formes
  Ouvrir un gabarit
- Accédez au dossier voulu et sélectionnez le gabarit contenant la forme dont vous souhaitez modifier l'icône.

- Dans la liste **Ouvrir**, activez l'option **Ouvrir l'Original**.
- Dans le gabarit, sélectionnez l'icône à modifier. Effectuez un clic droit et choisissez **Modifier la forme de base** puis **Modifier l'image de l'icône**.

*Visio affiche une fenêtre de modification spécifique avec une barre d'outils **Outils d'icône**. Une image Bitmap (point par point) représente l'icône agrandie de la forme.*

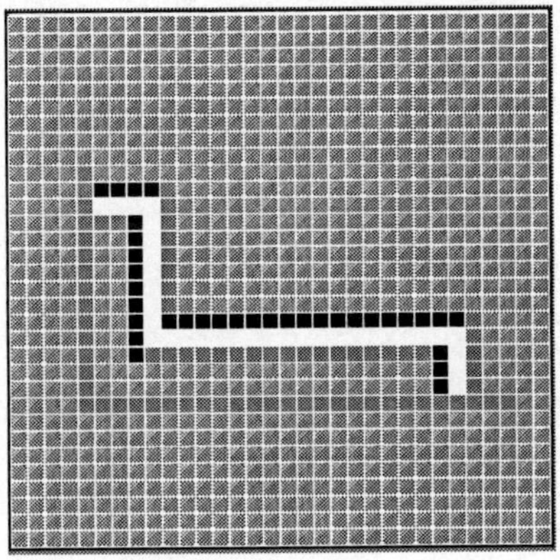

- Effectuez les modifications d'icône avec les outils de dessin, de couleur et de remplissage.
- Cliquez sur le bouton de fermeture de la fenêtre de modification d'icône.
- **Fichier**
  Enregistrer

Ouvrir et enregistrer un gabarit de document

Le gabarit de document comporte toutes les formes insérées dans le document, quels que soient le nombre et le type de gabarits utilisés à l'origine.

- Ouvrez le diagramme souhaité.
- **Fichier**
  Formes
  Afficher le gabarit de document

Le gabarit de document est affiché comme suit :

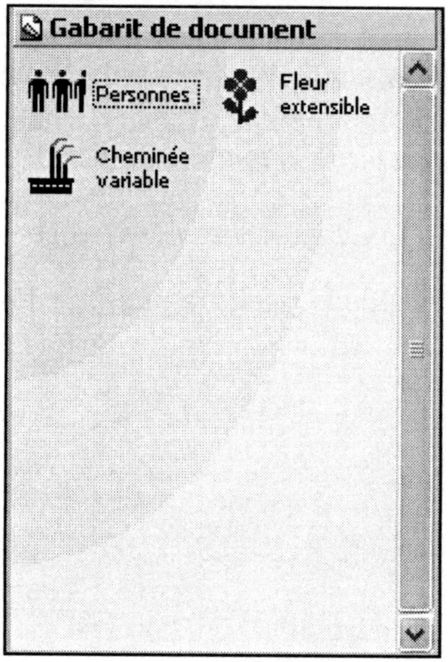

- **Fichier**
  Enregistrer sous
- Dans le dossier **Visio/1036**, choisissez un dossier ou créez un dossier personnalisé (exemple : Gabarits personnalisés) qui contiendra vos propres gabarits.
- Dans la liste **Type de fichier**, sélectionnez le type d'extension **Gabarit (*.VSS)**.

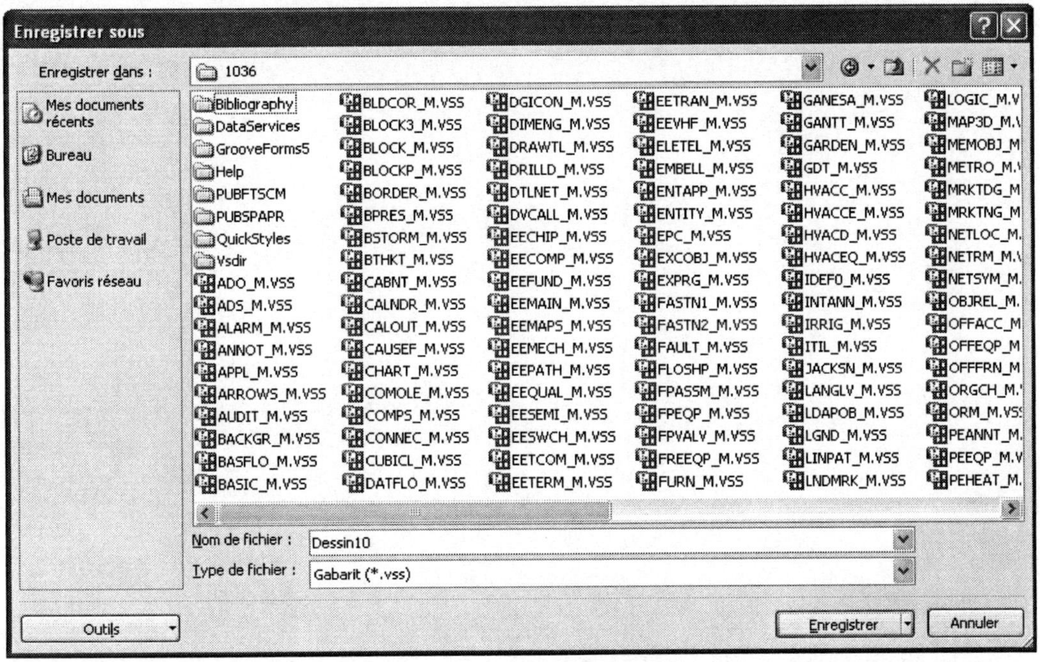

- Dans la zone de texte **Nom de fichier**, saisissez le nom du nouveau gabarit.
- Dans la liste **Enregistrer**, activez l'option **Lecture seule** si vous souhaitez empêcher les modifications de ce gabarit.

Modèles et gabarits

Les solutions Visio constituent les différents types de diagrammes réalisables par Visio.
Une solution contient des modèles et chaque modèle dispose de gabarits de formes, de styles de trait et de texte, d'une mise en page...
Les fichiers de modèles portent l'extension .VST ; les fichiers de gabarits portent l'extension .VSS.

Liste des modèles et des gabarits classés par catégorie :

Cartes et plans d'étage

Aménagement de bureau	Dessins et plans d'étage, plans d'aménagement intérieur, de déménagement, des inventaires de fournitures, d'espace paysager et d'emplacement de bureau.
Aménagement d'usine	Aménagements d'usine pour la production, le stockage, la distribution, le transport, l'expédition et la réception des marchandises.
Cartes d'orientation	Formes de transport et de transport en commun, telles que des autoroutes, parkings, signalisation routière, routes, voies ferrées, terminaux, rivières et bâtiments.
Cartes d'orientation 3D	Formes de transport telles que des routes, véhicules, croisements et bâtiments.
Diagrammes logiques de contrôle HVAC	Systèmes HVAC et diagrammes de contrôle pour le chauffage, la ventilation, la climatisation et la distribution d'air, la réfrigération, le contrôle automatique, le contrôle d'environnement et les systèmes d'énergie.
Plans d'accès et de sécurité	Pour des systèmes de contrôle de sécurité, connexion de systèmes, système de sécurité internes et externes, plans de systèmes de sécurité et diagrammes de câblage.
Plans d'aménagement d'espace	Plans d'aménagement d'espace afin de connaître l'emplacement des personnes, des bureaux et des équipements.

Plans de maison	Plans de cuisine et salles de bain, les documents d'architecture et de construction, les plans d'aménagement d'espace, de maison, de décoration d'intérieur, de réaménagement.
Plans de plafond avec lumière réfléchie	Représentation d'éclairage au plafond de locaux commerciaux, grilles HVAC et diffuseurs.
Plans de plomberie et de tuyauterie	Diagrammes annotés ou schémas de systèmes d'évacuation des eaux usées, systèmes d'alimentation en eau et plans de tuyauterie pour systèmes de plomberie et traitements des eaux usées.
Plans de site	Conception de paysages commerciaux et résidentiels, la planification de parcs, espaces verts, espaces de jeux et systèmes d'irrigation.
Plans de système électrique et de télécommunication	Schémas électriques et de télécommunication pour des plans d'étage avec sorties, commutateurs et éléments fixes.
Plans d'étage	Plans de locaux commerciaux, d'aménagement paysagers ou d'espace, des documents de construction, des diagrammes structurels et des plans d'installation.
Plans HVAC	Diagrammes annotés de systèmes de chauffage, réfrigération, ventilation, chauffage, climatisation, distribution pour contrôle automatique, d'environnement et systèmes d'énergie.

Diagrammes de flux

Diagramme de circuit d'opération	Diagrammes représentant des flux d'informations dans les domaines de l'automatisation, la réingénierie des procédés de gestion, la comptabilité et la gestion des ressources humaines. Permet de documenter des procédés 6 Sigma et ISO 9000.
Diagrammes de flux fonctionnel croisé	Représentation de la relation entre un processus et les unités organisationnelles ou fonctionnelles (les services par exemple) responsables des étapes de processus.

Diagrammes de flux simple	Diagrammes de flux, haut-bas, de suivi d'informations, de gestion de processus et de représentation de structures. Contient des liens et des liaisons.
Diagrammes de flux de données	Diagrammes d'analyse structurée, de flux d'informations, de processus, de données et de processus de données ainsi que des diagrammes de flux.
Diagrammes IDEFO	Diagrammes hiérarchiques pour la gestion de configuration, l'analyse des besoins et des avantages, la définition d'exigences et les modèles d'amélioration continue.
Diagrammes SDL	Utilisation du langage SDL pour créer des diagrammes orientés objet pour les systèmes et réseaux de communications et télécommunications. Repose sur les spécifications du CCITT.

Général

Diagrammes de blocs	Formes et flèches de direction 2D et 3D pour les boucles de rétroaction, la décomposition fonctionnelle annotée, les diagrammes structurels, hiérarchiques, de flux de signaux et de blocs.
Diagrammes de blocs Visio en perspective	Formes géométriques et flèches de direction 3D et un point de fuite pour modifier l'effet de perspective. Décomposition fonctionnelle et les diagrammes structurels et hiérarchiques.
Diagrammes de flux simple	Diagrammes de flux, haut-bas, de suivi d'informations, de gestion de processus et de représentation de structures. Contient des liens et des liaisons.
Diagrammes simples	Formes géométriques et flèches de direction 2D pour les boucles de rétroaction, la décomposition fonctionnelle annotée, les diagrammes structurels, hiérarchiques, de flux de signaux et de blocs.

Ingénierie

Circuits et logique	Diagrammes de circuits, cartes de circuits imprimés, schémas de circuits intégrés et de logique analogique et numérique (trajets de transmission, de connecteurs et de bornes.
Dessins de pièces et d'assemblage	Dessins techniques et de génie mécanique annotés, diagrammes, calques et schémas pour concevoir des machines outils et des dispositifs mécaniques.
Diagrammes de canalisation et d'instrumentation	Schémas CI de canalisations industrielles, de procédés, d'aspiration, de circulations de fluides, hydrauliques, d'air et de gaz, systèmes de distribution de matériaux et de liquides.
Diagrammes de circulation des fluides	Diagrammes de canalisations (canalisations industrielles, d'aspiration, de circulation de fluides, hydrauliques, d'air et de gaz, systèmes de distribution de matériaux et de liquides).
Electricité simple	Schémas et plans de câblage. Formes de commutateurs, de relais, de chemins de transmission, de semi-conducteurs, de circuits et de tubes.
Systèmes	Schémas électriques annotés, diagrammes de réparation et de maintenance et dessins d'infrastructures. Formes de composants statiques, de communication et de semi-conducteurs.
Systèmes de contrôle industriels	Diagrammes de systèmes d'alimentation industriels (machines rotatives, semi-conducteurs, dispositifs à semi-conducteurs, commutateurs, relais et transformateurs).
Transmissions hydraulique et pneumatique	Dessins annotés de systèmes pneumatiques et hydrauliques, de montages, de contrôle de débit, de vannes et de soupapes et d'équipement hydraulique et pneumatique.

Logiciel de base de données

Diagrammes de modèle de base de données	Document, concevoir, générer* et mettre à jour* des bases de données. Notations IDEFIX et relationnelle. *La génération et la mise à jour sont des fonctions de l'édition Visual Studio.
Interface utilisateur Windows XP	Éléments d'interface utilisateur, des contrôles, des boutons et des images clipart pour les captures d'écran et les diagrammes des systèmes Windows XP.
UML - Diagrammes de modèle	Modèles UML et diagrammes de structure statique (classe et objet), de cas d'utilisation, de séquence, de composition, de déploiement, d'activité et d'états transitionnels, avec la notation UML.
Applications d'entreprise	Diagrammes d'architecture d'entreprise à l'aide de formes de PC, d'ordinateurs centraux, et de couches d'architecture.
Cartes de site Web	Génération de cartes de site pour les sites Web sur des serveurs http, des serveurs réseau et des disques durs locaux.
COM et OLE	Systèmes et diagrammes COM et OLE ou diagrammes d'interfaces exposées publiques, d'interfaces OLE et d'interfaces OLE en programmation orientée objet.
Conception de sites Web	Diagrammes conceptuels et architectures de haut niveau représentant des pages d'accueil, des sites Web et des documents hypertexte.
Diagrammes de modèle de flux de données	Diagrammes de flux de données à l'aide de la notation Gane-Sarson (DFD).
Diagramme ORM	Formes d'objets, de contraintes, de liens, de prédicats et de relations. Pour les modèles relationnels objet et les diagrammes statiques de conception et d'analyse orientée objet.
Express-G	Diagramme de niveau Schéma et entité de modèles de données avec la notation Express-G. Conforme aux spécifications d'interface STEP *(Standard of the Exchange of Product Model Data)*.

Jackson	Diagrammes de structure de données pour la conception de programmes à l'aide de la méthodologie Jackson.
SALLE	Modélisation de systèmes en temps réel en fonction de l'opportunité, la structure interne dynamique, la réactivité, la concurrence et la distribution, à l'aide de la notation ROOM.
Structure de programme	Création des diagrammes structurels, des diagrammes de flux et des diagrammes de mémoire.

Planning

Barre de planning	Barres de planning linéaires avec des jalons et des marqueurs d'intervalle.
Calendrier	Création et mise en forme de calendriers par jour, semaine(s), mois et année. Ces calendriers peuvent être annotés à l'aide de formes d'évènement, de rendez-vous et de graphismes.
Diagramme de Gantt	Création de diagrammes de Gantt pour la gestion de projet, la gestion des tâches, les plannings, les horaires, les agendas, les cycles de vie de projet et les tableaux d'objectif.
Réseau PERT	Création des réseaux PERT pour la gestion de projet/tâche, les planning, emplois du temps, tableaux de répartition du travail, la méthode des chemins critiques, les cycles de vie de projet.

Professionnel

Diagrammes Brainstorming	Création des diagrammes Brainstorming (représentation graphique des processus de réflexion) pour la planification, la résolution de problèmes, la prise de décision et le brainstorming.
Diagrammes croisés dynamiques	Utilisation de vos propres données pour créer des diagrammes hiérarchiques. Regrouper et totaliser vos données en vue de les présenter et de les analyser visuellement.

Organigrammes hiérarchiques	Création des diagrammes pour la gestion des ressources humaines, l'organisation du personnel, les tâches administratives et la structure de l'encadrement.
Cartographie de flux de valeur	Création de cartes de flux des valeurs afin d'illustrer le flux de matériels et d'informations dans un processus de fabrication épuré.
Diagrammes analyse par arbre de défaillance	Création de diagrammes d'analyse sous forme d'une arbre de défaillance pour documenter les processus de gestion. Permet de documenter les processus 6 Sigma et ISO 9000.
Diagrammes d'audit	Création de diagrammes de flux d'audit (comptabilité, gestion des finances, suivi d'informations fiscales, gestion monétaire, diagramme de flux de décision et investissement financiers). Permet de documenter des processus 6 Sigma et ISO 9000.
Diagrammes de cause à effet	Création de diagramme de cause à effet (arête de poisson ou Ishikawa) pour examen métho. les facteurs influençant une situation. Permet de documenter des processus 6 Sigma et ISO 9000.
Diagrammes de circuit d'opération	Diagrammes représentant des flux d'informations dans les domaines de l'automatisation, la réingénierie des procédés de gestion, la comptabilité et la gestion des ressources humaines. Permet de documenter des processus 6 Sigma et ISO 9000.
Diagrammes de flux de données	Diagrammes d'analyse structurée, de flux d'informations, de processus, de données et de processus de données ainsi que des diagrammes de flux.
Diagrammes de flux fonctionnel croisé	Représentation de la relation entre un processus et les unités organisationnels ou fonctionnelles (les services par exemple) responsables des étapes du processus.
Diagrammes de flux simple	Diagrammes de flux, haut-bas, de suivi d'informations, de gestion de processus et de représentation de structures. Contient des liens et des liaisons.

Diagrammes EPC	Création de diagrammes de chaîne de processus évènementielle (EPC) pour documenter les processus de gestion. Permet de documenter les processus SAP.
Diagrammes ITIL	Création de diagrammes ITIL pour documenter les meilleures pratiques de la gestion des processus de service de la techonologie de l'information. Diagrammes basés sur la norme ITIL *(Information Technology Infrastructure Library)*.
Diagrammes TQL	Création de diagrammes de cause à effet, haut/bas et processus croisé pour révision de processus de gestion, management par la qualité totale et l'amélioration continue. Permet de documenter des processus 6 Sigma et ISO 9000.
Graphiques et diagrammes	Formes de graphiques pour états financiers, de ventes et de pertes et profits, budgets, analyses statistiques, comptabilité, projections et rapports annuels.
Graphiques et diagrammes Marketing	Diagrammes de processus, banc d'essai, simulation, analyses de ressources et de scénarios, graphiques de déploiement, cibles, pyramides de ventes, coût des activités et gestion des tâches.

Réseau

Cartes de site Web	Génération de cartes de site pour les sites Web sur des serveurs http, des serveurs réseau et des disques durs locaux.
Réseau de tâches détaillé	Création de diagrammes d'architecture réseau, logiques et physiques détaillés à l'aide d'un ensemble complet de formes d'équipement informatique et réseau.
Réseau de tâches simple	Création de diagrammes d'architecture réseau et de conception de réseaux simples à l'aide de formes d'équipement informatique et réseau simples.

Active Directory	Documentation des services Active Directory à l'aide des formes qui représentent des objets, sites et services Active Directory communs.
Annuaire LDAP	Documentation des services d'annuaire à l'aide de formes qui représentent des objets LDAP *(Lightweight Directory Acces Protocol)* communs.
Conception de site Web	Diagrammes conceptuels et architectures de haut niveau représentant des pages d'accueil, des sites Web et des documents hypertexte.
Diagrammes de montage en rack	Conception et documentation des systèmes de racks, à l'aide de formes de réseau et de racks conformes aux mesures standard.

F1	Ouvre la fenêtre d'aide.
F2	Effectue un zoom avant sur la forme sélectionnée pour placer un texte associé.
F3	Affiche la boîte de dialogue **Remplissage**.
F4	Répète la dernière action. Copie avec incrémentation les formes dupliquées.
F5	Affichage **Plein écran.**
F6	Active les gabarits de forme du dessin courant les uns après les autres.
F7	Vérifie l'orthographe.
F8	Affiche la boîte de dialogue **Aligner les formes** (après sélection de formes).
F9	Active/désactive le collage.
F11	Affiche la boîte de dialogue **Texte**, onglet **Police**.
F12	Affiche la boîte de dialogue **Enregistrer le fichier sous.**
Alt F2	Affiche la boîte de dialogue **Enregistrer le fichier sous.**
⇧ Shift F3	Affiche la boîte de dialogue **Trait**.
Ctrl F4	Quitte le dessin.
⇧ Shift F5	Affiche la boîte de dialogue **Mise en page**.
⇧ Shift F6	Active les gabarits de formes du dessin courant les unes après les autres.
⇧ Shift F7	Dispose les fenêtres en mosaïque verticale.
Ctrl ⇧ Shift F7	Dispose les fenêtres en mosaïque horizontale.
Alt F8	Affiche la boîte de dialogue **Macros**.
⇧ Shift F9	Active/désactive le magnétisme.
Ctrl F9	Affiche la boîte de dialogue **Champ** (après sélection).
Alt F9	Affiche la boîte de dialogue **Alignement et collage**.
Ctrl F11	Affiche la boîte de dialogue **Texte**, onglet **Tabulations.**
Ctrl F12	Active la boîte de dialogue **Ouvrir un fichier**.
Ctrl ⇧ Shift clic gauche	Effectue un zoom avant.
Ctrl ⇧ Shift clic droit	Effectue un zoom arrière.

Ctrl A	Sélectionne tous les éléments de la page de dessin.
Ctrl B	Fait passer une forme en dessous de la pile.
Ctrl C	Copie la sélection dans le presse-papiers de Windows.
Ctrl D	Duplique la ou les forme(s) sélectionnée(s).
Ctrl F	Fait passer une forme au dessus de la pile.
Ctrl G	Regroupe les formes sélectionnées.
Ctrl H	Retourne horizontalement la forme sélectionnée.
Ctrl J	Retourne verticalement la forme sélectionnée.
Ctrl K	Affiche la boîte de dialogue **Liens hypertexte**.
Ctrl L	Fait pivoter une forme de 90° vers la gauche.
Ctrl N	Débute un nouveau diagramme.
Ctrl O	Ouvre un diagramme existant.
Ctrl P	Affiche la boîte de dialogue **Imprimer**.
Ctrl R	Fait pivoter une forme de 90° vers la droite.
Ctrl S	Enregistre le diagramme sous le même nom.
Ctrl U	Dissocie un groupe de formes.
Ctrl V	Colle la sélection à partir du presse-papiers de Windows.
Ctrl W	Effectue un zoom sur la page entière du dessin.
Ctrl X	Coupe la sélection vers le presse-papiers de Windows.
Ctrl Y	Rétablit une commande.
Ctrl Z	Annule une action.
Ctrl ⇧ Shift I	Taille réelle.
Ctrl ⇧ Shift F	Premier plan.
Alt F7	Cascade.
⇧ Shift Ctrl G	Groupe les formes sélectionnées.
⇧ Shift Ctrl U	Dissocie les formes sélectionnées.
⇧ Shift F4	Affiche la fenêtre **Page**.
⇧ Shift F11	Affiche l'onglet **Paragraphe** de la boîte de dialogue **Texte**.
Ctrl F2	Affiche l'aperçu avant impression.

Shift F5	Affiche l'onglet **Configuration de l'impression** de la boîte de dialogue **Mise en page**.
Ctrl Alt P	Affiche la boîte de dialogue **Réorganiser les pages**.
Ctrl F	Affiche la fenêtre **Rechercher**.
Alt F11	Ouvre l'Éditeur Microsoft Visual Basic.
Alt Q	Ferme l'Éditeur Microsoft Visual Basic et retourne à Visio.
Ctrl W	Affiche toute la page.

Barre d'outils Standard

1... ...23

1 - Nouveau
2 - Ouvrir
3 - Enregistrer
4 - Message électronique
5 - Imprimer la page
6 - Aperçu avant impression
7 - Orthographe
8 - Recherche
9 - Couper
10 - Copier
11 – Coller
12 - Supprimer
13 - Reproduire la mise en forme
14 - Annuler
15 - Rétablir
16 - Formes
17 - Outil Pointeur
18 - Outils Lien, Point de connexion
19 - Outils Texte, Bloc de texte
20 - Outils Dessin
21 – Connexion automatique
22 - Zoom
23 - Aide sur Microsoft Office Visio

Barre d'outils Mise en Forme

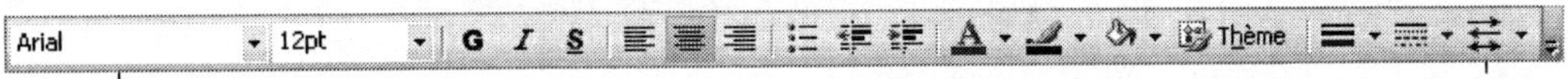

1... ...18

1 - Police
2 - Taille de police
3 - Gras
4 - Italique
5 - Souligné
6 - Aligner à gauche
7 - Centrer le texte
8 - Aligner à droite
9 - Puces
10 – Réduire le retrait
11 – Augmenter le retrait
12 - Couleur de texte
13 - Couleur de trait
14 - Couleur de remplissage
15 - Thème
16 - Épaisseur de trait
17 - Motif de trait
18 - Extrémités de trait

Barre d'outils Format du texte

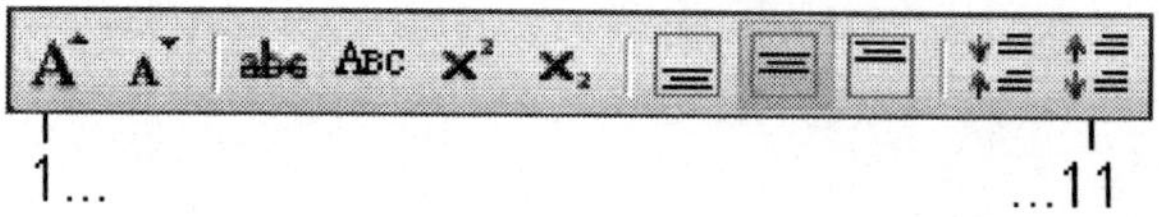

1 - Augmenter la taille de police
2 - Réduire la taille de police
3 - Barré
4 - Petites majuscules
5 - Exposant
6 - Indice
7 - Aligner en bas
8 - Aligner au milieu
9 - Aligner en haut
10 - Réduire l'espacement du paragraphe
11 - Augmenter l'espacement du paragraphe

Barre d'outils Format de la forme

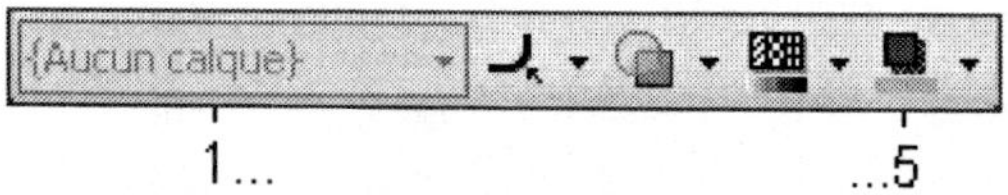

1 - Calque
2 - Arrondi de coin
3 - Transparence
4 - Motif de remplissage
5 - Couleur d'ombre

Barre d'outils Action

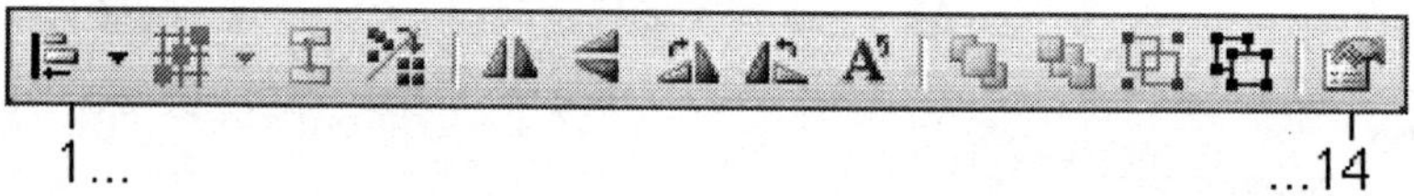

1 - Aligner les formes
2 - Répartir les formes
3 - Lier les formes
4 - Disposer les formes
5 - Retourner horizontalement
6 - Retourner verticalement
7 - Faire pivoter à droite
8 - Faire pivoter à gauche
9 - Faire pivoter le texte de 90°
10 - Mettre au premier plan
11 - Mettre à l'arrière-plan
12 - Grouper
13 - Dissocier
14 - Données de forme

Barre d'outils Alignement et collage

1 - Activer/désactiver l'alignement
2 - Activer/désactiver le collage
3 - Aligner sur la grille dynamique
4 - Aligner sur les aides au dessin
5 - Aligner sur les graduations de la règle
6 - Aligner sur la grille
7 - Aligner sur le rectangle de sélection
8 - Aligner sur les intersections des formes
9 - Coller à la géométrie des formes
10 - Coller aux repères
11 - Coller aux poignées des formes
12 - Coller aux sommets des formes
13 - Coller aux points de connexion

Barre d'outils Disposition et Positionnement

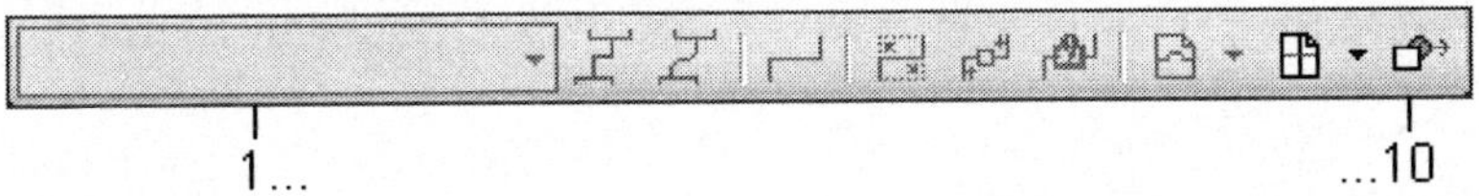

1 - Style de positionnement
2 - Traits droits
3 - Traits courbes
4 - Rétablir le lien
5 - Repositionner librement
6 - Repositionner en cas de croisement
7 - Ne jamais repositionner
8 - Page par défaut
9 - Aucun trait
10 - Déplacer les autres formes lors de l'insertion

Barre d'outils Affichage

1 - Règles
2 - Grille
3 - Repères
4 - Points de connexion
5 - Sauts de page
6 - Fenêtre Formes
7 - Fenêtre Panoramique et zoom
8 - Fenêtre Données de Forme
9 - Fenêtre Taille et position
10 - Fenêtre Données externes
11 - Fenêtre Explorateur de dessins
12 - Fenêtre Explorateur de formes de base
13 - Propriétés des calques

Barre d'outils Web

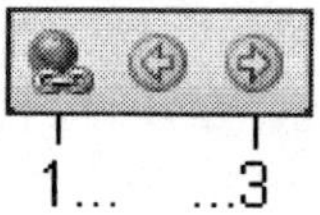

1 - Insérer un lien hypertexte
2 - Précédent
3 - Suivant

Barre d'outils Développeur

1 - Exécuter une macro
2 - Nouvelle macro
3 - Editeur Visual Basic
4 - Insérer un contrôle
5 - Afficher la feuille ShapeSheet
6 - Mode création

Barre d'outils Gabarit

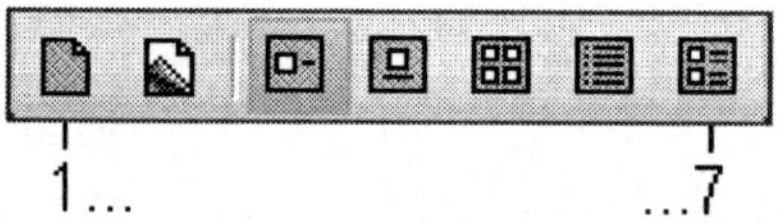

1 - Nouveau gabarit
2 - Afficher le Gabarit de document
3 - Icônes et noms
4 - Noms sous les icônes
5 - Icônes seulement
6 - Noms seulement
7 - Icônes et détails

Barre d'outils Encre

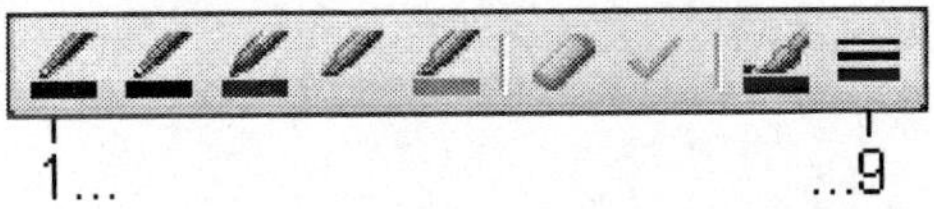

1 - Stylo à bille
2 - Stylo à bille
3 - Stylo feutre
4 - Surligneur
5 - Surligneur
6 - Gomme
7 - Fermer la forme d'encre
8 - Couleur de l'encre
9 - Epaisseur de l'encre

Barre d'outils Image

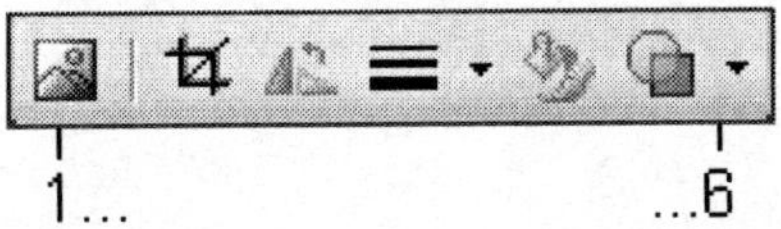

1 - Insérer une image
2 - Outil Rognage
3 - Faire pivoter à gauche
4 - Epaisseur de trait
5 - Format de l'image
6 - Transparence

Barre d'outils Révision

1 - Afficher/masquer les marques de révision
2 - Relecteurs
3 - Insérer un commentaire
4 - Outil Encre
5 - Marque de révision précédente
6 - Marque de révision suivante
7 - Supprimer la marque de révision
8 - Suivi des révisions
9 - Volet Vérifications

Barre d'outils Dessin

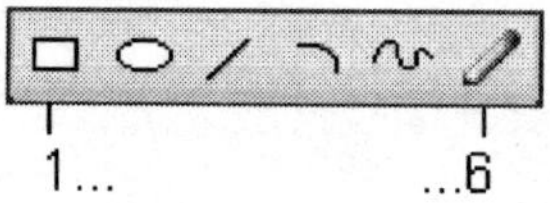

1 - Outil Rectangle
2 - Outil Ellipse
3 - Outil Trait
4 - Outil Arc
5 - Forme libre
6 - Outil Crayon

Barre d'outils Données

1 - Données de forme
2 - Lier des données à des formes
3 - Liaison automatique
4 - Actualiser tout
5 - Afficher les données
sur les formes

Index thématique

Index thématique

Index thématique

Liste des titres disponibles de la collection Référence Bureautique

Consultez notre site Internet pour avoir la liste des derniers titres parus.
http://www.editions-eni.com

Access 2007
Access 2003
Access 2002
Bien utiliser son PC
Calc - Le tableur d'OpenOffice.org 2
Ciel Compta 2007
Ciel Compta 2006
Ciel Compta 2005
Ciel Compta 2004
Ciel Gestion Commerciale 2004
Ciel Paye 2003
Découvrez Office 2003
Découvrez Office XP
EBP Compta Pro - Version 11
Excel 2007
Excel 2003
Excel 2002
Excel 2001 sur Macintosh
Excel 2000
FileMaker Pro 8
Frontpage 2003
Frontpage 2002
Impress - Créez des présentations animées avec OpenOffice.org 2
L'ordinateur et Internet - Notions fondamentales
Linux Mandriva 2007
Lotus Notes 7 Utilisateur
Lotus Notes 6 Utilisateur
Mac OS X Tiger
Mac OS X
Office 2004 pour Mac
Office One 7
Office One 6.5
OpenOffice.org 2 ou StarOffice 8
OpenOffice.org
Outlook 2007
Outlook 2002
Outlook 2003
Powerpoint 2007
Powerpoint 2003
Powerpoint 2002
Préparez-vous au B2i avec Office 2003
Project 2003
Project 2002
Publisher 2007
Publisher 2003
Publisher 2002
Sage Comptabilité - Ligne 100 (Version 12.02)
Visio 2007
Visio 2003
Visio 2002
Windows Vista
Windows XP - Nouvelle édition
Word 2007
Word 2003
Word 2002
Word 2000
Word 2001 sur Macintosh
Writer : le traitement de texte d'OpenOffice.org 2

Jeu gratuit sans obligation d'achat
CONCOURS DU MOIS
chaque mois
GAGNEZ
50 €
de livres
des Editions ENI
Pour participer au prochain tirage au sort,
inscrivez-vous sur
www.editions-eni.fr/jeu
Le tirage au sort a lieu le dernier mercredi de chaque mois.
Chaque mois, 10 gagnants seront tirés au sort et prévenus par e-mail.
Règlement complet sur
www.editions-eni.fr/jeu
eni
éditions